LA GUERRE

ET LA

GÉOLOGIE

PAR LE COLONEL DU GÉNIE

DON ANGEL RODRIGUEZ DE QUIJANO Y ARROQUIA

Traduit de l'espagnol

PAR

A. JOLY

CAPITAINE A L'ÉTAT-MAJOR DU GÉNIE.

PARIS

LIBRAIRIE MILITAIRE DE J. DUMAINE,

LIBRAIRE-ÉDITEUR,

Rue et Passage Dauphine, 30

1876

LA GUERRE

ET

LA GÉOLOGIE

Paris. — Imprimerie de J. DUMAINE, rue Christine, 2.

LA GUERRE

ET

LA GÉOLOGIE

PAR LE COLONEL DU GÉNIE

DON. ANGEL RODRIGUEZ DE QUIJANO Y ARROQUIA

Traduit de l'espagnol

PAR

A. JOLY

CAPITAINE A L'ÉTAT-MAJOR DU GÉNIE.

PARIS

LIBRAIRIE MILITAIRE DE J. DUMAINE,

LIBRAIRE-ÉDITEUR,

Rue et Passage Dauphine, 30

1876

AVANT-PROPOS

L'ouvrage dont nous présentons aujourd'hui la traduction à nos camarades, n'est point à proprement parler un traité, mais plutôt une thèse, convaincue, bourrée de faits, manquant parfois de cette méthode qu'on est habitué à rencontrer aujourd'hui dans les ouvrages militaires d'outre-Rhin, ou dans ceux qui, depuis un quart de siècle et depuis surtout la guerre de 1870, ont été publiés par de savants officiers de notre armée. Quoique s'attachant spécialement à des déductions scientifiques, quoique cherchant dans les principes mêmes d'une science exacte assez ardue les bases de ses raisonnements, notre auteur bien souvent se dérobe et se laisse entraîner; mais pour nous, qui en le traduisant avons dû chercher parfois à pénétrer dans sa pensée incomplétement rendue, ou à comprendre par suite de quel enchaînement d'idées il semblait tout d'un coup déplacer le champ de ses observations, il y a dans ce laisser aller peu habituel, dans ce choc souvent brillant des souvenirs et des idées, un attrait véritable qui fait du texte espagnol un livre aussi agréable à lire que le pourrait être un roman.

Dans le texte original d'ailleurs, comme dans tous les écrits qui ont vu le jour de l'autre côté des Pyrénées, le style scintille et les faits s'envolent au milieu de périodes brillantes qu'il nous a parfois fallu ternir dans de certaines limites. Dans les écrits militaires de nos jours, sur lesquels semble avoir passé le souffle sévère des champs de bataille modernes, on n'entendrait pas, en effet, sonner, sans un profond étonnement, le clairon héroïque de Las Navas de Tolosa, et l'on ne voit plus voler à la charge en rangs serrés la cavalerie de Murat conduite par son général, qui, comme un héros légendaire, la guide les plumes en tête et la badine à la main. La guerre s'est faite savante avec les canons et les fusils, elle a diminué en tant que tactique et grandi beaucoup en stratégie, et dans les livres qu'elle inspire elle semble, comme dans les canons qu'elle emploie, avoir supprimé tout ornement.

Le livre du colonel don Angel Rodriguez de Quijano y Arroquia est cependant un livre scientifique et purement scientifique; les parures de l'enveloppe, à peu près disparues dans notre traduction, n'empêchent point que le fond ne soit des plus sérieux, et que bien souvent les descriptions ne prennent une vivacité, une rapidité et une précision surprenantes; nous n'en citerons d'autres preuves que le récit des guerres d'Espagne sous l'Empire et celui de la campagne de Bohême en 1866.

L'application de la géologie à la topographie et par suite à l'art de la guerre n'est point si récente dans toutes les parties de notre armée que semble vouloir l'affirmer l'auteur espagnol, mais la géologie elle-même, science féconde et infinie, n'est guère jusqu'ici entrée dans sa véritable période de vulgarisation, et, à ce titre seul, l'ouvrage actuel mériterait d'être répandu chez nous, s'il ne contenait en outre des vues nouvelles et originales qui le plus souvent méritent d'être connues et étudiées.

Nous n'avons eu qu'une crainte en publiant ce livre, c'est que par quelques côtés il ne semblât toucher à des événements bien récents encore, et y toucher sans scrupules, ainsi que peut le faire un étranger qui donne son avis dans la plénitude de son appréciation personnelle; mais en restant dans notre rôle de traducteur et surtout de traducteur simplement et sincèrement dévoué à son pays, nous avons cru pouvoir faire œuvre utile en venant, sans prendre nous-même aucunement parti pour ou contre notre auteur, dire à nos camarades : Voici comment on juge les choses dans un pays étranger laissé absolument en dehors des événements ; à vous seuls d'apprécier, de poser des objections et au besoin de les résoudre.

Un mot encore ; il faut avoir constamment sous les yeux la date où ce livre a été écrit, surtout lorsqu'on en sera arrivé à ses dernières pages ; cette date est celle de 1871 : elle explique à elle seule bien des choses.

Octobre 1875.

LA
GUERRE ET LA GÉOLOGIE

INTRODUCTION

Les sciences physiques dans leurs rapports avec la guerre.

Dans l'avant-propos des conférences de la commission instituée pour perfectionner l'art de la topographie en France, commission qui était composée des principaux chefs des services publics, et dont les travaux publiés en 1803, dans le n° 5 du *Mémorial de la topographie militaire*, ont été reproduits en 1831 dans le tome second du *Mémorial du dépôt de la guerre*, on peut lire les appréciations suivantes :

« Peu importe aux militaires que la terre soit,
« comme le veulent Descartes et Leibnitz, un
« petit soleil éteint, ou, comme l'avance Buffon,
« un fragment de notre soleil.

« Quand des assaillants ou des défenseurs, en
« dépit des périls et des fatigues, montent jusque
« sur les cimes élevées des chaînes ou bien sur

« les nœuds de montagnes situés à l'origine des
« vallées, pour pouvoir commander à la fois les
« versants opposés d'où descendent les eaux et les
« sentiers qui sont les lignes d'invasion des em-
« pires, peu leur importe, une fois la barrière
« franchie, de connaître les brillantes théories au
« moyen desquelles le génie limité de l'homme a
« cherché à expliquer la formation de ces masses
« énormes qui participent de l'immensité.

« Ce qui importe au militaire, c'est de connaître
« la configuration extérieure du globe, c'est de
« voir si, comme l'affirme un peu à la légère
« Buache, cette configuration est sujette à une
« certaine régularité de lois que ne détruisent pas
« des anomalies cependant excessivement nom-
« breuses.

« La plupart des géologues ont cherché à dé-
« couvrir ces lois auxquelles obéissent les diverses
« surélévations qui parsèment la superficie de la
« terre. Que nous importe cela? pourquoi nous
« exposer à nous égarer à la recherche de règles
« hypothétiques si difficiles à prouver! Il nous
« suffirait, dit-on, de connaître ces règles pour
« donner à nos investigations un point de départ
« et de repère; si, dans le cours de nos opérations,
« nous venons à soupçonner l'existence de cer-
« taines relations, rien de plus naturel que de les
« faire remarquer; mais ce serait évidemment
« exposer un militaire à se tromper que de pousser
« au delà la science des reconnaissances qu'il est
« appelé à faire. »

Il y a des années que nous avons lu ces quelques paragraphes, mais nous n'avons jamais pu nous faire à de semblables idées. Qu'est-ce, en effet, pour la guerre, que la connaissance purement topographique de la superficie du terrain, si l'on ne la combine avec celle des conditions spéciales qui lui sont physiquement inhérentes? Est-il par hasard indifférent, en ne tenant compte que de la partie matérielle des opérations, de stationner, de manœuvrer ou simplement de marcher sur un terrain d'une nature quelconque, sans tenir compte de sa constitution, de la manière dont chacune des contrées qu'il embrasse se comporte au point de vue physique, des divers états sous lesquels il se présente nécessairement en chaque saison, par suite de son caractère géologique propre et des transitions qui, pour le même motif, relient l'un de ces états à l'autre.

Plus conformes avec la réalité des choses étaient sans aucun doute les idées du brigadier don Juan Sanchez Cisneros, telles qu'il les a consignées dans ses *Hautes notions de géographie physique appliquée à la science de la guerre*, publiées à Madrid en 1819.

« Les avantages, dit-il, qui résultent de la con-
« naissance des sciences physiques sont incalcu-
« lables à la guerre et m'amènent à prévoir que la
« victoire restera attachée au char de celui des
« combattants qui saura le mieux en appliquer et
« en développer les lois. Dans des temps plus re-
« culés, ces sciences ont été cultivées avec enthou-
« siasme, et quand nous lisons les ouvrages que

« nous ont légués sur ce sujet les siècles passés,
« nous ne pouvons faire moins que de rester
« étonnés. Aristote disait à Alexandre que pour
« être véritablement grand, il devait étendre ses
« connaissances dans la philosophie naturelle,
« que nous appelons aujourd'hui sciences natu-
« relles. »

Ce conseil ne fut point négligé par le conquérant;
l'histoire de ce prince nous montre, en effet, qu'il a
cultivé ces sortes d'études, car nous savons, entre
autres faits ayant rapport à cela, qu'il avait, au prix
de sommes considérables, rassemblé des animaux
de toutes les espèces pour faciliter à Aristote ses
observations ; celui-ci, dans les descriptions qu'il
en a données, fait en effet clairement voir qu'il
connaissait ces animaux aussi bien et même mieux
que nous ne le faisons aujourd'hui.

C'est, en effet, seulement par sa science très-com-
plète, unie à des dons naturels exceptionnels, qu'on
peut expliquer le succès brillant et toujours certain des audacieuses campagnes de ce grand capitaine, qui, parti de la Grèce avec son armée, sou-
mit la Palestine, l'Egypte, l'empire de Babylone,
et, longeant les rives du golfe Persique, pénétra
dans l'Inde sans être arrêté par le large courant de
l'Indus, ni par l'aridité des déserts.

« La géographie physique, dit Cisneros, est la
« géognosie elle-même ; seule cette dernière est
« capable de donner des idées exactes et métho-
« diques sur les grands phénomènes de la nature,
« et en enseignant la véritable manière d'étudier

« le globe terrestre, seule elle nous permet de
« comprendre les lois qui le régissent et d'exa-
« miner sa structure ainsi que les modifications que
« celle-ci a subies par suite de l'action des élé-
« ments.

« Si l'on a pendant de longues années aban-
« donné ces études, tant à cause de nos boule-
« versements continuels que par suite d'autres
« raisons non élucidées, il est temps maintenant
« de faire renaître cette idée que la science est la
« sœur de la guerre, afin que selon le mythe an-
« tique, Mars, dépouillant son aspect sombre et
« sauvage, s'appuie sur Minerve la prudente, en
« promettant de ne plus se diriger dans ses actions
« de vigueur que d'après les conseils de la sage
« déesse. »

Les bonnes idées ne manquent jamais de faire
leur chemin; aussi, après la négation par laquelle
nous avons entamé ce prologue, voyons-nous le
colonel Le Blanc consacrer, en 1848, la troisième
leçon du cours de topographie qu'il professait à
l'École polytechnique française, à l'étude de ce qu'il
appelle *les formes caractéristiques du terrain*.

« La science qui va nous occuper, disait-il, est
« toute nouvelle et n'est pas encore classée ; ses élé-
« ments sont épars dans les mémoires des savants
« de toutes les nations ; les Allemands s'en sont
« déjà préoccupés et ont publié jadis de nombreux
« ouvrages sous le titre de *Terrain-Lehre* (connais-
« sance du terrain); mais ces livres ne sont point
« à la hauteur de nos connaissances modernes.

« Cette science était alors peu avancée et n'était
« point reconnue comme telle dans le monde sa-
« vant; aujourd'hui il est indispensable qu'elle soit
« enseignée en France, où les théories sur les-
« quelles elle repose ont reçu leur confirmation
« et leur baptême. »

Il ne faut voir dans ces dernières phrases qu'une
ironie que ne pouvait plus relever le grand Ritter,
l'initiateur de la *Géographie dans ses relations avec
les lois de la nature et avec l'histoire*, non plus que
le célèbre Gœthe, qui avait discuté sur tous ces
points avec Napoléon Ier.

« Les formes que nous rencontrons à la surface
« de la terre, continue Le Blanc avec plus de dis-
« cernement, ne sont point indéfiniment variables;
« et il n'est point besoin d'être savant pour recon-
« naître qu'il existe seulement un certain nombre
« de formes, de types caractéristiques.

« Les montagnes proprement dites ont aussi une
« physionomie particulière qui les fait reconnaître
« et qui ne varie que d'après leur mode de forma-
« tion et leur nature minéralogique. Cette analyse
« ne suppose pas que nous pénétrions dans les
« connaissances géologiques qui ne touchent point
« à la science que nous exposons. Il suffit d'ad-
« mettre l'hypothèse des soulèvements, ou bien
« celle des plissements de la superficie terrestre,
« comme cause de la formation des montagnes; il
« suffit de savoir ensuite que la croûte de la terre
« est formée de couches sédimentaires. »

Puisque nous avons déjà cité les Allemands, il

convient d'exposer les idées de cette nation de penseurs sur le point qui nous occupe.

A cet effet, arrêtons-nous un instant à l'intéressant travail de l'ingénieur géographe, Charles-Henri Bach, publié à Stuttgard, sur la représentation géométrique du terrain et la forme des montagnes qui le couvrent, ainsi que sur le caractère que présente sa superficie par rapport à sa constitution géognostique.

A l'égard de cette seconde partie de son travail, celle qui nous intéresse seule en ce moment, il s'exprime dans les termes suivants :

« Les formes du corps humain proviennent de
« la conformation du système osseux, complété
« par les tendons et les muscles qui sont en re-
« lation avec lui; il résulte de là que la conforma-
« tion de l'individu est en rapports directs avec le
« développement normal ou anormal de ce noyau
« et avec les fonctions dévolues à chaque partie.

« Les mêmes relations existent entre l'intérieur
« de la terre et sa superficie. Si les couches con-
« servent leur situation normale, la forme exté-
« rieure du terrain le fait voir immédiatement. Si
« les roches primitives se présentent ou autrement
« si le squelette intérieur se soulève ou se gonfle,
« les terrains stratifiés doivent obéir au mouvement
« comme s'ils faisaient l'office de tendons ou de
« muscles, souvent à peine recouverts d'une sorte
« d'épiderme par les formations diluviennes et
« alluviales.

« Ainsi donc la connaissance des relations qui

« existent entre les couches ou autrement la con-
« naissance de la structure intérieure des forma-
« tions et de leur concordance rigoureuse avec la
« forme extérieure, est pour le topographe d'une
« importance aussi grande que l'est l'anatomie
« pour un artiste qui voudrait dessiner un corps
« animé. Et, encore, si nous faisons la considé-
« ration inverse : de la forme que présentent les
« superficies, on peut déduire exactement l'état et
« la manière d'être de l'intérieur. »

L'intéressant travail de Bach que nous venons
de citer est le plus concluant de ceux que nous
avons consultés; cet auteur, en effet, ne s'accom-
mode des généralités et des expositions purement
théoriques qu'autant qu'elles sont utiles à la topographie, dont l'étude constitue modestement la
première partie de son livre; il développe d'une
manière remarquable la partie géologique qui est
relative à la connaissance des roches, pour arriver à présenter sept planches artistement gravées
et coloriées, dont les six premières sont à l'échelle
de $\frac{1}{50,000}$ et la dernière à celle de $\frac{1}{200,000}$, et qui sont
complétées ensuite par deux autres feuilles de pro-
fils ou coupes, embrassant toutes des contrées bien
connues au point de vue topographique et géo-
désique et dans lesquelles se trouve clairement
démontrée la concordance réciproque qui nous
occupe actuellement. En ce qui concerne les idées
que nous avons toujours personnellement profes-
sées sur ce point, nous ne croyons pouvoir mieux
faire que de transcrire quelques phrases de notre

Rapport relatif au dessin appliqué à l'art militaire, qui a été publié en 1853 dans le tome XVII du *Mémorial.*

« L'étude de la géographie physique du globe « considéré dans son ensemble ou dans ses dé- « tails, peut, disions-nous, nous faire connaître « certains principes généraux, ou bien mieux des « lois véritables relatives à la structure de sa su- « perficie ; qui, si elles sont appliquées avec juge- « ment et discernement, peuvent nous servir de « guide pour expliquer cette même structure.

« La constitution géognostique des terrains dé- « termine leurs formes principales : à chaque for- « mation correspond, pour ainsi dire, sa topogra- « phie spéciale, et les accidents locaux de chacune « d'elles produisent des accidents topographiques « particuliers.

« Il ne peut donc pas sembler téméraire de dire « que seules les sciences physiques peuvent. nous « servir de guide pour déterminer les courbes ca- « pricieuses et les ondulations inattendues de la « superficie terrestre, pour les décrire sûrement et « au besoin pour les prévoir et les expliquer. »

Le colonel du génie don Carlos Ibanez, qui jouit d'une réputation justement méritée dans les cer- cles scientifiques de l'Europe, est aussi du même avis dans son mémoire intitulé : *l'Art de la guerre et les sciences physico-mathématiques,* inséré dans le *Mémorial* de 1863.

« Si l'on parcourt, dit-il, l'histoire des moder- « nes progrès survenus dans la manière de com-

« battre sur terre et sur mer, on est frappé de ce
« fait que tous sont intimement liés aux utiles
« conquêtes que les sciences ont faites dans les
« temps récents. L'artilleur ne peut faire un seul
« pas, dans son service si varié et si important,
« sans l'aide des sciences exactes, physiques et na-
« turelles.

« Dans tous les travaux qu'embrasse sa difficile
« profession, l'ingénieur est sans cesse dirigé par
« le flambeau de ces sciences.

« L'officier d'état-major, bien que son instruc-
« tion n'ait pas besoin d'être aussi technique, doit
« se trouver suffisamment préparé pour pouvoir
« embrasser tous les services, comme l'exige sa
« position immédiate près des généraux ; il ne
« pourra jamais remplir complétement sa mission
« dans une armée, s'il n'a pas subi une sérieuse
« préparation scientifique qui serve de base à son
« instruction. »

La citation la plus récente que nous puissions
offrir du progrès de ces idées parmi les militaires
de notre pays, se réfère au remarquable *Guide de
l'officier en campagne*, publié en 1868, par le colonel
du génie don José Almirante.

Dans son chapitre XVI, relatif aux reconnaissances, si profond, si étudié et écrit dans le style pré-
cis et châtié particulier à cet auteur distingué, qui
a tant contribué à fixer invariablement les idées, il
s'exprime dans les termes suivants, lorsqu'il en
arrive à exposer la *Théorie du terrain :*

« Concevoir une armée, une troupe qui ne soit

« pas reliée au *terrain*, vaut autant comme de cher-
« cher à la supposer séparée de ses armes.

« Cette phrase si simple : *connaître le terrain*,
« qui se trouve dans la bouche de tous, suppose
« une réunion heureuse de dons militaires, acquis
« ou naturels, qui jamais ne se trouvent en défaut,
« ou mieux, qui dépassent tous les autres chez les
« grands capitaines. Aujourd'hui cette étude du
« *terrain* ne peut être traitée aussi légèrement ou
« aussi peu scientifiquement qu'on le faisait au-
« trefois. Les sciences naturelles ont fait d'immen-
« ses progrès; l'ancienne *Géographie physique*, qui
« comprenait cette branche de connaissances, est
« absorbée maintenant par la moderne *Géologie*.

« Puisque les formes ou la configuration exté-
« rieure du terrain dépendent de sa *nature ou com-
« position* et des causes qui les ont produites, on
« doit comprendre que ces deux études ne peu-
« vent rester plus longtemps séparées. La relation
« intime qui existe généralement entre la *structure*
« *géologique* et la *forme extérieure* des montagnes
« peut servir de guide au militaire aussi bien
« qu'au géologue. La connexion qui relie actuel-
« lement la géologie à l'art de la guerre est donc
« une chose évidente. »

Le lecteur va sans doute être amené à se demander où nous voulons le conduire avec tout cet
apparat de science, et si, en vérité, nous ne cherchons pas simplement à le dérouter et à l'étourdir.
Bien autre est notre but. On ne peut certainement,
pour user d'une figure, prétendre avoir appris la

musique, si l'on n'a jamais entendu un orchestre; ce que nous cherchons, au contraire, c'est à faire comprendre que rien n'est aussi nécessaire que d'écouter, si l'on veut arriver à percevoir les harmonies de la nature.

Nous allons atteindre le but vers lequel nous nous dirigeons; nous voulions seulement établir, d'abord, que la topographie, telle qu'on la comprend d'ordinaire, est incomplète, militairement parlant, si l'on ne réunit à la connaissance de la superficie du terrain, celle de la nature du sol ainsi que celle des conditions physiques et géologiques qui lui sont inhérentes. Pour acquérir ou mieux pour perfectionner, en partant de cette base, son jugement ou, si l'on veut, son *coup d'œil militaire*, le chemin est spacieux et agréable ; il ne présente point de grands détours et peut facilement être purgé d'obstacles, et nous croyons que le lecteur arrivera à se laisser conduire sans préoccupation pendant quelque temps, et qu'en touchant au but il découvrira un panorama splendide ; que, mis au regret de ne pas l'avoir plus tôt connu, il sentira que la vue scientifique n'a en aucune autre matière une portée qui la fasse pénétrer aussi avant dans les secrets de la nature.

La connaissance générale des sciences naturelles, dépouillée des parties trop élevées ou trop obscures de ces sciences, est aujourd'hui facile et agréable à acquérir ; elle comprend une série de parties harmoniques entre elles, toutes facilement perceptibles pour nos sens et dont nous avons tous l'intuition, puisque tous nous sommes forcément, durant notre vie, soumis à leurs effets, et qu'il nous est impossible de ne pas observer ce qui est relatif aux phénomènes par lesquels elles se manifestent.

Nous ne commettons point d'exagération en nous exprimant ainsi : dans les sciences, le mot progrès est synonyme de simplification, et cela se vérifie toujours quand les connaissances générales se répandent et deviennent familières au plus grand nombre, comme il arrive en ce moment où les sciences physiques ont perdu partout ce caractère de secret et de difficulté, sorte de voile épais dont elles étaient couvertes en d'autres temps.

Pour traiter notre sujet, il n'est besoin d'invoquer que la physique, la chimie et aussi la minéralogie en tant que sciences auxiliaires; elles sont d'ailleurs connues de tous, au moins en ce qui concerne leurs principes généraux.

La géologie, qui sera pour nous ici la science principalement invoquée, consiste dans la connaissance du globe terrestre, ou mieux aujourd'hui dans son *histoire* physique, démontrée simplement comme il nous est donné de la comprendre, en cherchant d'ailleurs à la réduire à l'exposition naturelle de la série de faits sur laquelle sont fondées ses déductions et sur laquelle s'appuient ses lumineuses conséquences.

Les parties dans lesquelles se subdivise la Géologie, sont la Géographie physique, la Géognosie et la Géogénie, qui nous offriront peu de complications.

En ce qui concerne la *Géographie* physique, qui est l'étude des formes principales du terrain et de ses accidents, celle des eaux et du relief, nous ne pouvons rien dire, sinon que nous avons tous vu et observé ces choses à maintes reprises et de tous les côtés en traversant diverses contrées.

Quant à la *Géognosie*, ou science relative à la composition matérielle du globe terrestre, qui devient si claire et si palpable, quand dans la *nature* nous étudions les pages que nous offrent les grandes coupures et les ravins, nous pouvons dire que sa complication n'est que théorique et apparente, puisqu'elle ne résulte que de la multiplicité des classifications individuelles et pour ainsi dire anatomiques, introduites pour définir les couches de terrain qui recouvrent le noyau central; cette analyse ne nous est, du reste, point nécessaire, et n'est utile et convenable que pour arriver aux grandes spéculations scientifiques.

De la *Géogénie*, ou autrement de l'origine de la terre, tout ce que nous en pouvons exposer revient à expliquer et à étendre cette idée inspirée de la création en six jours ou *époques*, suivis d'un septième jour de repos, que nous a léguée Moïse dans la *Genèse*; pages que personne n'ignore, qu'on admire chaque jour davantage, et dont les perfectionnements de la science nous font comprendre le véritable sens.

En dépit des limites que nous venons de nous fixer, c'est une entreprise ardue que nous tentons en voulant rendre évidente la relation intime qui lie la géologie à l'art de la guerre ; en effet, entre autres motifs de cette difficulté, les écrits de cette sorte ont le désavantage de présenter un caractère mixte, où il n'est pas facile de maintenir la partie scientifique dans une juste proportion, si ce n'est en observant une manière spéciale de s'exprimer et un certain ordre didactique dans les idées qui permet de comprendre leur liaison.

Nous sommes enhardi néanmoins par cette considération que les principes de ce dont nous allons nous occuper, existent dans l'esprit de chacun ; comme sont, par exemple, ces grands événements généraux que l'on prévoit avant qu'ils se réalisent, mais sans arriver à leur donner leur véritable forme jusqu'à ce que, le voile se trouvant arraché par un accident quelconque, l'intuition se présente complète et en parfaite harmonie avec le dénoûment et avec les faits accomplis.

Il en est ainsi en effet, le pressentiment ne trompe pas ; c'est que le fruit étant mûr, il pend naturellement de la branche, qui, courbée par son propre poids, l'amène à portée de la main. Il y a longtemps qu'on l'a dit : *Nihil novum sub sole ;* mais il y a certainement des progrès de faits en ce qui concerne la manière de définir, de présenter, de *concevoir*, de chercher à comprendre et à obtenir un résultat définitif, au moyen de la réunion de prémisses assez vagues dont on s'efforce de tirer des conséquences indiscutables.

Il existe une mystérieuse dépendance dans l'enchaînement des progrès humains, qui sont toujours successifs ; c'est un fait indiscutable que les idées les plus lumineuses demeurent stationnaires jusqu'à ce que les connaissances générales aient atteint un certain niveau, qui leur permet d'entrer naturellement dans le domaine de la pratique. Ceci peut s'appliquer aussi bien à la poudre, à la vapeur, à l'électricité dans l'ordre physique, qu'aux idées dans l'ordre moral ou politique. Il est indubitable que toutes les idées sur l'homme, sur sa généalogie, ainsi que toutes les choses appelées *découvertes*, pourraient être suivies en remontant depuis le moment où elles ont acquis toute leur importance jusqu'à la source où elles ont pris naissance, de même qu'on analyse, en la précisant, la formation successive d'une rivière où coulent d'abondantes eaux. Quant à nous, pour continuer la même figure, nous voulons former un courant continu, en réunissant dans la plaine les mille et mille filets qui jaillissent de toutes parts des grandes *éminences*, mais que la chaleur évapore ou qu'*absorbe* un soleil trop ardent. D'autres, plus tard, rendront la rivière navigable et utile au commerce général de la vie ; au surplus, nous nous réservons simplement le rôle de compilateur.

De toutes façons, personne ne doit s'étonner de trouver dans cet écrit plus d'audace que de science ; un tel jugement n'est point dépourvu de vérité : on sait, en effet, que la hardiesse n'est que le résultat du défaut de savoir.

CHAPITRE PREMIER

La stratégie et la géologie.

La haute conception stratégique d'une guerre, qu'elle soit offensive ou défensive, les opérations d'une campagne et même les mouvements tactiques d'une simple bataille voient leur succès dépendre de la connaissance approfondie du pays, de la province, du terrain où les actions ont lieu, c'est-à-dire du théâtre de la guerre.

Cette connaissance n'est point limitée à l'étude des conditions politiques, statistiques ni même géographiques d'un pays, mais il faut qu'elle embrasse plus particulièrement ses propriétés physiques et naturelles; c'est ce qui fait qu'on distingue les points principaux par les dénominations de points stratégiques politiques, statistiques, géographiques, ou enfin militaires.

Les premiers sont réellement accidentels, alors même qu'ils se trouvent être le but objectif des guerres, tandis que les derniers sont, s'il est permis de s'exprimer ainsi, immuables, la supériorité militaire étant toujours acquise à celui qui cherche à les connaître et à les utiliser.

La population, l'industrie, la richesse relative

et les divisions purement politiques constituent
habituellement des conditions variables et for-
tuites des Etats ; mais il n'en est point ainsi des
qualités militaires qui se rattachent aux divisions
naturelles du sol et qui forment les bases et les
points stratégiques de toutes les époques et de tous
les âges.

Pour parler en général, ces conditions stratégiques ne se rencontrent ni dans les rivières, ni
dans les montagnes considérées isolément ; elles
ont leurs racines dans l'ensemble de la structure du
pays, de la *région* qu'elles embrassent ; mots usuels
qui, à leur origine, ont signifié techniquement la
manière d'être, la constitution géologique de chaque
étendue de terrain renfermant les mêmes accidents
de forme, résultats des mêmes causes physiques
originaires.

Il n'y a point d'exceptions à ce fait ; quand le
commun du peuple, quand l'usage général ont fixé
d'une manière définitive les noms des localités, il
est indubitable que la diversité de ces noms est
précisément la même que celle des idées qu'on
s'est formées sur la nature, les formes et les conditions de chaque partie.

C'est donc en vain que la politique ou l'administration moderne font des efforts pour changer une
nomenclature qui remonte aux origines des anciens
royaumes et des antiques seigneuries ; ces dénominations renaissent involontairement, indiquant
toujours le berceau des centres de domination ou
de résistance qui sont nés d'un concours de cir-

constances impérissables parce qu'elles sont naturelles, ou parce que, pour parler le langage technique, tout centre de pouvoir historique est intimement lié à l'organisation physique propre à
son développement, ou mieux à la structure géologique du sol sur lequel il s'est formé.

Si l'on étudie les guerres anciennes et modernes,
on verra encore que les grands capitaines, soit par
suite de leur science acquise, comme cela est probable, soit poussés par leur génie et par leur intuition, ont tenu grand compte des formations géologiques, dans leurs divers projets, tantôt pour y former
des établissements, tantôt pour franchir leurs limites
ou pour les envelopper de façon à comprendre
dans leurs conquêtes tout un ensemble de régions;
on peut remarquer d'ailleurs, dans l'histoire, des
luttes interminables et désastreuses, quand, par impéritie ou par la force des choses, ils se sont arrêtés
à guerroyer dans l'intérieur de régions ayant une
constitution physique uniforme et dans lesquelles
l'avantage des positions se compense forcément par
leur réciprocité même; ce qui annule l'effet des
grandes manœuvres et ne permet de recourir dans
l'action qu'à la force brutale des combattants.

Nous allons tâcher de nous faire comprendre.

Jetons la vue sur la carte géologique de l'Europe, et nous arriverons bientôt à tirer des conséquences de tout genre et en complète harmonie
avec l'histoire, de l'examen de ces taches coloriées
qui indiquent la répartition des divers terrains.

Si nous fixons, par exemple, nos regards sur la

région du Rhin, qui vient tout récemment de servir de champ d'action à la Prusse et à la France , et qui est en ce moment celle qu'on connaît généralement le mieux à cause de la guerre qui vient de s'y terminer, nous ne pouvons nous empêcher d'y faire des remarques très-singulières.

Et tout d'abord, nous voyons apparaître de ce côté une formation ancienne qui, allant des sources de l'Escaut à celles du Weser, s'avance en formant un triangle jusqu'à Bâle. Quoiqu'elle soit divisée en deux parties par le Rhin , elle a presque toujours été allemande. Elle embrasse d'un côté les cours de la Lahn , du Mein et du Nekar avec la forêt Noire ; et, de l'autre , le moyen cours de la Meuse, la Moselle avec la Sarre son affluent et la forêt des Ardennes. Il faut remarquer cette circonstance singulière, que les territoires de Bade et de la basse Alsace formeraient à partir de Bâle un lac, si le Rhin ne s'échappait par la crevasse qui s'ouvre à travers la formation principale entre Mayence et Cologne , ou plus exactement entre Wiesbaden et Bonn, de la même manière que notre Tage traverse la formation hispano-portugaise , presque identique à la précédente, entre Talavero et Abrantès.

Si nous observons la carte avec plus de soin, nous verrons l'étendue *Triasique,* aux extrémités de laquelle apparaissent les éruptions *Plutoniennes,* enveloppée semi-circulairement par les terrains de formation calcaire connus sous le nom de *Jurassiques ;* ceux-ci forment une bande continue, qui, partant du 50° parallèle entre Saint-Quentin et Rocroy, passe par Mézières, Verdun, Commercy, Langres et Belfort pour arriver à Bâle; elle se trouve là au point du changement de direction du Rhin, près du lac de Constance et au contact des terrains *Miocènes* ou récents de la Suisse et du Danube ; nous la voyons remonter par Ulm , toucher les roches granitiques de la Bohême et se terminer aux sources du Mein à la rencontre de ce même 50° parallèle d'où elle était partie, presque sur la ligne de partage des eaux de l'Elbe. A la hauteur de Besançon, on voit se rejoindre à cette bande jurassique demi-circulaire, un puissant rameau qui se prolonge jusque dans les environs de Lyon et qui, à peine interrompu par la vallée de l'Isère, forme comme un appendice du versant des Alpes, et à partir de la Drôme, franchit la Durance et se termine du côté de Briançon, sur la ligne de faîte de la vallée de Suze, ou mieux du bassin de ce Pô qui fertilise ensuite les plaines de la Lombardie.

En nous rappelant les faits de l'histoire, nous voyons Jules César, marchant à la conquête de la Gaule, tourner les Alpes en suivant la vallée de Suze, passer la frontière près de Briançon, puis, prenant pour guide la zone jurassique, descendre par la vallée de la Durance jusqu'à Charges, traverser la Drôme, la suivre jusqu'aux terrains récents de la vallée du Rhône, sur lesquels il continue sa marche jusqu'à Dijon, où il reprend le terrain jurassique. Nous voyons ce grand capitaine traverser de Langres à Bar-sur-Aube la bande calcaire que ces terrains forment entre ces deux villes et passer par les terrains crétacés pour aller de là à Reims et descendre de Soissons sur Paris; puis s'avancer sur Amiens, traverser la Belgique par Cambrai, Mons et Tongres, en évitant toujours, comme on peut le remarquer, la grande formation franco-allemande dont nous avons parlé, où, pour mieux nous faire comprendre, en contournant les limites de l'ancienne principauté de Lorraine, pour traverser enfin le Rhin à Cologne et faire passer sous ses lois, par ce mémorable coup d'audace, la fière population Germaine.

Au contraire, nous voyons les Alains, les Vandales et les Suèves traverser le Rhin en l'an 406, dans la section de la basse Moselle, et s'appuyant aux forêts des Ardennes, à travers les parties les plus âpres de cette même formation, s'emparer d'Amiens, puis traverser dans leur irruption le centre montagneux de la Gaule pour venir en Espagne en franchissant les Pyrénées par la Navarre.

De même, le puissant Attila, parti en 449 de son camp des Karpathes à la tête des Huns, après avoir parcouru les parties basses de la Hongrie et passé les Alpes Viennoises pour gagner les plaines du haut Danube, puis la Bavière, franchit le Rhin en marchant sur la bande jurassique qu'il avait suivie depuis le lac de Constance, et s'empare de la portion de gauche de la formation susindiquée ou partie française, en entrant en Lorraine par l'Alsace.

Nous voyons Attila, prenant pour base ce territoire classique , conquérir Metz, Trèves, Tongres, brûler Arras , Toul , Langres , Besançon, finir par descendre sur Orléans pour la prendre d'assaut, se sentant assez hardi pour entrer dans les plaines de l'Ile-de-France. Attaqué par les forces réunies des Francs de Mérovée, des Visigoths de Théodoric et des Romains sous le commandement d'Aétius, il est vaincu dans les plaines crétacées de Châlons-sur-Marne, aux champs Catalauniques; nous le voyons ensuite se retrancher dans ces parages mêmes, pour rétrograder l'année suivante par le pays jurassique du lac de Constance, descendre le Danube, remonter l'Inn afin de traverser les Alpes Rhétiques dans la Valteline, et passer par Pavie pour venir menacer Rome et Venise.

Dans les temps modernes, nous voyons le duc d'Albe avec l'armée de Charles-Quint se retirer sans pouvoir entrer à Metz , centre de ces formations géologiques ; puis plus tard sortir de Milan avec nos troupes italiennes, prendre la direction du Mont-Cenis et traverser la Savoie en adoptant les régions par lesquelles Annibal avait passé dix-huit siècles auparavant; à partir du Rhône, il suit, comme César, la formation jurassique, en côtoyant habilement la frontière orientale de la Bourgogne et la frontière occidentale de la Lorraine, et en évitant avec adresse le maréchal de Tavannes qui l'observe sur la gauche, ainsi que les corps genevois qui opèrent sur sa droite, et il parvient à arriver sans accidents à Anvers, ce qui à cette époque ne put être fait que par un prodige de science militaire et de discipline.

Napoléon, au commencement de ce siècle, évite à l'est les mêmes formations qu'avait évitées César à l'ouest, contourne la forêt Noire et, suivant la formation jurassique allemande, passe par Ulm, tourne le Mein, et tombe à Iéna sur l'armée prussienne qu'il détruit, entre à Berlin, bat les Russes sur les frontières orientales et soumet ainsi en un mois de campagne la Prusse stupéfaite.

La Suisse, où se trouvent les lacs de Genève, de Neuchâtel et de Constance, et qui par suite de sa nature géologique est une véritable forteresse naturelle, a presque toujours été indépendante.

La Bavière, la Bohême, la Hongrie, contrées géologiquement distinctes, ne peuvent, si elles doivent faire partie d'un même groupe politique, appartenir qu'à l'empire d'Autriche; c'est un vrai phénomène que la première d'entre elles se soit réunie à la Prusse dans les circonstances actuelles, en se mettant ainsi en opposition avec ce que demandaient les conditions physiques de son territoire et par cela même avec ses intérêts permanents. La frontière franco-allemande récente de la Sarre avec les deux débouchés de Sarrelouis et de Deux-Ponts était, géologiquement parlant, un piége machiavélique; il en est de même de ce qui concerne la portion de frontière qui correspond au Luxembourg, à la Belgique jusqu'à la Meuse au milieu des Ardennes, et l'on pourrait ajouter jusqu'à l'Océan. Il en aurait été tout autrement du sort actuel de la France, si son armée, au lieu de s'arrêter à cette limite fictive de son territoire, s'était, dans le premier moment, avancée jusqu'au Rhin, fossé naturel de cette citadelle géologique.

La France et l'Allemagne actuelle du Nord ne peuvent se faire équilibre ni vivre en paix tant que le Rhin, de l'Eifel aux Vosges, ou depuis Cologne jusqu'à Bâle, ne sera pas la frontière commune qui limitera ces deux puissances, en donnant à chacune d'elles la part respective qui lui revient naturellement dans cette grande formation géologique.

La puissance ibérique ne pourra arriver à son apogée tant que le Portugal formera dans son sein une portion distincte, et cela non pas précisément parce qu'alors l'Espagne se trouverait de toutes parts élargie jusqu'à ses côtes, comme cela existait pour l'Atlantide telle que la décrivait Platon, mais parce que le territoire portugais est la citadelle naturelle de la Péninsule en raison de sa formation géologique générale, et qu'il est, à n'en pouvoir douter, nécessaire que l'unité politique existe dans ce pays pour qu'il puisse s'organiser fortement et obtenir, avec toutes ses conséquences, la suprématie que lui assure dans l'univers sa position géographique privilégiée.

Si Philippe II avait transporté à Lisbonne la résidence de la cour, il est probable que Londres, la moderne Carthage, n'aurait pu parvenir à être ce que nous la voyons, et cela surtout sans la mort regrettable de l'amiral don Alvaro de Bazan, marquis de Santa-Cruz, parce que cet insigne marin, qui avait dans toutes les mers taillé en pièces les escadres anglaises, n'aurait pas laissé que d'anéantir les restes de la marine britannique à l'intérieur même de ses ports au moyen de la puissante flotte nommée l'*Invincible Armada*, ne donnant pas lieu ainsi à ce mot célèbre de Philippe II : « Je n'envoie pas ma flotte combattre contre la furie des éléments. »

C'est donc pour une cause toute physique et au fond géologique que le Portugal vit dans la dépendance de l'Angleterre. Le territoire de cet État péninsulaire est en effet, militairement parlant, une formidable position stratégique, qui, séparée de l'Espagne pour être conservée à la dévotion de l'Angleterre, sans que cette dernière puissance soit forcée d'y tenir garnison autrement que dans des cas accidentels, sert d'appui et de base à cette politique opiniâtre qui consiste à annihiler par tous les moyens imaginables dans la Péninsule, les germes de vitalité et d'activité, qui, faute de champ pour se développer, se transforment en de continuelles inquiétudes intérieures et en de perpétuelles luttes intestines.

Dans le même ordre d'idées, le Roussillon, considéré au point de vue géologique, forme une partie intégrante de la péninsule ibérique, et c'est à cela qu'on doit attribuer les différentes guerres qui ont définitivement rattaché ce territoire à la France. Mais ces luttes, cette possession avaient un motif puissant : la question était vitale pour nos voisins. Une armée espagnole, en s'avançant jusqu'à Toulouse, menacerait à la fois les vallées du Rhône et de la Garonne, c'est-à-dire les deux mers, et en même temps sa position lui permettrait de gagner l'intérieur de la France par le pays montueux qui en forme le plateau central, et de rétablir ainsi l'empire des Goths, qui s'étendait depuis la Loire jusqu'aux colonnes d'Hercule.

Les idées que nous venons d'émettre peuvent paraître étranges à beaucoup de nos lecteurs, et en effet il y a une certaine originalité à présenter l'étude des formations géologiques comme donnant la clef de la stratégie militaire : mais sans chercher à rien dire de neuf, puisque la vérité existe en germe dans le savoir et dans le sentiment intérieur de tous, nous pourrons présenter une telle quantité d'exemples à l'appui de nos assertions, que nous arriverons sans doute à faire partager aux autres notre conviction intime relativement à ce sujet.

Nous n'allons pas nous lancer immédiatement dans l'étude géologique et stratégique du périmètre de notre Péninsule; rien ne nous force à entreprendre immédiatement ce travail : mais pour pouvoir exposer nos idées d'une façon plus didactique, on nous permettra de faire d'abord une digression nécessaire, qui mette nos lecteurs à même de comprendre facilement la carte géologique que nous offrons à leurs regards.

CHAPITRE II

Résumé général de la géologie.

Un grand poëte de l'antiquité, Publius Ovidius Nason, antérieur à notre ère chrétienne , nous a donné en quelques vers une idée complète de la géologie , preuve évidente que les sciences physiques étaient, aux temps de l'apogée de la puissance romaine, familières parmi les gens instruits ; preuve évidente encore que les hommes publics de cette époque étaient véritablement grands et tout aussi aptes à manier avec assurance la plume du législateur que l'épée du défenseur ou du conquérant.

Dans le livre XV de ses *Métamorphoses*, Ovide dit :

> Vidi ego quod fuerat quondam solidissima tellus
> Esse fretum ; vidi fractas ex æquore terras ;
> Et procul a pelago conchæ jacuere marinæ
> Et vetus inventa est in montis anchora summis,
> Quodque fuit campus, vallem decursus aquarum
> Fecit et eluvie mons est deductus in æquor (1).

---

(1) Nous avons rétabli dans ce passage l'orthographe adoptée en français pour la langue latine. *(Note du traducteur.)*

Beaux vers que nous traduirons littéralement ainsi :

« J'ai vu ce qui autrefois avait été un terrain solide
« Devenir un détroit; j'ai vu des régions divisées par la mer ;
« Et loin du rivage, des bancs de coquillages marins ;
« On a trouvé autrefois des ancres sur le sommet des collines,
« Ce qui était une plaine a parfois été converti en vallée par l'action des eaux
« Qui entraînent dans la mer les montagnes qu'elles délayent peu à peu.

Pour pouvoir juger sûrement de l'état d'avancement auquel la géologie était parvenue, depuis cette époque lointaine jusqu'au commencement du siècle présent, nous allons transcrire ici quelques paragraphes de la *Théorie de la terre,* du célèbre Georges-Louis Le Clerc, comte de Buffon, qui, comme nous allons le voir, ne sont rien autre chose qu'une traduction libre des anciens vers d'Ovide.

« On ne saurait mettre en doute, dit Buffon, que
« les eaux de la mer ont couvert la superficie des
« terres que nous habitons, et par suite que cette
« même superficie de nos continents a été à une cer-
« taine époque le fond d'une mer, où se produi-
« saient les mêmes phénomènes que dans les mers
« actuelles. En effet, les différentes matières qui
« composent la terre, étant disposées en couches ou
« stratifications parallèles, dont l'épaisseur reste la
« même quelle que soit la partie ou la position dans
« laquelle nous les observions, on doit en con-
« clure qu'il y a là un travail des eaux qui ont
« assemblé et accumulé ces matières en les dispo-
« sant précisément selon la forme naturelle de
« leur superficie ; il est d'ailleurs certain que
« ces couches ont été formées lentement et succes-

« sivement, car nous voyons fréquemment des
« bandes de matière pesante déposées au-dessus
« d'autres dont la matière est beaucoup plus légère;
« ce qui n'aurait pu se présenter si tous ces élé-
« ments divers tenus en même temps en suspen-
« sion dans l'eau s'étaient précipités à la fois, car
« alors ils se seraient disposés suivant l'ordre de
« leurs densités respectives.

« Il est donc évident que notre terre a été,
« comme nous le disions tout à l'heure, le fond
« d'une mer; et par suite, pour connaître ce qui
« s'est passé en d'autres temps sur cette terre,
« nous devons étudier ce qui arrive actuellement
« au sein de l'Océan, et de cette étude nous dédui-
« rons par induction des faits certains relativement
« à la forme extérieure et à la composition inté-
« rieure des terres que nous habitons.

« La mer, cela est certain, a, en tout temps
« depuis la création, possédé un mouvement de
« flux et de reflux, et il est naturel d'imaginer que
« les eaux amènent chaque fois de place en place
« une petite quantité de matière, qui se dépose au
« fond de l'eau comme un sédiment, en formant
« les couches parallèles et d'épaisseur uniforme
« qui s'observent sur tous les points des conti-
« nents. S'il y a des coquilles dans ces parages du
« fond de la mer où nous supposons que le dépôt
« va en s'élevant, les sédiments les couvriront et
« rempliront leur intérieur, celles-ci resteront in-
« corporées alors à la matière même des couches
« ainsi déposées, et toutes celles qui tomberont

« dans les couches successives y resteront in-
« crustées.

« Quand ces dépôts auront acquis un certain
« développement, ils contrarieront le mouvement
« ou régime primitif des eaux, d'où il résultera
« pour l'ensemble de chaque mer des mouvements
« particuliers; il se produira alors des courants
« permanents, semblables aux rivières terrestres,
« mais infiniment plus puissants, qui formeront
« des canaux immenses, dont l'action dissolvante
« et impulsive, arrachant une partie des dépôts ou
« couches supérieures, donnera naissance à ces
« grandes vallées d'érosion dont les bords se cor-
« respondent alternativement sur tout le dévelop-
« pement de leur cours, permettant d'observer
« sur leurs flancs opposés la correspondance exacte
« des mêmes couches ou stratifications.

« Nous tirerons de là cette conséquence : que les
« eaux ont couvert et peuvent encore couvrir tour
« à tour les divers continents, et nous posons en
« principe, qu'on ne doit pas s'étonner de rencon-
« trer de toutes parts des productions marines, et
« une composition intérieure qui ne peut être que
« l'œuvre des eaux réunies dans la vaste étendue
« des mers, eaux qui ne sont jamais en repos, mais
« dont le mouvement est au contraire continu et
« régulier.

« Les eaux du ciel à leur tour détruisent peu à
« peu l'ouvrage de la mer, ce sont elles qui ré-
« duisent continuellement la hauteur des monta-
« gnes, elles qui, par des apports de terre, apla-

« nissent les vallées, prolongent les embouchures
« des fleuves et comblent les golfes, et qui, tendant
« à tout niveler, finiront peut-être un jour par res-
« tituer cette terre à la mer, qui s'en emparera peu
« à peu, tout en laissant à découvert de nouveaux
« continents, coupés de vallées et de montagnes
« en tout semblables à ceux que nous habitons
« actuellement ; cette action paisible est secondée
« par les effets des feux intérieurs, dans l'explosion
« desquels il faut voir l'origine des tremblements
« de terre et des volcans ; la force de ces matières
« enflammées et comprimées dans le sein de la
« terre est d'ailleurs au-dessus de toute compa-
« raison, car nous avons vu des cités entières en-
« terrées, des plaines détruites et des montagnes
« renversées sous ses efforts. »

Pour pousser plus avant la comparaison, en suivant la marche des progrès successifs de la géologie, nous recourrons au magnifique ouvrage
d'Elisée Reclus, publié en 1868, sous le titre de
La Terre, ouvrage dans lequel on trouve le superbe
passage que voici :

« L'influence de l'Océan sur l'économie géné-
« rale du globe est de premier ordre, puisque tous
« les phénomènes de la vie sur notre planète dé-
« pendent d'elle.

« L'eau est ce qu'il y a de plus grand, s'écriait
« Pindare, dès les origines de la civilisation grec-
« que, et depuis la science nous a révélé que les
« continents ont été élaborés dans le sein des mers
« et que, sans celles-ci, le sol terrestre, semblable à

« une surface métallique, n'aurait pu servir de
« siége à aucun organisme. C'est donc ainsi,
« comme le disent poétiquement presque toutes
« les cosmogonies des peuples primitifs, que la
« terre est « la fille de l'Océan. »

« Cela n'est point simplement un mythe, mais
« bien la réalité même. L'étude de l'*écorce* ter--
« restre, *formée* dans sa totalité et exclusivement
« de couches de sable, d'argile et de marne, ou de
« bancs de grès ou de schiste, de calcaires et de
« conglomérats, fournit la preuve que les maté-
« riaux qui constituent les masses continentales
« ont séjourné ou bien se sont déposés dans le
« fond de la mer, et que c'est là qu'ils ont acquis
« leur forme et leur structure.

« A notre point de vue, la prodigieuse action
« créatrice de la nature réside surtout dans les
« mers depuis l'origine des temps, et se continue
« sans cesse avec une telle activité que, durant sa
« courte vie, l'homme assiste à des modifications
« considérables.

« Si les eaux sapent, jettent à bas et minent
« lentement une péninsule, en d'autres points
« elles forment des plages et soulèvent des îlots.
« Aux roches anciennes que détruisent les vagues,
« succèdent des roches récentes semblables de
« structure et d'aspect. Les amas de granit se
« désagrégent sous l'action des eaux qui tamisent
« régulièrement sur les divers cristaux de quartz,
« de feldspath et de mica qui les composent.
« Inversement, l'argile qui provient de la décom-

« position lente du feldspath, se transforme fré-
« quemment en ardoises dont les feuilles superpo-
« sées finissent, tôt ou tard, par durcir et cristal-
« liser comme les schistes les plus anciens.

« Ce n'est pas tout, néanmoins : un agent aussi
« puissant que le choc et que l'action régénératrice
« des vagues travaille constamment dans le sein
« de la mer à la reconstitution des roches.

« Cet agent est la vie animale. Les testacés, les
« coraux, les innombrables animalcules à coquil-
« les calcaires ou siliceuses qui vivent dans
« l'Océan, ne cessent pas un instant de consom-
« mer pour produire. Ils absorbent et s'assimilent
« les molécules propres à leur existence que les
« rivières apportent à la mer, les décomposent
« chimiquement dans leur organisme et sécrètent
« les substances qui forment leur squelette et leur
« habitation ; à mesure que périssent les généra-
« tions qui constituent ce tourbillon d'êtres, leurs
« restes s'accumulent au fond de la mer ou au
« large des plages et contribuent à former d'im-
« menses bancs calcaires ou îles sous-marines de
« corail qui finissent par émerger au-dessus des
« eaux ou par apparaître grâce à un soulèvement
« spontané et à un boursouflement dû à l'action
« des feux intérieurs.

« Grâce à cette incessante rénovation des roches,
« l'Océan crée à chaque heure une terre différente
« de l'ancienne, mais semblable à elle par son
« aspect et par la disposition de ses parties. Ainsi,
« pour le géologue, le fond invisible des mers n'a

« pas moins d'importance que la surface décou-
« verte des continents ; le sol que nous foulons
« aujourd'hui et que couvrent nos champs et nos
« villes, disparaîtra comme ont disparu en tout ou
« en partie les continents des époques antérieures,
« et les espaces inconnus que les eaux recouvrent
« actuellement, surgiront à leur tour et se présen-
« teront à la lumière du soleil sous forme d'îles,
« de péninsules ou de masses continentales.

« Dans le long enchaînement de siècles ou de
« périodes géologiques durant lequel la superficie
« terrestre est restée baignée ou enveloppée non-
« seulement par les ondes de la mer, mais encore
« par les eaux de l'atmosphère, l'Océan n'a pas
« discontinué de modeler le relief du globe au
« moyen de nuées, de pluies et de tous les météores
« qui se produisent sur cette superficie. Ces agents
« atmosphériques qui prennent naissance sur les
« cimes des montagnes, sillonnent leurs flancs et
« les détruisent peu à peu, sont produits par la
« mer ; ces innombrables filets qui, en coulant
« doucement, polissent les roches et amènent dans
« les vallées leurs détritus et même des rochers
« tout entiers qui finissent par se résoudre en dé-
« blais énormes, proviennent également des eaux
« de l'Océan, qui, converties en neiges, s'accumu-
« lent dans les cirques et dans les dépressions des
« hautes montagnes ; toutes ces eaux qui s'infil-
« trent ou pénètrent par des fentes dans les pro-
« fondeurs de la terre, qui dissolvent les roches et
« creusent les grottes et les cavernes, qui entraî-

« nent à la surface des matières minérales, et qui
« produisent souvent de grandes crevasses et des
« effondrements dans le sol, ne sont que les va-
« peurs de la mer, qui, ayant repris l'état liquide,
« retournent au réservoir d'où elles étaient sor-
« ties ; enfin les innombrables rivières qui portent
« la vie sur tout le globe, et sans la présence des-
« quelles les continents seraient des espaces arides
« et complétement inhabitables, ne sont autre
« chose qu'un système de veines qui ramènent au
« grand réservoir océanique les eaux qu'a répan-
« dues sur le sol le système artériel formé par les
« nuées et les pluies.

« De sorte que c'est aux phénomènes de la vie
« maritime et de la nature maritime elle-même
« qu'on est forcé d'attribuer l'immense travail
« géologique des eaux et le rôle important que
« jouent celles-ci, par rapport à la flore, à la faune
« et à l'histoire de l'humanité.

« Les découvertes futures des géologues et des
« naturalistes nous feront connaître plus exacte-
« ment quelle est la part qui revient à l'Océan dans
« la production et le développement des germes de
« la vie animale et végétale qui ont acquis leur plus
« haut degré de perfection et de beauté à la sur-
« face des continents.

« Quant aux climats et à leurs variations, aux-
« quelles sont soumis tous les êtres qui vivent sur
« la terre, ils dépendent autant des mouvements
« de l'Océan que de la distribution et du relief
« des terres. Le froid, dans les latitudes polaires,

« serait encore plus rigoureux, la chaleur, sous
« les latitudes tropicales, serait beaucoup plus in-
« tense, et la majeure partie des espèces qui vivent
« actuellement dans ces régions extrêmes auraient
« péri sans doute, si les courants marins ne trans-
« portaient pas l'eau congelée des pôles à l'équa-
« teur, pour la ramener ensuite de l'équateur vers
« les pôles, travaillant ainsi d'une manière con-
« stante à établir l'équilibre des températures.
« D'ailleurs, l'atmosphère qui enveloppe les terres
« continentales serait complétement dépourvue de
« vapeur d'eau, c'est-à-dire irrespirable, si l'humi-
« dité de la mer ne se trouvait pas dispersée par les
« vents sur toute la superficie du globe.

« Ainsi donc, l'Océan fond entre eux les climats
« et fait de toutes les régions un ensemble harmo-
« nieux ; il suscite la vie et la conserve sur la terre,
« qu'il a formée couche par couche, et qu'il arrose
« au moyen de ses nuages et par les rivières......

« D'autre part, la transformation incessante de
« toutes les roches qui composent les couches in-
« térieures du globe ne peut s'accomplir qu'autant
« que le relief et les contours des terres se modi-
« fient peu à peu ; c'est ainsi que l'architecture
« générale des parties émergées n'a cessé de varier
« depuis l'origine des temps. Les antiques chaînes
« de montagnes se sont détruites pierre à pierre,
« molécule à molécule, pour s'étaler, sous la forme
« de sable et d'argile, dans les plaines et dans les
« mers ; de leur côté, les Océans se sont graduelle-
« ment surélevés, et les anciens fonds se sont

« changés en terre ferme. A peine achevées, les
« couches stratifiées ont commencé à être attaquées
« pour aider à la formation de stratifications nou-
« velles. Comme entraînée dans un éternel tour-
« billon, chaque particule ne cesse de voyager de
« roche en roche, et, par suite, les masses conti-
« nentales ne sont par elles-mêmes que de gran-
« des agglomérations de molécules qui ont dû se
« déplacer successivement pour se combiner de
« nouveau sur toute la rotondité de la terre.

« Les roches, les montagnes, les masses conti-
« nentales, sont, en définitive, soumises à un chan-
« gement perpétuel, et alternent sur le globe
« comme les eaux et l'air. Sous l'action des tor-
« rents et des agents atmosphériques, les monta-
« gnes se nivellent, et les matériaux qui les for-
« maient s'en vont à l'Océan ; de nouvelles contrées
« s'élèvent au-dessus des eaux, tandis que d'autres
« s'enfoncent lentement et finissent par être sub-
« mergées ; la terre s'entr'ouvre et laisse échapper
« au dehors les gaz et les matières en fusion de
« ses couches profondes ; enfin, par suite des réac-
« tions chimiques incessantes qui ont lieu dans
« l'intérieur de la terre, les roches mêmes chan-
« gent de composition, et les végétations de cris-
« taux se succèdent dans les couches pierreuses
« comme la faune et la flore sur le sol. Bien plus,
« l'échange se fait également entre la terre et les
« espaces célestes, comme le prouve la chute de
« pierres incandescentes qui se détachent des bo-
« lides lancés dans l'atmosphère et celle des che-

« velures des comètes que le globe surprend par-
« fois dans leur tournoiement au milieu des ondes
« invisibles de l'éther. La vie de notre planète,
« comme toute autre vie, est une genèse conti-
« nuelle, un tourbillon incessant d'atomes alter-
« nativement fixés et libres, qui circulent d'orga-
« nisme en organisme. Néanmoins, à chacune des
« phases de ces modifications infinies, la terre,
« pour celui qui l'étudie, apparaît toujours belle
« dans sa forme, et les phénomènes qui se succè-
« dent sans interruption s'accomplissent avec une
« merveilleuse harmonie. »

En suivant progressivement l'ordre des idées ca-
pitales en géologie, nous sommes amenés à ex-
traire de *la Structure des volcans et leur mode d'action*, ouvrage du célèbre Humbold, la partie qui se
rapporte le mieux à notre sujet, puisque c'est à
cette cause, plus ou moins générale, que sont dues
la rupture et la dislocation du sol terrestre, les
éruptions de lave, les apparitions de la masse intérieure et les terribles mouvements souterrains qui
remuent toute la superficie de la terre.

« Tout ce que l'on croyait savoir, écrit Hum-
« bold, jusqu'à la fin du siècle dernier, relative-
« ment à la conformation des volcans et à l'action
« des feux souterrains, reposait sur l'étude de deux
« montagnes de l'Italie, le Vésuve et l'Etna. Comme,
« d'autre part, le Vésuve est le plus accessible, et
« que ses éruptions sont plus fréquentes, ainsi que
« cela arrive pour tous les volcans peu élevés, on
« avait fini, s'il est permis de s'exprimer ainsi, par

« prendre une simple colline pour le type de cette
« multitude lointaine comprenant tous les formi-
« dables volcans qui se succèdent, suivant des li-
« gnes régulières, au Mexique, dans l'Amérique
« du Sud et dans les îles de l'Asie, imitant ainsi
« ce pasteur de Virgile, qui, en contemplant
« sa petite cabane, croyait pouvoir se figurer
« l'aspect de la Cité éternelle, de la Rome des
« Césars. »

Néanmoins, dans le bassin même de la Méditerranée, le feu intérieur ne s'est pas contenté toujours des passages que lui livraient des cratères
permanents placés au sommet de montagnes isolées. A Ischia, sur le mont Ipomée, et, d'après les
relations que nous ont laissées les anciens, dans la
plaine de Lelantis, aux environs de Chalcis, les
laves ont fait leur apparition à travers des crevasses
qui s'étaient subitement ouvertes. D'autre part,
dans la région montagneuse de l'Auvergne, on
rencontre une classe spéciale d'éruptions très-voi-
sines les unes des autres, dans lesquelles les masses
de trachyte et de porphyre, qui n'ont jamais coulé
sous forme de laves, alternent avec les cratères
coniques qui autrefois ont lancé celles-ci par torrents.

On est, par suite, obligé de distinguer les volcans qui communiquent avec l'atmosphère par des
ouvertures permanentes des cônes de basalte et
des dômes de trachyte dépourvus de cratères, que
les uns ou les autres soient bas comme le Sarcony,
ou très-élevés comme le Chimborazo, parce qu'ils

forment deux groupes distincts, bien que procédant de causes analogues.

Dans le premier groupe doivent être rangés les phénomènes volcaniques proprement dits et ceux qui en sont une dépendance immédiate, qu'on a communément l'habitude de comprendre tous sous la dénomination de *volcans* ; à ce groupe appartiennent donc : les colonnes de fumée et de vapeur qui surgissent du milieu des rochers, comme à Colares, depuis le grand tremblement de terre de Lisbonne, les courants de boue ou *moya*, d'asphalte et d'hydrogène qui se dégagent des salses ou cônes argileux, comme à Girgenti, en Sicile, et à Turbaco, dans l'Amérique méridionale, les sources thermales ou geysers d'Islande, que fait jaillir la force élastique de la vapeur ; dans ce même groupe, on doit ranger encore les montagnes formant systèmes, ou bien isolées, qui surgissent comme de petits archipels aussi bien du milieu des terres que du sein de la mer, comme les îles Canaries, les Açores, et certaines îles de l'Océanie, montagnes munies de cratères, qui vomissent des torrents de lave ; enfin, on doit y comprendre tous les phénomènes analogues que produisent les forces indomptées de la nature et qui se manifestent à l'extérieur d'une manière ostensible, bien qu'ils soient élaborés dans les profondeurs de la terre.

Au second groupe se rapportent les cônes, les dômes et autres formations basaltiques, trachytiques ou porphyriques, résultats de l'éruption de matières rendues pâteuses par la chaleur, mais qui n'ont point été vomies par des cratères, et parmi lesquelles domine le granit. En contact avec ces masses, se présentent constamment, comme des témoins de leur éruption, les couches sédimentaires qui ont été brisées ou soulevées au moment de leur apparition, et modifiées par l'action de la chaleur due à l'état plus ou moins complet de fusion des matières émergeantes ; ces couches les enveloppent comme d'un vêtement, et, par leur réunion avec elles, forment ce que l'on appelle des cratères de soulèvement, pour les distinguer des cratères purement volcaniques ; ce phénomène considérable et important a été découvert et étudié par Léopold de Buch, le premier géologue de notre époque.

A ces phénomènes éruptifs s'en lient d'autres non moins terribles : les désastreux tremblements de terre. L'apparition soudaine de l'île Sabrina, dans le groupe des Açores, le dernier jour de février 1811, fut le prélude des épouvantables tremblements de terre qui, jusqu'à une distance immense dans l'ouest, et depuis le mois de mai de la même année, jusqu'au mois de juin 1813, bouleversèrent d'abord les Antilles, puis les plaines de l'Ohio et du Mississipi, et enfin les côtes opposées de Venezuela et de Caracas. Le 30 avril 1811, dans l'Amérique du Sud, un bruit souterrain, qui répandit l'épouvante parmi les habitants, fut entendu sur une superficie d'au moins 6,400 lieues carrées.

Au moment même où se faisait sentir la grande commotion du célèbre tremblement de terre de

Lisbonne, une violente agitation de l'eau se manifestait, non-seulement dans les lacs de la Suisse, mais encore sur les côtes maritimes de la Suède; jusque dans les Antilles orientales, sur les plages de la Martinique, d'Antigua et des Barbades, le flux s'éleva subitement à une hauteur de 20 pieds dans des endroits où jamais sa hauteur n'avait dépassé 28 pouces.

Tout cela prouve que les feux souterrains manifestent leur existence de deux manières différentes; ils agissent dynamiquement dans les tremblements de terre et chimiquement à l'intérieur des montagnes volcaniques anciennes ou récentes, où ils travaillent à l'élaboration et à la transformation des substances élémentaires. Cela démontre suffisamment que ces feux n'ont pas leur foyer dans l'épaisseur de l'écorce terrestre, et ne se font pas sentir seulement à la surface du sol, mais bien qu'ils émanent des entrailles de la terre et qu'ils agissent simultanément, en se glissant par les fentes et par les couloirs où ils trouvent un passage libre, sur des points très-éloignés les uns des autres de la superficie du globe.

Au point où nous en sommes arrivés, nous ne pouvons laisser passer l'occasion de donner quelques éclaircissements sur une hypothèse qui certainement serait une cause réelle de préoccupations, même dans un ordre d'idées tout différent du nôtre, si elle était effectivement démontrée géologiquement.

Nous voulons parler de cette idée généralement

admise que le centre de notre globe est à l'état de fusion ignée, à laquelle on s'est laissé amener avec beaucoup de légèreté, en voulant généraliser d'une manière absolue ce fait tout particulier de l'augmentation de la température, à raison d'un degré par chaque intervalle de 30 mètres dont on descend dans l'intérieur de la terre; cette supposition, si elle était justifiée, nous ferait vivre au-dessus d'un océan de feu, dont nous serions séparés seulement par une pellicule solide, à peine comparable à la coquille d'un œuf. Cette hypothèse commode, qui est contraire aux lois harmoniques de la stabilité dans la nature, et qui répugne au simple instinct, a été dernièrement repoussée par la science.

Au sujet de cette intéressante question, M. Reclus, dans l'ouvrage que nous avons déjà cité, s'exprime en ces termes :

« Selon la théorie généralement acceptée, la
« partie solide du sol serait beaucoup plus mince
« que la couche d'air qui enveloppe le globe, puis-
« qu'en admettant l'évaluation générale, bien que
« d'ailleurs purement hypothétique, la chaleur
« terrestre devrait, à 30 ou 35 ou au plus à 50 kilo-
« mètres au-dessous de la superficie, atteindre un
« degré d'intensité suffisant pour fondre le granit.
« En comparant cette épaisseur au diamètre de la
« terre, qui est 250 fois plus grand, on voit que
« celle-ci ne serait recouverte que d'une pellicule
« ténue comparable à une mince couche de carton
« qui entourerait un globe artificiel liquide d'un
« mètre de diamètre. Pour la terre ce liquide serait

« formé d'une mer de lave et de roches en fusion
« qui, de même que l'océan superficiel, aurait ses
« courants, ses marées et parfois ses tempêtes. Les
« révolutions géologiques du globe tireraient leur
« origine de la réaction des ondulations souter-
« raines de cet enfer caché; les montagnes de por-
« phyre et d'autres roches analogues seraient les
« replis solidifiés de cet océan de feu et les mon-
« tagnes géantes situées sur les rivages des mers,
« l'Etna, le Pic de Teyde, le Mauno Roa, par leurs
« éruptions et leurs émissions de lave, fourni-
« raient la preuve des tempêtes intérieures qui
« cherchent à crever l'enveloppe solide. »

« Déjà Cordier, préoccupé des objections qui
« s'offraient à son esprit, relativement à la ténuité
« de la pellicule terrestre, admettait que celle-ci
« ne saurait être stable à moins d'avoir une épais-
« seur comprise entre 120 et 280 kilomètres. Plus
« récemment W. Hopkins, soumettant aux cal-
« culs des hautes mathématiques les phénomènes
« de la précession et de la nutation terrestres, a
« obtenu des résultats encore beaucoup plus éloi-
« gnés de l'hypothèse précédente, et a prouvé que :
« pourvue ou non de feu central, la planète serait
« animée de mouvements entièrement différents
« des siens, si la partie solide de son écorce n'était
« épaisse que de 1300 à 1600 kilomètres soit du
« 1/4 au 1/5 du rayon terrestre. W. Thomson a
« établi par d'autres calculs que si la terre avait
« seulement pour densité celle du fer ou de l'acier,
« les marées et la précession des équinoxes n'au-

« raient qu'une importance beaucoup plus faible
« que celle qu'elles ont actuellement. Enfin, M. Em-
« manuel Liais, reprenant et discutant toutes ces
« recherches , a essayé de démontrer qu'en pré-
« sence des phénomènes astronomiques , la soli-
« dité intérieure de notre planète doit être consi-
« dérée comme irrécusable.

« En définitive , il est permis de croire, sans
« qu'on puisse se prononcer d'une manière défini-
« tive , que le prétendu feu central n'existe pas,
« mais qu'il y a seulement à l'intérieur du globe
« des mers de matières incandescentes, qui sont
« éparses dans son intérieur et que séparent les
« unes des autres des digues puissantes formées
« par des roches solides. »

En ce qui nous concerne personnellement, nous
dirons qu'il y a des années que nous professons la
même doctrine, en y ajoutant en outre la supposition que ces centres d'action ignée possèdent un
principe spontané d'origine physique , plus ou
moins énergique suivant leurs conditions locales,
et en complète harmonie avec la loi générale de
composition et de reconstitution successive qui
préside à la manière d'être et de vivre de notre
planète ; c'est la même cause un peu généralisée
qui motive les éruptions volcaniques actuelles.

D'après cela, et en prévision du cas où le lecteur n'aurait pas cru devoir admettre nos indications, on comprendra que nous ayons fait figurer
dans notre exposition de nombreuses transcriptions et citations relatives au principe que nous

venons de présenter, pour donner dès l'abord à nos idées la forme d'un corps de doctrine indépendant du but que nous nous sommes proposé d'atteindre, mais qui a avec lui des relations réelles; c'est ce système que nous poursuivrons jusqu'au bout, parce que la matière que nous mettons en œuvre dans ce travail est sujette à s'échapper et que nous serions heureux si nous pouvions faire pénétrer la certitude dans les esprits en faisant agir sur eux de tout son poids la valeur *des autorités* si notoirement scientifiques que nous invoquons.

Pour conclure, nous transcrirons ici les lignes suivantes, relatives à la terre considérée dans son ensemble, qui sont extraites de la note sur le *Dessin militaire* que nous avons insérée dans le mémorial de 1862, et qui peuvent nous servir de résumé :

« La *terre* est un *être* qui vit à sa manière, car
« elle se nourrit, s'agite, s'anime et se régénère
« sous l'action de ses propres éléments, qui pour la
« plupart sont inconnus des hommes.

« Les forces expansives, agissant de l'intérieur
« vers l'extérieur de la terre, peuvent tout d'abord
« être regardées comme constituant une action
« productrice de matière informe et improduc-
« tive en soi, qui est incessamment soumise à l'é-
« laboration des eaux et de l'atmosphère. L'action
« dissolvante de celles-là et de celle-ci, qui s'em-
« pare de ces masses et sépare les uns des autres
« leurs éléments constitutifs, pour les classer et
« les mettre en état de travailler selon leur nature

« et leurs affinités, est réellement la force créatrice
« de l'univers. Leur action mécanique, qui trans-
« porte et mélange ces éléments par un mouve-
« ment incessant, qui les dépose sous forme de
« sédiments , achève l'ouvrage de la nature, en
« abandonnant ensuite à la végétation et à la vie
« les précieux dépôts qu'elle a servi à accumuler.

« Si nous parcourons la terre, si nous sondons
« les mers, si nous étudions les formes générales
« que présentent la portion de surface découverte
« et celle qui est actuellement recouverte par les
« eaux, si nous pénétrons dans les profondeurs de
« la terre que nous habitons, nous verrons les allu-
« vions se séparer, les couches sédimentaires se su-
« perposer et arriver à toucher enfin les masses com-
« pactes du globe; nous reconnaîtrons dès l'abord
« que les alluvions, les couches sédimentaires et les
« masses forment trois classes différentes, non pas
« précisément par les éléments qui les consti-
« tuent, mais par leur manière d'être géologique,
« c'est-à-dire par les causes originaires auxquelles
« on peut attribuer leur existence.

« Dans les alluvions nous ne trouverons que des
« fragments agglomérés sans ordre , que des élé-
« ments, pour ainsi dire, plus ou moins décom-
« posés, accumulés dans les régions les plus basses
« par la force érosive et le travail continu des eaux
« pluviales et courantes, que facilitent encore les
« gelées, les chaleurs, l'action de l'atmosphère et
« beaucoup d'autres causes qui opèrent la décom-
« position chimique des matières contenues dans

« le sol terrestre pour arriver à le reconstituer à
« nouveau.

« A l'égard des couches superposées, nous ob-
« serverons qu'elles ne sont pas toutes de même
« nature, ni réparties identiquement dans toutes
« les régions, et qu'elles peuvent être classées en
« espèces certaines et déterminées ; nous les ver-
« rons alterner entre elles sans suivre l'ordre des
« densités et offrir par suite des chances de dégra-
« dation différentes ; nous les trouverons horizon-
« tales, inclinées, verticales, ondulées de diffé-
« rentes manières, puis brisées, fendues, boule-
« versées ; nous verrons sur de grandes étendues
« les couches supérieures disparues, laissant
« néanmoins des traces diverses, tantôt isolées,
« d'autrefois coordonnées entre elles, comme té-
« moignages indubitables de leur existence an-
« térieure et de leur organisation première, ces
« étendues se reconnaissant généralement à leur
« dénudation même ; nous reconnaîtrons enfin que
« toutes ces causes doivent nécessairement donner
« à la superficie des traits topographiques particu-
« liers en rapport avec leur nature et leur mode de
« formation.

« Enfin, en ce qui concerne les masses com-
« pactes du globe, qui viennent affleurer à travers
« les couches sédimentaires ou qui sont en partie
« recouvertes par celles-ci, leur origine ignée se
« reconnaîtra à la structure vitreuse de leurs di-
« verses parties, qui présenteront généralement
« d'ailleurs certaines formes spéciales dues soit

« aux circonstances dans lesquelles elles se sont
« produites, soit à la manière particulière dont
« les éléments qui les constituent se prêtent à la
« désagrégation. »

Dans la géologie ou structure du globe, il n'y a
donc que deux classes de formations : la formation
plutonienne produite par l'action du feu, et la
formation neptunienne qui est le résultat du travail des eaux, dont les noms sont une allusion aux
entités mythologiques des anciens.

Dans la formation ignée se distinguent les soulèvements granitiques, porphyriques et basaltiques,
qui se présentent en masses et en filons de roches
vitrées, que l'on connaît généralement et qui proviennent des effluves et des explosions volcaniques
sous la forme de courants de lave; et il est à remarquer que ces soulèvements ou éruptions respectifs se sont faits suivant l'ordre géologique
dans lequel nous les avons énumérés et qu'ils sont
la cause efficiente des bouleversements et des inégalités de la surface de la terre.

La formation sédimentaire se subdivise en : *terrains primitifs*, qui, ayant leurs couches en contact
avec les masses incandescentes, se sont trouvés
plus ou moins vitrifiés sans perdre complétement
leur structure primitive; *terrains secondaires*, qui,
comme les précédents, se présentent en stratifications ou bancs bouleversés, rompus et plissés, mais
qui n'ont pas été soumis à l'action modifiante de la
chaleur; terrains *tertiaires* qui se sont formés dans
une période de calme relatif, subséquente aux

bouleversements antérieurs et qui occupent les espaces ou les grandes sinuosités résultant de ces premières dislocations ; en dernier lieu, terrains *quaternaires*, formés par les antiques transports diluviens et aussi, pour ainsi dire soûs nos yeux, par les alluvions et les atterrissements qui tendent constamment à remplir sur les continents les espaces bas, les crevasses et les ravins produits par les contractions et les tremblements de terre ; ces terrains comprennent en outre les bancs de madrépores et de corail qui se forment incessamment dans la mer.

Il nous faut ici placer un avertissement ; dans le langage général, les expressions de terrains quaternaires et tertiaires veulent exprimer que ces terrains ont été formés les derniers ; quant aux terrains secondaires et primitifs, il faut nécessairement remarquer qu'ils ont dû exister avant que l'on n'ait vu apparaître à leur surface les premiers soulèvements plutoniens, puisque leurs couches ou stratifications ont été soulevées, rompues, fendues et bouleversées par les chocs dus à ces éruptions ; par suite, la désignation de terrain primaire ou *primitif* ne doit pas se confondre avec celle de terrain igné, ni s'entendre dans un sens réellement chronologique.

En voyant cette classification si simple et si claire des terrains, le lecteur, nous en sommes certain, cessera de se préoccuper des idées de difficulté et de complication que d'habitude fait naître le mot de géologie, et il chassera bien mieux encore ces mêmes idées, s'il considère que ces groupes se composent de très-peu d'espèces diverses, souvent répétées. En effet, les couches ou stratifications se rangent seulement en cinq classes différentes : les conglomérats, les roches arénacées, les arènes, les argiles et les calcaires, qui, à vrai dire, se présentent avec des couleurs très-variables, dues aux oxydes métalliques qu'elles contiennent ; ceux-ci, de même que les débris organiques ou fossiles animaux et végétaux encastrés dans les couches, servent au géologue à faire différentes classifications de terrains qui peuvent intéresser la science en général, mais qui sont réellement inutiles à connaître pour arriver au but que nous nous proposons.

Nous devons néanmoins indiquer, pour faciliter la lecture des cartes géologiques, que les terrains ou groupes généraux ci-dessus indiqués ont été partagés en diverses sections, de façon qu'on puisse indiquer par des dénominations différentes et distinguer entre eux les groupements de couches homologues, ou ceux qui d'habitude se présentent comme formant un tout bien défini et provenant d'une même période originaire ; c'est à cette classification que correspondent les teintes conventionnelles qu'on emploie pour distinguer les divers terrains, couleurs dont on a soin de faire connaître la signification en marge de chaque carte géologique.

Pour qu'on puisse se former une idée de l'importance purement relative de ces subdivisions, nous prendrons comme exemple le *terrain tertiaire*, qui se divise en terrains *pliocènes* et *miocènes*, mots grecs qui veulent dire *plus récents* et *moins récents ;* ces terrains succédant eux-mêmes au terrain *éocène* ou *numulitique*, par lequel on passe pour arriver à la série crétacée qui lui est inférieure : les géologues distinguent entre elles ces diverses variétés d'après l'espèce et le nombre des fossiles terrestres, fluviatiles, lacustres ou marins, plus rapprochés des espèces actuellement existantes, qui se trouvent incrustés dans les couches et les bancs calcaires et arénacés qui les composent, couches et bancs qui se sont formés tranquillement dans les lacs primitifs ou mers intérieures accidentelles actuellement desséchées, dont les anciens fonds constituent les principaux gisements de ce genre de terrains ; ceux-ci, comme on le voit, comprennent donc des formations dites d'eau douce, ainsi que d'autres identiques de composition, bien qu'elles soient de provenance marine.

D'une manière analogue nous voyons le *terrain secondaire* essentiellement marin se diviser en terrains *crétacé, jurassique et triasique*, dont le premier est ainsi nommé parce que l'on y voit dominer la craie avec les grès verts et une certaine espèce de calcaires coquilliers ; le second de ces terrains s'appelle ainsi, parce que son type le plus remarquable constitue les montagnes du Jura, formées de calcaires bleus, jaunes, argileux, reposant sur des bancs de plâtre et d'argile ; dans le troisième, dominent les marnes irisées et les roches arénacées de couleurs variées en forment les autres couches.

Dans les terrains *primitifs*, on distingue également et spécialement le terrain *carbonifère*, avec ses grès rouges et ses calcaires foncés ; il se termine aux roches quartzifères du terrain *silurien*, remarquable par ses schistes ou ardoises, par son gneiss, dans lequel abondent les veines et les filons métalliques, par ses marbres et ses autres masses cristallines, qui ont été transformées par le feu ou par suite de l'incandescence des granits et autres roches vitrifiées, sur lesquelles ses dernières stratifications reposent sans intermédiaires.

Nous avertissons en passant que nous n'avons point à nous préoccuper outre mesure, dans cet écrit, de ces nomenclatures, non plus que de la constitution minéralogique distinctive des roches, ou de leur classification au point de vue des fossiles qu'elles renferment ; les doutes qui pourraient s'élever à ce sujet dans les esprits pourront facilement être levés en consultant un *Dictionnaire minéralogique, géologique et métallurgique*, tel que celui de Landrin, par exemple.

Il n'y a point, du reste, que les fossiles qui, à l'exclusion de tout autre caractère, puissent servir à déterminer les diverses espèces de formations géologiques ; la *flore*, ou végétation spontanée qui se développe sur ces terrains, peut, en effet, aider à cette détermination d'une manière plus facile et tout aussi certaine. Cela doit forcément être ainsi ; en effet, sur la pierre compacte et dénudée, il n'est point facile aux plantes de se fixer et de vivre, faute des moyens d'existence que ne leur permet pas de se procurer la pauvreté même du sol ; mais cette même pierre peut se convertir en un sol riche et fertile, par suite de la faculté qu'a chacune des diverses roches de se convertir en *terre* par la désagrégation de ses éléments, et cela plus ou moins, suivant que cette roche est naturellement plus ou moins perméable, sensible à la chaleur, et susceptible d'absorber l'humidité ; toutes ces propriétés se combinent en outre avec la latitude géographique et l'altitude des régions où viennent s'accumuler ces précieux dépôts.

De ce fait essentiellement physique résulte une classification géologique due à l'existence des diverses espèces du règne végétal, qui se subdivisent en plantes granitiques ou vivant sur le granit, plantes de la basalte et plantes du calcaire ; plantes des terrains sablonneux ou argileux ; plantes des terrains schisteux, des grès et des conglomérats, et enfin plantes des terrains amphiboliques ou douteux.

Cette remarquable répartition géographique de la végétation est si accusée, que dans la province de Madrid, les régions botaniques indiquées par don Vincent Cutando coïncident exactement avec les formations telles que Nunez de Prado les a figurées sur son plan géologique, et cela sans que ces deux naturalistes distingués se soient aucunement concertés entre eux ; c'est ainsi, dit le premier des deux, qu'aux expressions de régions de l'olivier, de la vigne, des prairies ou des monta-

gnes, on peut substituer celles de diluvium, terrain
tertiaire, terrain lacustre ou terrain cristallin.

Cette même considération, et aussi le désir de
simplifier les idées, nous conduit à un autre genre
de réflexions : à quoi peut-on attribuer d'une manière suffisamment certaine l'antique exubérance
de la *flore* que l'on rencontre dans les terrains carbonifères, et de la *faune* gigantesque qui en est la
conséquence, et qui est si remarquable à ce point
de vue par rapport à la faune actuelle ? Ce ne peut
être qu'aux périodes d'incandescence par lesquelles
ont passé les terrains primitifs qui leur servaient
de base, si l'on considère la puissance calorifique
d'où elles ont tiré leurs caractères particuliers, et les
conditions climatologiques qui en ont été la conséquence, comme des causes originaires de cette
vie exotique, par rapport aux climats actuels, ainsi
d'ailleurs que cela peut se vérifier dans de certaines limites, lorsqu'on étudie les fertiles régions où
des volcans sont actuellement en travail ou bien
sont éteints depuis peu. De la sorte, on évitera
d'expliquer ces phénomènes, ainsi que cela se fait
le plus généralement, en ayant recours à des cataclysmes étranges et incompréhensibles, tels que
des variations de position subites ou méthodiques
de l'axe de rotation de la terre, ou un refroidisse-
ment successif et constant de notre globe, dont l'ordre
physique général ne fournit aucune preuve, et dont
la conséquence immédiate serait de nous amener à
considérer l'activité harmonique de la nature
comme pouvant arriver à la caducité et à la des-

truction, alors que nous la voyons renouveler incessamment le cycle de la vie, depuis les temps les plus obscurs, et continuer indéfiniment son œuvre suivant une série de stations périodiques.

Une fois placés sous l'impression de ces diverses idées, jetons un coup d'œil sur la carte topographico-géologique d'une région très-étendue, par exemple de la classique péninsule Ibérique ; après nous être fixés sur la signification des couleurs dont elle est bigarrée, nous comprendrons facilement sa véritable constitution organique, et nous nous expliquerons immédiatement le caractère varié de sa remarquable structure. Nous verrons clairement que si nous ne recourons pas à la science géologique, il nous sera inutile de chercher à ramener à des formules ou à des idées générales l'orographie et l'hydrographie particulières à cette péninsule ; qu'il nous sera impossible, dans ce cas, de faire rentrer sa conformation dans un système géographique préconçu, quel qu'il puisse être, et d'arriver à comprendre son organisme seulement au moyen de descriptions topographiques.

Considérons l'étendue superficielle occupée aujourd'hui par la Péninsule, alors qu'elle était immergée dans le sein de la mer ; dans ces profondeurs tranquilles, et au contact de la portion solide inférieure, s'accumulent successivement pendant le cours des temps des particules arrachées aux autres continents, tenues en suspension dans l'eau, et qui forment ainsi les couches sédimentaires.

Si nous concevons qu'au-dessous de ces sédiments déjà solidifiés, et tandis que la nature accomplit son travail de destruction et de recomposition incessantes, un immense noyau de matière en fusion soit venu à se former, ainsi que cela a lieu actuellement sur une petite échelle dans le sein des volcans, il est évident que, par suite de l'irrésistible pression des gaz et des vapeurs accumulés, le contenu de ce réceptacle de matière ignée finira par être projeté ; on verra se produire alors, à la surface des eaux. des phénomènes singuliers, ayant pour résultat l'apparition de certaines étendues de terre dont la structure sera précisément en harmonie avec la nature des couches disloquées, avec l'extension, la force et les conditions physiques du mouvement produit, celui-ci causant sur certains points une surélévation ou un soulèvement, sur d'autres, un affaissement, et en général un bouleversement et une rupture.

On voit, en effet, apparaître à la surface de la Péninsule de ces grands soulèvements ignés sortis de l'intérieur de la terre, qui se présentent sous la forme de masses vitrifiées imparfaitement, à cause même de leur importance, et qui forment les terrains que l'on désigne en géologie sous le nom de plutoniens, base constitutive et génératrice des inégalités de la terre, puisque c'est leur apparition au dehors qui a produit les formes superficielles inhérentes à de semblables effets, en soulevant, rompant et modifiant les couches ou bancs qui, précédemment, s'étaient superposés les uns aux autres.

Par suite des mêmes causes encore, on voit apparaître sur notre sol, converties en roches cristallines plus ou moins parfaites, les couches sédimentaires qui, après avoir été rompues et soulevées de diverses manières, se sont trouvées et sont demeurées au contact immédiat de ces masses vitrifiées ; en effet, ces couches stratifiées, sous l'action prolongée d'une semblable chaleur, n'ont pu faire autrement que d'être altérées dans leur nature première et d'arriver à former ces terrains que dans le langage technique de la géologie on désigne sous le nom de primitifs ; c'est encore à cette même époque que la surabondance du calorique et de l'humidité a pu donner naissance à une flore et à une faune extraordinaires. Appuyées sur ces terrains pour ainsi dire métamorphosés (*terrains métamorphiques*) et en contact avec eux, se trouvent dans leur état chimique normal les couches non modifiées par l'action du feu, qui constituent les terrains secondaires et qui ont été pareillement rompues, fendues et bouleversées par suite de la violence et de l'importance effective des éruptions granitiques, soit simultanées, soit successives, provenant de ce que les forces intérieures n'ont pu se trouver d'un seul coup en équilibre avec les résistances passives extérieures ; et c'est dans ces faits qu'il faut voir également l'origine des soulèvements postérieurs des porphyres et des basaltes, et aussi celle des explosions volcaniques.

Comme base de l'organisation topographique actuelle de la Péninsule, et comme conséquence de

ces premiers effets chimiques, physiques et méca-
niques, des masses terrestres instables dans leurs
formes ont dû se présenter au-dessus de la surface
des eaux, et constituer, pour ainsi dire, des
embryons de territoires qui comprenaient des golfes irréguliers, dont les côtes ne pouvaient résister
à l'action des mers contrariées dans leur régime
par ces soulèvements mêmes, des lacs indépendants les uns des autres, aux formes bizarres et variées, des dénudations sans cesse renouvelées, des
coupures et des ravins sans nombre, sillonnés par
des cours d'eaux accidentels et désordonnés. Les
terrains tertiaires résultent d'ailleurs d'une destruction méthodique et d'un aplanissement général de
cette espèce de chaos, qui tendait à prendre ses
véritables formes d'équilibre sous l'action d'une
atmosphère toujours en mouvement, et d'autres
causes physiques régulatrices dont les fonctions
sont et ont toujours été de décomposer et de rassembler sans cesse les éléments suivant leurs affinités, et d'amener la nature à un état d'équilibre
général ou relatif et à la surprenante harmonie qui
s'observe jusque dans les moindres détails du prodigieux organisme terrestre.

L'action subséquente, lente, mais continue, d'é-
léments si variés et si nombreux, a conduit forcément à de nouvelles modifications, d'où sont résul-
tés les derniers terrains ou terrains quaternaires,
qui se forment pour ainsi dire à notre vue, et qui
supportent encore les détritus diluviens, les alluvions et enfin les terres végétales, celles-ci servant

de base au règne végétal, ce premier anneau de la chaîne des êtres vivants, qui se termine à l'homme, placé comme au point culminant de toutes ces admirables transformations.

CHAPITRE III

Étude géologique succincte de la péninsule Ibérique.

Il nous faut maintenant préciser nos idées. Si nous observons à loisir la carte géologique de la Péninsule qui est jointe à ce travail, nous y voyons distinctement les restes des premières formations sédimentaires marines répartis de tous les côtés, bien que suivant un certain ordre ; ces débris ayant été d'ailleurs soulevés, brisés et bouleversés sous l'action du grand soulèvement granitique qui apparaît en Galice et mieux encore entre le Mino et le Duero, et qui se prolonge du nord au sud, presque sans interruption par le centre du Portugal jusque sur les rives de la Guadiana. Sur les bords de cette éruption granitique vient s'appuyer la puissante bande continue de terrains cristallins et siluriens qui, partant de la mer Cantabrique, comprend le bassin du Mino, et suit toute la frontière portugaise en coupant perpendiculairement en leur milieu le pays qu'arrosent le Duero et le Tage et en englobant presque toute la région que parcourt la Guadiana, pour ne se terminer qu'auprès du Guadalquivir en jetant de l'ouest à l'est ses prolongements de la Sierra-Morena et de l'Algarbe.

Comme des dépendances du grand centre granitique déjà indiqué, et en relations avec lui, nous voyons apparaître d'autres énormes masses de même espèce qui constituent presque en totalité les chaînes ou Sierras de Gredos et de Guadarrama, le pays qui avoisine Tolède et les environs d'Evora dans l'Alentéjo, tout en parsemant de masses moins considérables les terrains siluriens de l'Estramadure, de la Sierra-Morena et de la province d'Huelva.

A l'extrémité orientale de la Péninsule on voit apparaître encore ce même phénomène du soulèvement granitique, mais avec beaucoup moins de puissance; à partir du cap Creux il s'étend sur une partie des côtes de la Catalogne et prolonge ses masses dans la direction des Pyrénées centrales, puis finit par détacher quelques massifs de moindre importance sur les provinces basques.

Comme si ces énormes soulèvements granitiques n'avaient pas été suffisants pour rompre et disloquer les premières formations sédimentaires, on voit parmi les débris de celles-ci surgir les éruptions basaltiques, les porphyres et les autres roches vitreuses postérieures aux granits, alternant avec des fragments siluriens plus ou moins caractérisés, et l'on observe surtout des roches cristallines, contenant des gîtes métallifères productifs, qui apparaissent dans les provinces de Huelva et d'Alméria et sur les bords de la Sierra-Nevada, et dénotent ainsi l'existence de puissantes masses plutoniennes intérieures qui n'ont pu parvenir à se manifester à la surface du sol.

Diverses régions volcaniques dont la formation est due aux efforts les plus récents de la puissance éruptive, et qui forment ainsi les derniers termes de cette série, se rencontrent encore dans la Péninsule. Ce sont, en pleine mer, celle des îles Columbrètes, le long des côtes celles d'Olot, d'Alméria, de la Sierra de Malaga, du cap Saint-Vincent, de Lisbonne, et enfin, dans l'intérieur, celle du camp de Calatrava.

La conséquence nécessaire des efforts des feux souterrains et de leurs effets naturels sur les formations sédimentaires antérieures est l'existence des chaînes de montagnes actuelles, ainsi que celle des énormes dépressions qui, avant d'être des terre-pleins, comme cela existe actuellement, formaient les trois golfes principaux de Lisbonne, du Guadalquivir et de l'Ebre, et les deux grands lacs ou mers intérieures de la Vieille-Castille et de la Manche, golfes et lacs dont les fonds surélevés constituent maintenant les seules plaines hautes ou basses que l'on rencontre dans la Péninsule.

C'est d'ailleurs à ces mêmes causes, qui ont produit ce système montagneux ou orographique, qu'il faut rapporter aussi le système hydrographique. Considérons maintenant ce dernier. Nous voyons d'abord l'Ebre courir de l'ouest vers l'est, puis, après avoir franchi les dignes de Pancorbo et des Conchas de Haro, arriver à la Méditerranée à travers les gorges de Sastago, et former seul, parmi les fleuves de notre pays, un delta constitué par les bancs sablonneux qui séparent ses diverses embouchures.

Nous remarquons, en outre, non sans étonnement, que tous les autres fleuves importants suivent la direction opposée de l'est vers l'ouest, par suite de la configuration singulière du sol.

Le Mino arrive à l'Océan à travers les terrains granitiques du territoire de la Galice. Le Duero se replie brusquement vers le sud-ouest lorsqu'il vient se heurter contre la barrière silurienne portugaise, puis trouve une issue dans les ravins granitiques d'Oporto.

Le Tage suit un cours à peu près rectiligne à travers les formations plutoniennes, en s'échappant à chaque instant par une série de coupures (*tajos*) successives auxquelles il doit son nom, puis en entrant dans la plaine de Lisbonne ou de l'Alentejo, la seule qui existe dans le Portugal, il s'incline vers le sud-ouest en longeant jusqu'à son embouchure la limite des terrains crétacés,

La Guadiana a un cours généralement orienté vers l'ouest jusqu'à Badajoz, point à partir duquel elle semblerait devoir aller rejoindre le Tage, mais elle en est empêchée par le soulèvement granitique d'Evora, au contact duquel elle prend la direction du sud en s'échappant à travers les âpres ravins des terrains siluriens des Algarbes et de Huelva.

Il en est de même du Guadalquivir qui suit, au

nord de la plaine de l'Andalousie, le pied des terrains siluriens de la Sierra-Morena et qui, un peu au-dessous de Cordoue, se tourne vers le sud-ouest pour éviter les obstacles que rencontrerait sa direction primitive, qu'il n'arrive jamais à reprendre jusqu'au point où il vient se perdre dans la mer.

Une conséquence, très-importante au point de vue géographique proprement dit, peut se déduire de ces considérations générales sur le cours respectif des divers fleuves de la Péninsule, à savoir, que nous ne pouvons, sans fausser les idées généralement reçues, dire autrement que la *vallée* du Guadalquivir, le *bassin* ou *conque* de l'Ebre, le *cours* du Tage, du Duero et du Mino, pour désigner les régions hydrographiques correspondantes à ces cours d'eau.

On comprendra facilement, en considérant le système orographique général décrit ci-dessus, que l'on tomberait dans l'erreur la plus profonde si l'on attribuait le caractère de *vallées* aux passages obligés de nos fleuves à travers les âpres formations géologiques susindiquées, et que, surtout au point de vue militaire, il serait absurde de parler, tout en voulant rester correct, du passage de la vallée du Guadalquivir à la vallée de la Guadiana, et cela, surtout, en parlant des autres rivières pour lesquelles ce langage ne saurait avoir de raison d'être que dans la partie haute de leur cours et seulement encore dans de certaines limites.

C'est ainsi que se trouve géologiquement dé-

montré ce que nous avons exposé dans les *Etudes
topographiques*, que nous avons publiées dans le
Mémorial de 1867, en traitant, au point de vue
géographique, du régime des eaux du globe et de
leurs lignes de partage.

« Au moyen de ces explications succinctes, di-
« sions-nous alors, nous pouvons nous former une
« idée de la manière dont les cours d'eau arrivent
« méthodiquement à se former, les uns en gros-
« sissant peu à peu suivant une direction invaria-
« ble et avec toute la régularité d'un tronc entouré
« de ses rameaux ; les autres en prenant naissance
« sur les flancs des chaînes de montagnes et en
« courant suivant une certaine direction, puis en
« s'ouvrant un passage dans des gorges pour en
« adopter une autre toute nouvelle ; d'ailleurs,
« comme ce phénomène se reproduit un cer-
« tain nombre de fois durant le trajet d'un cours
« d'eau, celui-ci arrive à prendre successivement
« toutes les orientations imaginables, jusqu'à ce
« que, débarrassé d'obstacles, il puisse se donner
« librement carrière ; il peut arriver alors que la
« perte de la vitesse de ses eaux, ou la diminution
« de la pente de son cours dans la traversée des
« terres basses, finisse par faire onduler son lit,
« mais ce phénomène se produit dans ce cas d'une
« manière toute particulière et pour des causes
« toutes différentes de celles qui le faisaient dévier
« dans la première partie de sa course ; enfin, nous
« pouvons remarquer encore de combien de façons
« peuvent se former les lacs dont nous avons, à di-

« verses reprises, parlé plus ou moins explici-
« tement. »

Et plus loin : « Les lignes de partage des eaux,
« considérées comme lignes de relief, ont un ca-
« ractère tout à fait distinct de celui qu'on doit
« leur attribuer en tant que lignes de démarcation
« géographiques ; à ce dernier point de vue, elles
« forment bien un réseau continu soumis à des
« conditions de dépendance successives, mais
« lorsqu'on les examine dans leurs relations avec
« le relief de leurs divers points, cette harmonie se
« trouve rompue ; pour conserver les caractères de
« dépendance relative qui les unissent, il faut
« d'abord faire abstraction de leur importance hy-
« drographique, ou bien mieux supprimer com-
« plétement toute classification qui tendrait à les
« ranger et à les distinguer en classes et caté-
« gories. »

On peut maintenant voir combien nous avions
raison, au commencement de cette étude, alors que
nous cherchions à prouver l'intime relation qui
existe entre la stratégie et la géologie, de dire que
ce ne sont point les rivières ou les montagnes considérées isolément qui constituent les éléments
stratégiques dont on doit tenir compte à la guerre,
mais que c'est de la configuration géologique de
l'ensemble d'un pays qu'il faut se préoccuper dans
la conduite des opérations.

Si de ces considérations générales nous passons
à l'étude particulière ou détaillée des terrains qui
forment le sol de la Péninsule, nous remarquerons

que dans cette région se trouvent représentés tout ceux qui contribuent à former la croûte terrestre, depuis les plus anciens, antérieurs au développement du règne organique, jusqu'à ceux qui sont dus à l'action des forces actuelles et qui sont contemporains de l'homme.

Les roches plutoniennes et cristallines qui, dans la carte ci-contre, sont, d'après la classification du brigadier d'artillerie don François de Luxan, représentées par les couleurs *rose* et *carmin*, apparaissent comme groupées dans trois grands foyers d'action, savoir dans les *Pyrénées*, la *Galice* et l'*Estramadure*; le granit formant d'ailleurs le noyau sur lequel sont appuyés les autres terrains, et constituant la cause perturbatrice dont l'énergie a déterminé le bouleversement, et par suite la forme physico-topographique particulière de ces contrées.

Le foyer principal de la masse plutonienne des Pyrénées se trouve situé dans leur partie orientale, mais cette masse se prolonge sur toute la longueur de la chaîne et en détermine les points culminants; le granit constitue la base du cap Creux et le pic de la Maladeta, il s'avance sous la forme de masses isolées dans la direction de la côte de Catalogne par la Bisbal, Bagur, Palafurgell et la montagne du Montseny près de Barcelone; il apparaît aussi dans la partie opposée le long de la Bidassoa, entre le Navarre et le Guipuzcoa, pénètre jusqu'à Najera et atteint, en dernier lieu, Ona et Medina de Pomar.

La plus grande expansion du granit se rencontre dans la partie orientale des Pyrénées du côté de la France; cette roche ne se présente du côté de l'Espagne que sur une échelle plus réduite; il est à remarquer d'ailleurs qu'elle a soulevé et ouvert par leur centre les terrains crétacés, en faisant plonger vers le nord les dépôts de craie de la même manière qu'ils plongent au sud du côté de l'Ebre et dans le même ordre de superposition; les roches cristallines occupent une certaine étendue, dans les Pyrénées elles se rencontrent seulement à Sin, à Senès, à Serveto, dans la gorge ou pas de la Pez et au Puig Salvador, tout près du cap Creux.

Dans la partie occidentale de la Péninsule, le granit, avec la syénite et les porphyres, forme le sol de la Galice et ces mêmes roches finissent par disparaître sous les eaux de l'Océan; elles courent au sud et couvrent dans le Portugal, en partant de Monterey et de la Sierra Segundera et en passant par Bragance, les provinces d'Entre-Duero-et-Mino et de Tras-os-Montes, le granit occupe à lui seul la presque totalité de la première et la partie occidentale de la seconde; cette même roche continue à se présenter dans la province de Beira, depuis le Duero jusqu'à Castellobranco, et la ville de Cintra est bâtie sur une montagne qui en est formée. Cette extension se prolonge au delà des confins de la province de Zamora et envoie des îlots à l'est dans les vallées du Vierzo et dans les Asturies vers Rivadeo, dans le district de Salas.

Le gneiss se rencontre à proximité à Pontevedra, dans les montagnes de Porto, de Viana del Bollo et de Trives, auprès de Betanzos et entre Carril et Noya; dans d'autres localités il s'offre sous diverses variétés (talc, chlorite, ardoise, etc.), et parfois est mélangé d'amphibole ou de grenats comme au cap Ortegal; le développement des roches plutoniennes et cristallines est tel dans la Galice, qu'elles occupent les deux tiers du sol de cette province et qu'elles ne laissent apparaître les calcaires qu'à Saint-Georges de Moèche et à trois lieues à l'est du Ferrol. Enfin le gneiss et en outre des schistes cristallins occupent une bande de terrain sur la côte de la province Entre-Duero-et-Mino, et dans la portion orientale de celle de Tras-os-Montes, tandis que les calcaires cristallins abondent à Bragance et dans la province de Beira à Ponte de Vouga.

En relation avec le granit on rencontre encore une série de roches métamorphiques qui surmontent le gneiss dans la Sierra de San Lorenzo, et qui, avec le Moncayo, forment la digue qui sépare les terrains secondaires de l'Ebre d'avec les terrains tertiaires de la même région.

Mais la masse la plus importante, le foyer d'action le plus énergique du granit en même temps que des roches cristallines dans toute l'Europe occidentale, est celui que nous avons appelé de l'Estramadure, qu'on peut qualifier d'éruption centrale lorsqu'on ne considère que notre pays, à la configuration duquel il a puissamment contribué, en donnant à cette partie du continent européen l'aspect montagneux, âpre, bouleversé et difficile qui la caractérise. La portion de cette masse de granit qui en constitue la section la plus importante, est celle qui se trouve dans la province de Caceres, à gauche du Tage, et dont les diverses ramifications s'étendent : au sud, sur la province de Badajoz, depuis el Haba et Campanario en'passant par Castuera jusqu'à Belalcazar ; au [sud-ouest, sur Mérida et Burguillos; depuis Montemolin et Monasterio jusqu'à Pedroso et Castilblanco, dans la province de Séville; et enfin dans celle de Huelva, depuis Aracena jusqu'à Riotinto et au comté de Niebla.

A l'ouest, cette même formation passe par Valencia de Alcantara et pénètre dans le Portugal en se prolongeant sur la rive droite du Tage, où elle forme le noyau de la Sierra de la Estrella. Au nord, elle se prolonge vers Plasencia et s'étend le long des deux versants de la chaîne de Guadarrama, dans les provinces d'Avila, de Ségovie et de Madrid ; sur le versant méridional elle va de Galapagar à la Cabrera, sur le versant septentrional d'Avila à la Granja, et occupe normalement à la chaîne toute la distance comprise entre Galapagar et Villacastin.

Dans toute la zone, aux environs de cette grande masse granitique, ainsi que cela a lieu à Almaden, dans la portion méridionale, à Menasalbas (province de Tolède), à la Carolina, dans la Sierra-Morena, etc., etc., se rencontrent des îlots détachés de la portion principale dont l'existence prouve que les effets de l'éruption granitique se sont croisés en reliant d'une part la Cabrera dans la province de Madrid, à Riotinto dans celle de Huelva, et de l'autre la Carolina et le Pedroso aux déclivités septentrionales de la Sierra de la Estrella et à la côte occidentale du Duero et du Mino ; cette extension du terrain granitique présente une grande importance par rapport à la formation du sol ibérique et par suite de cette circonstance que la roche elle-même s'élève parfois à de grandes hauteurs, comme à Burguillos et Santa-Cruz (Estramadure) et comme dans la Sierra de la Estrella en Portugal.

Non moins importante est l'extension que les roches cristallines ont prise dans cette section centrale; mais la distribution de celles-ci se trouve caractérisée par des circonstances toutes spéciales; dans l'Estramadure se présentent les schistes micacés qui aboutissent aux ardoises talqueuses et chloritées; celles-ci ont subi des bouleversements tels que leurs stratifications arrivent à être verticales, elles sont accompagnées parfois de calcaires, le gneiss disparaît presque entièrement, et il résulte de là un terrain classique et caractéristique des formations schisteuses dans le district de la Serena (Badajoz), terrain formé entièrement de cette roche qui s'y présente par couches verticales et qui est célèbre par ses pâturages si favorables à l'élevage du mouton. Néanmoins ce terrain est traversé dans l'endroit qu'on appelle Hileras par une grande digue de granit de plus de trois lieues de longueur, qui réunit l'îlot des pâturages du

Berciol et de Belalcazar à celui de Campanario.

Dans la Sierra Morena le gneiss ne se rencontre guère en grande quantité, si ce n'est à Fuencaliente et au milieu des schistes que l'on rencontre contre Andigar et Despenaperros. Tout au contraire la même roche commence à se montrer au nord d'Oropesa et de Torralba, suit la chaîne de Gredos et de Guadarrama et détache des îlots jusqu'à Santa-Maria de Nieva dans la province de Ségovie, avec cette circonstance particulière que les pics les plus élevés de la chaîne colossale qui sépare les deux Castilles en sont formés, le Penalara, le plus haut de tous (2,400 mètres d'altitude) étant seul traversé par un filon de granit blanc.

Enfin, dans la zone méridionale de la Péninsule, dans le voisinage de la mer Méditerranée, ces mêmes roches occupent une certaine étendue de terrain dans l'antique royaume de Grenade et offrent cette particularité de l'absence totale du granit; mais en échange on y trouve en abondance le gneiss avec les grenats et les schistes ardoisiers, chlorités et décomposés. Le même terrain continue dans la Sierra Nevada et dans celle de Filabrès, avec les grandes masses de calcaires dolomitiques de couleur foncée qu'on trouve à Gador, Lujar, Contraviesa, Almegijar, etc., formant des réceptacles de minerais de plomb et qui, partant de Marbella, où elles sont en contact avec les foyers de trachyte et de porphyre, pénètrent dans les provinces de Malaga et d'Alméria et par Adra et la Sierra Alhamilla arrivent à la Sierra de Almagrera, cette dernière formée pour ainsi dire complétement de schiste micacé.

En résumé, les roches plutoniennes et cristallines partent de Barcelone et, passant par le cap Creux, suivent le contour de la Péninsule, traversent la Galice, pénètrent dans le Portugal, l'Estramadure et l'Andalousie pour se terminer dans les provinces de Grenade et d'Alméria, en dessinant ainsi le périmètre d'un grand cratère d'éruption dans lequel on voit se détacher l'îlot qui forme le centre de notre pays et dont les masses servent d'appui aux terrains qui s'y sont successivement formés.

Les roches désignées sur la carte par des traits de minium sur une teinte de carmin foncé forment, dans les provinces de Gérone et Barcelone, de Murcie et Alméria, de Malaga et Ciudad-Real, dans l'Algarbe et à l'embouchure du Tage, diverses régions d'éruption volcanique comme celles de Castellfollit, cap de Gata, Marbella, camp de Calatrava, cap Saint-Vincent et Lisbonne; ces régions, bien qu'elles se ressemblent par certains phénomènes qui leur sont communs, en présentent néanmoins d'autres qui servent à déterminer la physionomie spéciale de chacune d'elles; il faut noter tout d'abord que les forces intérieures auxquelles elles doivent naissance ont cessé d'être actives à une époque antérieure aux temps historiques, sauf lors du tremblement de terre qui à la fin du XVe siècle détruisit Olot et porta ses effets jusqu'à Barcelone et à Perpignan; sauf au moment des tremblements de terre de Murcie et d'Orihuela qui se sont fait sentir de nos jours, de celui de Lisbonne en 1755, une des plus grandes catastrophes qu'ait eu à subir l'humanité, et de quelques autres convulsions récentes.

Les roches éruptives qui composent ces régions sont toutes les mêmes : le basalte, le trachyte et la pouzzolane ont traversé en général les terrains tertiaires; mais, dans la Catalogne et à Lisbonne, elles se sont fait jour au milieu des terrains secondaires, et dans le camp de Calatrava, à travers les terrains siluriens ou primitifs.

La région volcanique de la Catalogne couvre un espace de 8 myriamètres carrés, ou autrement de 258 lieues carrées; celle de Castellfollit s'étend sur 5 lieues et demie de longueur, mesurée du nord au sud jusqu'à Amer, et sur 4 lieues, de l'est à l'ouest, depuis Argelaguer jusqu'au delà du Bosch de Tosca, les principaux foyers d'éruption se trouvant à Castellfollit, Olot, Bosch de la Tosca, Monte de Santa Maria de la Cot, et Grader de Santa Pau; on pourrait admettre que la force éruptive s'est fait sentir jusqu'à l'extrémité de droite du bassin de la rivière de Ter, à Hostalrich, jusqu'à Verges et La Bisbal, et jusqu'aux îles Columbrètes, sur la côte de Castellon de la Plana, puisque ces îles sont formées de roches volcaniques; cette région de la Catalogne est remarquable à cause des courants d'air qu'on y voit jaillir de l'intérieur de la terre par les fentes des roches, et qui, dans le pays, sont connus sous le nom de *bufadors*. Si cette région volca-

nique a des relations directes avec la côte, celle du
cap de Gata en a bien davantage, car elle forme le
cordon du littoral, depuis les environs d'Alméria
jusqu'à Carthagène, sur une étendue de 25 lieues ;
elle commence à la colline appelée Morron des
Génois, à Mazarron, et se prolonge jusqu'au cap de
Palos et à la Mar Menor (petite mer), la basalte se
montrant au cap de Gata, et les trachytes à Nijar
et à Mazarron, avec cette circonstance que dans cette
localité ces dernières roches sont traversées par des
filons de galène ; le soulèvement des roches éruptives se prolonge encore par Bedar jusqu'à Vera.

La région du Camp de Calatrava occupe une
étendue de 18 lieues de l'est à l'ouest ; elle commence à la colline du Trésor, à Bolanos, passe par
Cabeza-Arados, et arrive tout près d'Almaden, à
Penabarriga et Puerto del Ciervo (Porte du Cerf) ;
sa largeur est de 7 lieues, mesurée du nord au
sud, depuis Picon et Piedra-Buena jusqu'à Puerto
Llano ; on pourrait considérer que l'action éruptive
s'étend jusqu'à Cabeza del Bruey et Castuera, puisque dans les environs immédiats de ces deux villes
se trouvent des eaux chargées d'acide carbonique,
caractère qui, joint aux émanations de ce gaz, distingue spécialement la région que nous étudions
en ce moment.

Les roches éruptives sont, sur ce point, formées
de basalte, de trachytes et de pouzzolanes, connues
dans le pays sous le nom de *négrizales*, et la force
volcanique a produit un cirque ouvert à l'est,
comme cela a eu lieu pour l'éruption du cap de

Gata, tandis que pour l'éruption de Castellfollit, l'ouverture se trouve au sud ; ces trois régions sont ou entourées d'éruptions plutoniennes, ou comme enclavées dans les terrains siluriens et dévoniens, ce qui est plus particulièrement le cas de celle du Camp de Calatrava. Des relations d'âge, sinon des caractères communs de composition, se remarquent dans les roches qui accompagnent presque constamment les formations volcaniques, comme les porphyres, les trapps et aussi les ophites, qui tous ont eu une part si grande dans la formation de la Péninsule.

Ces dernières roches s'allient aux roches volcaniques de la Catalogne, à Rivas et à Camprodon et à San Juan de los Abadesas ; au Camp de Calatrava on trouve des euphotides, à Almaden et à Almadenejos, des eurites, associées aux porphyres, qui se prolongent à travers la Sierra Morena jusqu'à Santa Cruz de Mudela. La serpentine se rencontre dans le ravin de San Juan, dans la Sierra Nevada, et sur la colline de Velillos, dans la Sierra Elvira. On la voit encore dans les Sierras de Mijas et de Marbella, et en bien plus grande quantité dans la Sierra Bermeja, formée presque entièrement de serpentine associée aux porphyres. Dans la Sierra Nevada, elle forme le pic de Mulahacen, haut de 3,554 mètres au-dessus du niveau de la mer, et celui de Veleta, dont le sommet est à l'altitude de 3,470 mètres. L'éruption volcanique de Lisbonne forme comme une interruption dans les dépôts secondaires qui se succèdent depuis Aveiro, et a une grande importance ; constituée presque en totalité par des basaltes, elle couvre, entre Lisbonne et Cintra, une étendue de terrain dont la longueur est de 3 lieues, du nord au sud, et la largeur de 2 lieues et demie, de l'est à l'ouest.

Dans la province de Huelva se présente une autre éruption, qui pourrait bien dater de la même époque, mais qui n'a ni traversé les terrains tertiaires, ni été nettement circonscrite dans un espace bien défini, et qui a pris un développement prodigieux. Elle se distingue en outre par un caractère spécial, qui consiste en ceci qu'elle est formée d'une masse compacte et unie de sulfures de cuivre et de fer, qui constitue les magnifiques mines de Rio-Tinto.

Les diorites, les serpentines, les porphyres et les autres roches de cette série tiennent une grande place dans la formation de notre sol, et l'on peut dire qu'elles sont intervenues puissamment dans les révolutions par lesquelles il a dû passer depuis les premiers temps des dépôts fossilifères, puisque nous les trouvons dans les Pyrénées, la Galice, les Asturies, l'Estramadure, la Sierra Morena, la Sierra Bermeja, etc., et toujours associées à des dépôts de minerais.

Les roches paléozoïques (1) ou fossilifères anciennes, quoique moins développées que les roches

---

(1) Paléozoïque vient de παλαιος (ancien) et ζωον (animal).

(Note de l'auteur.)

plutoniennes et cristallines dont nous avons parlé, occupent néanmoins une portion considérable de la surface de la Péninsule. Ces roches, appelées autrement siluriennes et dévoniennes, sont figurées sur la carte par une teinte violette plus ou moins foncée ; elles sont rattachées directement aux précédentes, autour des gisements desquelles elles se développent et forment une sorte de couronne qui leur est concentrique, en les enveloppant comme d'une vaste draperie ; par suite de ce rapprochement, les étendues les plus considérables occupées dans notre territoire par les terrains siluriens et dévoniens se rencontrent dans l'intérieur du pays, puis, par ordre de grandeur, dans la région des Pyrénées et des Asturies, et dans les tronçons isolés de la côte du Levant, des provinces de Grenade et de Malaga, des pays montagneux de Ronda, de Coïmbre, en Portugal, et dans les régions de Soria et de Guadarrama, au centre de la Péninsule.

Ces terrains, dans les Pyrénées, commencent autour de Camprodon, se prolongent le long de la chaîne, et recouvrent de leur masse les granits et les roches cristallines.

Ils prennent dans les Asturies un grand développement, pénètrent dans les provinces de Léon, Santander et Palencia, et arrivent, à travers la Galice, jusqu'à l'ouest de Rivadéo, assis sur les roches plutoniennes, et occupant une étendue de 83 kilomètres du nord au sud, et de 56 à 62 de l'est à l'ouest. On peut encore considérer, comme dépendant de cette masse silurienne, celle qui entoure le terrain carbonifère de Léon, qui a, avec la première, des relations évidentes de composition et de continuité, ainsi que cela résulte de l'étude de ces dépôts houillers.

Partant de l'embouchure du Duero, une bande de terrain paléozoïque ou silurien traverse le Portugal, et d'Oporto se dirige du nord au sud sur Abrantès ; cette bande, par ses prolongements non continus, il est vrai, mais formés de fractions séparées le long de la Sierra de la Estrella, se trouve en relation avec la grande masse qui occupe le centre de la Péninsule. A Valongo se trouve une étroite lisière de terrain dévonien, avec des couches de charbon de terre anthraciteux, dont l'exploitation n'offre que peu d'avenir, et la partie septentrionale de l'Alentejo est formée de terrains plutoniens et siluriens qui se réunissent à ceux des Algarbes, et qui forment le prolongement de la chaîne de Monchique et de Caldeiro.

Les terrains paléozoïques de la région centrale forment deux grandes sections : la première se développe le long de la chaîne qui sépare le Duero du Tage, la seconde, le long de celle qui s'élève entre ce dernier fleuve et la Guadiana. La première commence à Grado, dans la province de Ségovie, dans les environs de la Puebla de la Mujer Muerta (de la Femme Morte) et près des confins de la province de Guadalajara ; elle se continue à travers les régions d'Avila et de Salamanque, et atteint les limites des Asturies, de la Galice et du Portugal ; ces terrains sont qualifiés par les *bilobites* que l'on rencontre à la Puebla de la Femme Morte et à Tamames. La seconde se compose d'une masse divisée en deux par la Guadiana, qui embrasse toute la région comprise entre Consuegra, sur le méridien de Tolède, et le Portugal, de l'est à l'ouest, et entre Tolède et le Guadalquivir, jusqu'au parallèle de Lora del Rio, du nord au sud ; ces terrains, généralement siluriens, sont entremêlés d'îlots d'un granit le plus ancien peut-être de tout celui qui parsème notre sol, puisque les filons de cette roche ont pénétré à travers les couches des schistes siluriens, en amenant celles-ci à la position verticale, en altérant leur contexture jusqu'à la faire ressembler à celle du gneiss, à Castuera, et en enveloppant en outre le dépôt carbonifère de Belmez et Espiel.

Mais la localité où ces terrains acquièrent leurs caractères les plus décidés est celle qui est comprise entre les montagnes de Tolède et de la Serena, dans laquelle se présentent à profusion leurs fossiles caractéristiques ; cela a lieu plus spécialement encore dans les dernières de ces montagnes, où les quartzites prennent un développement considérable et sont tellement abondantes qu'on peut les considérer comme déterminant l'horizon géologique de ces roches.

Sur l'autre côté de la vallée du Guadalquivir, et sur le littoral du levant, ces terrains se continuent suivant une courbe parallèle à la côte, et il s'en présente des lambeaux dans les provinces de Malaga, de Grenade et de Murcie ; les roches siluriennes se partagent en deux bandes : l'une sur la côte même d'Alméria, qui forme les Sierras de Gador et Contraviesa, passe par Orgiva, Alora et Marbella, et se termine à l'ouest d'Estepona ; l'autre, qui tire au nord, depuis Aguiles jusqu'à Oria et à la Sierra de Gor, s'approche de Guadix, Baza et Huescar, en jetant des tronçons plus à l'est, vers le cap de Palos et la Sierra de Carrascoy. Les mêmes terrains apparaissent à Fines, dans la Sierra de Guadarrama, vers les limites de la province de Cuença, associés dans cette dernière localité au dépôt de charbon de Henarejos, et atteignent la région du Duero supérieur, en la séparant de celle de l'Ebre, dans la portion comprise entre Soria et Burgos ; de telle sorte que les terrains paléozoïques, tant siluriens que dévoniens, décrivent une courbe parallèle à celle que forment les terrains plutoniens et cristallins, et constituent comme un moule dans lequel sont venues se déposer les couches suivantes.

Les dépôts carbonifères (que certains géologues considèrent comme l'une des couches du terrain dévonien) se présentent disséminés à la surface de notre sol, séparés par de grandes distances, mais avantageusement placés au point de vue de leur utilisation ; les uns se rencontrent près de la côte, tandis que d'autres sont au centre de la Péninsule, comme si la Providence avait cherché à nous favoriser en toutes circonstances, en ce qui concerne cet agent puissant de la richesse et du pouvoir chez les nations modernes.

Les gisements reconnus aujourd'hui sont ceux de Saint-Jean-des-Abbesses en Catalogne, Sabero dans la province de Léon, Orbo dans celle de Palencia, Mieres dans les Asturies, Belmez et Espiel dans la province de Cordoue, Villanueva del Rio dans celle de Séville, Henarejos, près de Cuenca, et Villarluengo, près de Teruel, qui constituent autant de zones carbonifères parmi lesquelles les plus importantes sont celles de Mieres, Sabero, Espiel, Palencia, Villanueva del Rio et Saint-Jean-des-Abbesses. Les gisements des Asturies et de Léon peuvent être considérés comme des parties d'un grand dépôt qui aurait été déchiré et fractionné par le soulèvement de la cordillère Cantabrique, car ils ont des caractères certains de conformité en ce qui concerne la composition de leurs roches et la présence des fossiles qui les caractérisent; le dépôt des Asturies occupe une superficie de 600 kilomètres carrés autour de Mieres.

Dans la province de Léon, le dépôt de Sabero s'étend depuis Guardo, sur les limites de la province de Palencia, jusqu'à Otero, suivant la direction de l'est à l'ouest; et suivant celle du nord au sud; en partant de Pedrosa et Boca de Huergano, à vingt-trois kilomètres au nord de Sabero, il va jusqu'à Guardo; il se prolonge d'ailleurs encore à l'ouest jusqu'à Villafranca del Vierzo et aux pics d'Ancares dans le Vierzo, sur une longueur de près de 80 kilomètres de l'est à l'ouest.

Le dépôt de Palencia occupe en longueur et de l'est à l'ouest, depuis Orbo jusqu'à Espigüete, une

longueur de 50 kilomètres, les couches carbonifères se trouvant divisées aux environs de Cervera
par une grande masse de terrains dévoniens ; dans
la direction du nord au sud, ce dépôt s'étend de
Piedras-Luengas jusqu'à Cervera même sur une
largeur de 25 kilomètres. Ce gisement est le prolongement de celui de Léon, avec lequel il se trouve
réuni, si bien que tous deux peuvent et doivent
être considérés comme deux parties d'un même
tout: celles de la Vieille-Castille et des Asturies, qui
ont été séparées lors du soulèvement de la chaîne
Cantabrique.

Le gisement de Belmez et Espiel a été reconnu
sur une étendue de 55 kilomètres de l'est à l'ouest,
dans la gorge de la rivière du Guadiato, depuis
Espiel jusqu'à Fuente Orejuna, et sur le flanc méridional de la Sierra-Morena, il l'a été de Villanueva del Rio jusqu'au versant même de la Sierra,
à l'endroit où elle forme un passage long de 1250
mètres du nord au sud et large de 1000 mètres
de l'est à l'ouest par lequel l'Huezna vient se jeter
dans le Guadalquivir ; ces deux dépôts sont ceux
qui alimenteront un jour les voies ferrées du Portugal et de l'Andalousie, et quand celles-ci auront
acquis l'activité que doit leur donner le transit
entre l'Océan et la Méditerranée, leurs charbons
arriveront à Cadix, à Lisbonne et aux côtes du
Levant.

A Saint-Jean-des-Abbesses, le gisement carbonifère occupe une superficie de 342 kilomètres carrés
depuis Camprodon jusqu'à la vallée de Rivas de

l'est à l'ouest, et depuis Fonuller jusqu'aux collines de Sasa et Pelats, du nord au sud ; il est enserré au nord par le terrain silurien, au sud par le terrain nummulitique et formé par les roches constitutives de ces dépôts si pauvres en fossiles.

Enfin les gisements d'Henarejos et Teruel, quoique n'étant pas parfaitement reconnus, peuvent être considérés comme devant avoir une grande utilité, tant pour l'industrie du fer en ce qui concerne celui de Henajeros que pour celle du coton sur les côtes catalanes relativement à celui de Villarluengo.

La répartition des terrains secondaires présente sur notre sol un caractère tout spécial et le développement de leurs diverses parties est si singulier, que les terrains triasiques et jurassiques se développent dans la région orientale en zones qui se dirigent vers la Méditerranée, tout en envoyant des portions détachées jusqu'à l'Océan à travers la province de Santander et le Portugal, pendant que le dernier terme de la série, soit le terrain crétacé, se développe non-seulement le long de la côte du Levant, mais en outre recouvre la portion septentrionale de la Péninsule, pénètre avec une certaine continuité dans le centre des Castilles et se présente par morceaux ou par lambeaux le long de la chaîne de Guadarrama. Les terrains triasiques, désignés sur la carte par une teinte de *rouge orange*, se rencontrent dans une zone qui, à partir du Moncayo, tournant au sud-est, s'étend en passant par l'Aragon et par Castellon de la Plana, Valence,

Cuenca, Alicante, Murcie et la Sierra de Segura et de Jaen jusqu'à la province de Grenade; ils forment des noyaux importants entre Castellon de la Plana et Valence, et comprennent toutes les diverses couches qui peuvent entrer dans leur composition, y compris le Muschelkalk (1), qui se trouve à Castellon, à Alcaraz et dans la province de Valence aux Yesares (Plâtrières), au pied de la montagne d'Almaguer, et qui est caractérisé par l'*Avicula socialis*.

Les chaînes d'Espadan et une grande partie de celles de Borriol, Villafamès, Noguera, Mojente, Chelva, Rancra, Crévillente et Orihuela, sont formées de calcaires et de grès particuliers au trias, et la même formation s'étend jusqu'à la province d'Alicante, dans laquelle abondent les marnes irisées à Novelda et autour de Villena, et les calcaires dans les pointes des rochers des montagnes qui la traversent de la Venta de la Encina (auberge du Chêne-Vert), à la côte maritime. A Valence, à Minglanilla, le trias est caractérisé par l'abondance du sel gemme, qui forme là de grandes masses intercalées entre les couches d'argile bleues et rouges, tandis qu'il donne naissance à des sources salées à Villena (Murcie), à Villagordo de Gabriel, et à Sarrion dans la province de Teruel; ce minéral fait au contraire défaut à Castellon de

---

(1) Calcaire coquillier; de l'allemand *Muschel* (coquille), *Kalk* (chaux). (*Note de l'auteur*).

la Plana. A Minglanilla et à Villavieja, à Bunol et autour de Carlet abondent les hyacinthes de Compostel, qui ne sont que des cristaux doublement pyramidaux de quartz. Les dolomies prédominent à Alcaraz, les grès et les schistes cuivreux dans les chaînes de Segura, et ces roches forment le terrain élevé d'où surgissent les Sierras de Cazorla, Castril, La Sagra, Alcaraz, Carache, dirigées du sud-sud-ouest au nord-nord-est parallèlement au littoral ; dans toute cette zone le *Zechstein* prend un grand développement et à Alcaraz on trouve abondamment la calamine.

La grande masse triasique de l'intérieur s'étend depuis Utiel et Camporrobres jusqu'à Ubeda dans la direction du nord-est au sud-ouest et des abords de Cuenca jusqu'au sud de l'Almansa dans celle du sud-est au nord-ouest. Elle se rétrécit entre La Roda et Albacete et arrive à prendre une grande extension dans la province de Murcie ; des lambeaux de terrain triasique se rencontrent encore à Montoro et dans l'espace compris entre Alhendin, Lucena, Benameji, Loja et Antequera.

Le grès bigarré forme les terrains du versant oriental du Moncayo, de Talamantes à Calcena; et à Ségovie, à Pradales, à Honrubia dans les Asturies, le *Keuper* (marnes irisées) acquiert jusqu'à 400 mètres d'épaisseur, il se montre sur la droite du Malon et sur la gauche de la Pilona, à Aviles Gijon et Colunga.

Enfin, dans la province de Santander, le trias recouvre une étendue considérable ; il occupe une largeur de 17 kilomètres entre Torrelarego et Reinosa et se prolonge dans les provinces Basques. Cette portion du trias a acquis actuellement une très-grande importance par suite de l'exploitation de la calamine, qui sert à alimenter les fabriques d'Avilès.

En jetant sur ces terrains un coup d'œil d'ensemble, on peut remarquer que les grès prennent leur plus grand développement dans la portion nord de la zone du trias, tandis que les marnes irisées se font voir au sud et que les calcaires occupent les sommets formés par les inégalités du sol.

Dans le Portugal, le trias se présente dans la partie sud-ouest de la province de Beira et au nord de l'Estramadure portugaise entre Aveiro, Thomar et Lisbonne.

Les terrains jurassiques, indiqués par la couleur bleue, forment des tronçons interrompus par des dépôts plus modernes qui, parfois, se sont dénudés de manière à laisser apercevoir les terrains inférieurs ; ils occupent une zone centrale qui, dans les provinces de Murcie, de Malaga et de Grenade, se dirige du nord-ouest au sud-est ; leurs plus grandes masses se rencontrent dans les provinces de Cuenca, de Valence, de Soria et d'Aragon, et ils détachent au nord-ouest et au sud-ouest des îlots répartis suivant une ligne courbe qui, partant des Asturies et passant par Burgos, peut se suivre jusqu'à Gibraltar. Une des plus considérables d'entre ces masses commence à Siguenza et Medinaceli et se

prolonge jusqu'à la Venta de Chiva (auberge de la
Chevrette), tout près de Valence, sur une longueur
de 280 kilomètres et avec une largeur de 40, laissant
apercevoir les fossiles qui caractérisent cette classe
de terrain dans diverses localités dont les plus remarquables sont : le bourg d'Ablanque, au point de
réunion du Gallo et du Tage ; Torremocha, dans la
province de Guadalajara ; Arios, dans celle de
Teruel, et Titaguas, dans celle de Valence. La
seconde grande masse jurassique occupe le côté
opposé à celle dont nous venons de parler dans la
Sierra de Solorio et de Molina, et se développe parallèlement à elle par Ibdes et Embid.

Dans les montagnes de Cameros et de San-Lorenzo apparaît une autre masse jurassique, également orientée du nord-ouest au sud-est, qui se prolonge à travers les provinces de Soria, Logrono et
Burgos jusqu'à Almarza, Canales, Monsilla de la
Sierra, Barbadillo et dans la province de Cameros,
depuis Arnedo jusqu'à Epila entre Almunia et
Saragosse.

Sur le versant septentrional de la chaîne Cantabrique et dans la direction de l'est à l'ouest, on
peut suivre un autre dépôt des mêmes terrains, qui
partant d'Inza, dans la province de Navarre, se
laisse remarquer à Tolosa, Villareal, Elorrio, Du-
rango, Barambio et Lezama dans les provinces de
Guipuzcoa et de Biscaye, puis à Santander, pour
se terminer dans les Asturies ; à l'autre extrémité
de la Péninsule, sur les pentes méridionales de la
Sierra-Morena, on peut reconnaître à Cabra les

grès, les calcaires et l'argile oxfordienne (Oxford-
clay), à Baena le lias, et l'on peut classer comme
appartenant au même terrain les masses qui, dans
le prolongement des dépôts de Valence et d'Alicante, forment les tronçons isolés de la Puebla de
don Fadrique, de Muela de Monctreviche, de
Sierra-Maria, des montagnes de Grenade et de
Sierra-Elvira, et qui depuis Alhama, où l'on trouve
les calcaires rougeâtres à ammonites d'Antequera,
se prolongent par Ronda pour se terminer à Gibraltar; de telle sorte que, si l'on considère l'ensemble des terrains jurassiques, on aperçoit tout
d'abord que leur horizon géologique les distingue
des terrains triasiques et crétacés qui les ont pré-
cédés et suivis; on remarque qu'ils se trouvent
répartis suivant des bandes parallèles orientées du
nord-ouest au sud-est, qu'ils atteignent de grandes
altitudes, comme cela se rencontre dans la province de Cuenca entre Valdemoro et Canete, dans
la localité appelée Tête de don Pedro, qui est élevée
de 1800 mètres au-dessus du niveau de la mer, et
qu'ils forment des plateaux ondulés et coupés par
des ravins étroits et profonds de 120 à 200 mètres,
servant de lits aux ruisseaux des contrées qu'ils
recouvrent et connus sous le nom de *Hoces* (faux).
A Albarracin, le Guadalaviar ou Turia court dans
un de ces ravins qui a 200 à 300 mètres de profon-
deur et dont les parois taillées à pic laissent apercevoir les couches du lias qui ont une inclinaison
notable; il faut remarquer, d'ailleurs, que les terrains secondaires, étudiés jusqu'ici, sont le plus

souvent, dans l'Europe occidentale, représentés par les couches triasiques et oxfordiennes. Enfin, pour fixer les idées, on peut remarquer encore que ces terrains décrivent en Espagne une ligne courbe dont la concavité est tournée vers Madrid, dont les extrémités se trouvent à Gibraltar et aux Asturies, et dont la partie moyenne, présentant la plus grande ampleur, se trouve près de Requena.

En étudiant les formations secondaires, nous avons défini la position que les terrains crétacés occupent par rapport à la série des autres parties qui les constituent, position relative qui se laisse si bien remarquer lorsqu'on étudie la physionomie géologique de la Péninsule ; ces terrains se distinguent, du reste, par leur plus grande étendue et surtout par les conditions qui résultent de leurs bouleversements et des inclinaisons de leurs couches ; mais si nous pénétrons plus complétement dans leur étude, nous verrons qu'ils ont pris, sur notre sol, une grande extension et qu'ils ont formé de puissantes masses qui entourent la chaîne des Pyrénées, la chaîne Cantabrique et celle de Guadarrama, en formant des plateaux et des régions qui, parfois comme à Cuenca, atteignent de grandes altitudes et surpassent en hauteur les pics les plus élevés de la côte.

Le terrain crétacé, que nous distinguons par la couleur *verte*, occupe une bande qui, à partir de Figueras, se prolonge tout le long du versant des Pyrénées dans la Catalogne, l'Aragon et la Navarre, parallèlement à la bande semblable qui se trouve du côté de la France, toutes les deux d'ailleurs, tronçons aujourd'hui séparés d'un tout unique divisé par le soulèvement des Pyrénées, se trouvant encore en contact à Fontarabie. Sur le versant nord de la chaîne Cantabrique, apparaît nettement le terrain crétacé ; partant de Fontarabie et passant par Saint-Sébastien et Santander, il vient se terminer au cap de Penas dans la province d'Oviedo ; sur le versant sud de cette même chaîne se trouve une autre bande du même terrain qui s'unit à Vitoria avec celle des Pyrénées, en formant à Orduna un nœud, ou mieux une sorte d'entrelacement qui leur sert de point d'attache et qui constitue le point culminant de la chaîne.

Ces dépôts crétacés s'étendent dans la partie supérieure du cours de l'Ebre de Reinosa à Frias, et du nord au sud, depuis Castro-Urdiales jusqu'à Ona, avec un développement de 80 kilomètres ; un rameau du même terrain se détache à l'ouest et de Frias va jusqu'aux environs de Léon pour se terminer en pointe à peu de distance de cette ville. Les dépôts crétacés situés vers le nord de la côte Cantabrique plongent dans l'Océan, ceux qui sont situés au sud disparaissent en Castille et se cachent sous les terrains lacustres du Duero comme ceux du nord sous les ondes de la mer.

Une autre masse crétacée qui repose sur les couches jurassiques de la Sierra de Burgos et qui plonge sous les dépôts tertiaires de la Castille, commence à l'est de Burgos et sépare la province de ce nom de celle de Soria; cette masse se prolonge à travers la région supérieure du Duero, se retourne vers le sud-ouest, suit la Sierra de Somosierra et de Guadarrama et arrive jusqu'auprès de Villacastin dans la province de Ségovie, en s'adossant au versant de la chaîne susindiquée, ainsi que cela se passe dans les Pyrénées et le long de la côte Cantabrique pour les couches crétacées de ces régions. Sur le versant sud de la chaîne de Guadarrama et parallèlement à la masse que nous venons de signaler, apparaît une autre bande crétacée qui, de Valdemorillo, s'étend jusqu'à Torrelaguna, Tamajon et Hiendelaencina dans la province de Guadalajara et qui s'élève jusqu'à 1160 mètres d'altitude.

La région crétacée du centre, dont le noyau est la Sierra de Cuenca, commence à la montagne sur laquelle est bâtie la ville de ce nom et s'étend sur 80 kilomètres vers le nord-ouest jusqu'à Trillo; elle n'a pas été bien reconnue et n'est pas nettement déterminée vers le sud-est, mais à l'est elle se continue jusqu'à Valence et se présente alors sous la forme de tronçons séparés qui, à Pena-Colosa, s'élèvent à des altitudes plus grandes que celles qu'atteignent les masses jurassiques qui forment la Cabeza (tête) de don Pedro et les pics Tejo et Ranera dont la hauteur est de 1400 mètres. La craie se rencontre encore entre Bunol et Almansa, entre cette dernière ville et Villeno, et au sud de Valence, où elle forme un système de montagnes avec couches très-inclinées, telles que le

Montcabrer, la Sierra de Mariola, elle pénètre enfin dans la Méditerranée par les caps Alber et de Saint-Antoine.

Dans l'Aragon et dans la Catalogne, les dépôts crétacés occupent une région étendue ayant la forme d'un triangle équilatéral dont chaque côté a 100 kilomètres de développement; le premier, parallèle au littoral de Castellon jusqu'à Tortose, est dirigé du nord-est au sud-ouest; le second va de Tortose à Montalvan, suit la direction est-ouest, et le troisième joint Montalvan à Castellon; cette région constitue un plateau élevé et froid qui se termine vers la Méditerranée par des pentes escarpées et qui s'abaisse vers l'ouest par des ondulations successives dirigées suivant deux axes qui se croisent à angle droit, et forment par leur point de rencontre le pic de Pena-Colosa, point culminant de la chaîne (qui appartient à la formation néocomienne caractérisée par la présence du *Cerithium Luxani*), haut de 1700 mètres, et qui surpasse en altitude la Muela de San Juan, dans les montagnes d'Albarracin. La craie se montre encore à Frias, Calomarde, Griegos, etc., sur le plateau élevé où prennent naissance le Tage, le Jucar, le Cabriel, le Guadalaviar et divers cours d'eau ou ruisseaux qui vont se jeter dans l'Ebre. La région centrale se distingue en ce qu'elle est formée des dépôts supérieurs de la craie (craie blanche avec silex *pyromaque*), tandis qu'à mesure qu'on marche vers l'est se trouvent des couches plus inférieures, à savoir les sables verts, la craie marneuse et le terrain néocomien, caractérisés chacun par les fossiles qui lui sont propres.

Certains géologues considèrent comme appartenant aux terrains nummulitiques, ou plutôt, ainsi qu'ils le disent, comme des terrains anténummulitiques, la plus grande partie de la région étendue qui, à partir de Figueras, se développe sur le flanc des Pyrénées, en n'en exceptant qu'une bande étroite qui, partant du nord de Figueras, passe par Comprodon, Urgel et Benasque aux environs de Vitoria ; de façon que Vitoria, Pampelune et Figueras se trouvent situés dans le terrain proprement nummulitique. Ils considèrent encore comme appartenant aux mêmes formations les terrains qui, en Catalogne, s'étendent autour du sanctuaire de Montserrat, élevé de 1237 mètres au-dessus du niveau de la mer, et qui, formant comme un promontoire au confluent du Llobregat avec un autre cours d'eau moins abondant, est comme le centre de cette agglomération nummulitique. Le dépôt de sel gemme de Cardona se trouve au milieu de ces terrains, et y représente une vallée en forme de cratère dont les parois sont constituées par des couches de grès et dont le fond est la masse saline elle-même.

De même on considère comme nummulitique au même degré le terrain montagneux qui, à partir de Biar, dans la province d'Alicante, se prolonge par des collines parallèles jusqu'à quelques kilomètres de la ville de ce nom et forme un groupe de montagnes qui séparent Valence d'Alicante suivant la direction de Jijona au cap Saint-Antoine ; ce terrain s'élève parfois à 1206 mètres de hauteur, comme, par exemple, au Puerto de Carrasqueta, au Puig Campana, au Puig de Serrella, etc. Par suite, si l'on adopte ces indications, on est conduit à admettre que cette sorte de terrain nummulitique constitue deux grandes régions, l'une sur le versant des Pyrénées et en Catalogne ; l'autre, entre Alicante et Valence, qui a pour caractère distinctif de ne point pénétrer à l'intérieur et de se maintenir dans les environs de la Méditerranée, à laquelle elle est comme appuyée.

On peut reconnaître, en outre, des îlots crétacés à Malaga et à Marbella, et des masses nummulitiques dans l'espace compris entre Tarifa et le cap de Trafalgar, masses qui se prolongent au nord par Medina-Sidonia jusqu'aux environs d'Estepona ; dans le Portugal, le terrain crétacé occupe une grande partie des provinces de Beira et de l'Estramadure, et se continue depuis Aveiro jusqu'à Lisbonne, en complétant, avec les îlots nombreux de l'Alentejo et des Algarbes, l'horizon crétacé de la Péninsule, qui, ainsi que nous le voyons, dessine une sorte de grand cercle. Adossés aux terrains jurassiques, les dépôts crétacés délimitent par leur périmètre le littoral des mers anciennes et des lacs intérieurs où se sont déposés les terrains tertiaires qui forment aujourd'hui les deux Castilles, le bassin de l'Ebre, la partie gauche de la vallée du Guadalquivir et l'extrémité de celle du Tage.

Les terrains tertiaires désignés par la couleur

7

jaune ont pour caractère spécial d'occuper deux grandes régions : l'une suit le littoral depuis la Catalogne jusqu'à l'embouchure du Guadalquivir et de la Guadiana, et passe immédiatement delà à celle du Tage, elle enserre les côtes à quelques exceptions près et pénètre profondément dans les terres en formant des golfes considérables ; l'autre, non moins étendue, se développe au cœur de la Péninsule, et l'on peut remarquer que les dépôts miocènes marins se rencontrent partout dans la zone du littoral, tandis que ce sont des dépôts lacustres qui constituent les grands bassins des deux Castilles et de l'Ebre. De plus, ces fractions de la masse tertiaire centrale ne se trouvent point au même niveau et elles forment, en réalité, trois grands plateaux qui s'élèvent : celui du Duero à 700, celui du Tage à 600, celui de l'Ebre à 200 mètres d'altitude, tandis que les portions de la côte du Levant, du Guadalquivir et de l'embouchure du Tage sont à de moindres hauteurs.

Les terrains tertiaires de la région centrale se divisent en trois parties bien distinctes : la supérieure, calcaire ; l'intermédiaire, formée de marne gypseuse ; l'inférieure, arénacée ; et bien que ces dépôts comprennent tout l'ensemble des formations tertiaires, leurs trois étages ne se rencontrent point complets dans toutes les localités, mais n'ont été reconnus à la fois que dans la province de Valladolid (auberge de Mudarra), dans celle de Burgos, dans celle d'Alcarria et dans la Manche, pays où les diverses couches n'ont été ni dénudées ni mutilées. Dans d'autres endroits, les étages se trouvent réduits aux deux extrêmes et les marnes gypseuses font défaut, ainsi que cela s'observe près de Trillo, dans les deux montagnes appelées les Mamelles de Viana, qui ont 1700 mètres d'altitude et qui, au-dessus du cours du Tage qui passe à leur pied, présentent un escarpement haut de 350 mètres, formé de calcaire siliceux avec des conglomérats (*Nagelfluhe*) en couches horizontales. Dans les provinces de Madrid et de Guadalajara on ne voit apparaître que les deux couches inférieures, plâtre, marnes et conglomérats arénacés, le calcaire ayant disparu en beaucoup d'endroits par suite de la dénudation qu'il a subie dans la période quaternaire.

En considérant dans son ensemble l'horizon des terrains tertiaires qui occupent le centre de la Péninsule, on voit clairement que ces terrains se sont déposés dans trois grands lacs d'eau douce dont les rives étaient formées par une ceinture de dépôts crétacés, siluriens et granitiques, et qui communiquaient entre eux par des cataractes et des rapides, comme cela arrive actuellement pour les grands lacs du continent de l'Amérique du Nord.

Le lac qui occupait l'emplacement de la Nouvelle-Castille se trouvait limité au nord-ouest par la chaîne granitique de Guadarrama, qui se prolonge jusqu'à Plasencia par la Sierra de Gredos, et se rejoint dans la région d'Alcaraz avec la Sierra de Guadalupe, qui est une branche des monts de To-

lède ; ces monts et la section orientale de la Sierra-
Morena ainsi que la Sierra d'Alcaraz formaient ses
limites au sud, une bande crétacée de 130 à 140
kilomètres de longueur, ayant son centre à l'emplacement de la ville de Cuenca, lui servait de littoral à l'est et au nord ; son périmètre se trouvait
complété par une série de collines appelée Sierra
Pela, qui sépare les derniers contre-forts de la
Sierra de Guadarrama de la région montagneuse de
Molina d'Aragon. Ce lac communiquait probablement avec le Duero par Barahona, entre Siguenza
et Almazan, et pénétrait dans les provinces de
Murcie et de Valence, ainsi que le montrent les
dépôts lacustres qui se rencontrent jusqu'à Minglanilla, Utiel, Requena, Muela del Oro, la rivière
du Magro, Jarafuel et Zarra, dont la présence amène
à croire qu'il se trouvait en contact avec la mer au
sud et au sud-est. La superficie totale recouverte par
ses eaux avait une étendue de 465,1 myriamètres
carrés, soit 1500 lieues carrées.

Le lac du Duero comprenait un espace de forme
carrée, orienté suivant le méridien et dont les sommets des angles se trouvaient à Léon, Burgos, Salamanque et Sepulveda dans la province de Ségovie.
Sa côte nord, de 150 à 160 kilomètres de longueur,
était formée par la chaîne Cantabrique ; sa côte
orientale, par les sierras de Burgos et de Soria ;
celle du sud, par la Sierra de Guadarrama, et enfin,
celle de l'ouest formait une ligne de 200 kilomètres, allant de Salamanque à Léon ; il occupait
ainsi une surface de 30,000 kilomètres carrés dont

les rives, sur les trois quarts des côtes nord-est et sud-est, étaient formées par les dépôts crétacés, tandis qu'à l'ouest il était séparé du Portugal par les terrains siluriens, le gneiss et le granit; ce lac ne pouvait communiquer avec le bassin de l'Ebre que par une brèche située dans les environs de Pancorbo.

Le lac de l'Ebre occupait la région qui commence à Miranda, ou plus exactement à Logrono, et qui s'étend jusqu'à Asco et Mora sur une longueur de 350 kilomètres et une largeur de 100; il était enserré à l'est par la digue montagneuse qui, depuis Barcelone, suit jusqu'à Murviedro la côte du Levant et avait probablement alors son embouchure à Tarragone; depuis lors une ouverture s'est produite dans la barrière du littoral entre Sastago et Tortose; elle forme aujourd'hui une gorge étroite par laquelle l'Ebre s'écoule à la mer, et a été certainement l'une des causes du desséchement complet de son bassin; cet assèchement, ainsi que celui des lacs des deux Castilles, doit avoir coïncidé avec une période de grandes altérations dans le relief et dans la distribution des terres et des mers de l'Europe orientale. Ces cataclysmes ont dû changer la physionomie du centre de la Péninsule, et l'étude des terrains tertiaires qu'ils ont mis à découvert démontre qu'ils se sont accomplis sans que les dépôts miocènes intérieurs aient subi les dislocations auxquelles ils donnèrent lieu dans les couches nummulitiques d'Alicante qui ont été fortement bouleversées; cette étude fait voir encore que les couches du centre de la Péninsule se sont élevées en masse jusqu'à la hauteur à laquelle elles se montrent aujourd'hui, et qui est bien différente de celle à laquelle elles se trouvaient quand les terrains de transport qui forment le sol des deux Castilles étaient en voie de formation et se déposaient en s'inclinant vers l'ouest, puisque c'est suivant cette direction que les lacs intérieurs qui leur correspondent, auraient actuellement leur écoulement, s'ils existaient encore.

D'autre part, la période durant laquelle ces lacs ont conservé leur régime primitif a dû comprendre des espaces de temps considérables, ainsi qu'on peut le constater à l'inspection des dépôts de calcaires, de sables et de poudingues qui, à Minglanilla, à Trillo et dans la montagne des Tetas de Viana, atteignent, ainsi que nous l'avons dit, une épaisseur de **300** mètres et qui sont contemporains de cette période ou, autrement dit, ont le même âge géologique, puisque dans toutes ces localités on trouve les fossiles de la faune miocène caractérisée par les restes des genres de mammifères qui lui correspondent, à savoir : le *Mastodon augustidens*, l'*Anchithenion*, l'*Hippeirion*, le *Cainothérion*, le *Sus*, le *Palaens Merton.* et l'*Elephas primigenius*, que l'on a trouvés à San Isidro del Campo à Madrid, à Duredes et à Sopena (Valladolid), et à Castrofuerte et Valderias sur les bords des rivières de l'Esla et de la Cea (Léon).

Les dépôts miocènes marins s'étendent sur tout le littoral de l'Alentejo en Portugal; à partir du cap Saint-Vincent et en passant par l'embouchure de la Guadiana et du Guadalquivir, ils se prolongent le long des côtes de Murcie, de Valence et d'Alicante, dont le château est bâti sur des roches miocènes marines qui forment toutes les collines des environs; cette formation s'étend, d'ailleurs, parfois jusqu'à de grandes distances et pénètre dans les terres sous la forme de golfes dont les plus importants sont ceux du Guadalquivir et du Tage.

Le dépôt du Guadalquivir recouvre la gauche du bassin de ce fleuve avec tous ses affluents depuis les derniers contre-forts de la Sierra de Ronda jusqu'à ceux auxquels vient se terminer la Sierra d'Aracena; il pénètre jusqu'à Linares Andujar et la Carolina d'un côté, et de l'autre jusqu'à la campagne de Grenade et se trouve enserré par les Alpujarras et la Sierra Morena.

Celui du Tage, dans la partie qui correspond aux terrains miocènes, a pour limite, au nord, le cours même de ce fleuve depuis Lisbonne jusqu'à Abrantès, et, au sud, les dépôts secondaires de l'Alentejo; il se relie à Badajoz aux terrains de même nature de la Guadiana, pénètre au sud jusqu'aux limites de la province de Séville à Monasterio et se prolonge vers l'est par Villanueva de la Serena jusqu'aux environs des monts de Tolède.

La forme topographique des terrains tertiaires fait reconnaître qu'ils ont été pendant la période quaternaire mutilés par l'action de masses d'eau considérables; l'existence de ce phénomène est démontrée par la présence des dépôts diluviens qui entourent les chaînes Cantabrique et de Guadarrama et qui se font voir dans les provinces de Valladolid, de Ségovie et de Madrid, dans laquelle ils s'étendent jusqu'à Alcala de Henarès, à 25 ou 30 kilomètres de la partie montagneuse. En outre, on peut reconnaître le *diluvium* sur les deux rives du Tage, depuis Almaraz jusqu'à Jaraicejo.

Les vallées des chaînes subalternes de la Sierra Nevada sont remplies de dépôts tertiaires, comme ceux qui se sont formés dans les mers tranquilles, et d'alluvions parsemées de roches erratiques dont la présence est due à des causes et à des phénomènes identiques à ceux qui ont produit ces mêmes roches dans les Alpes.

Les terrains d'alluvion forment des couches sur les côtes et sur les rives des fleuves, et constituent ainsi les dépôts de l'époque actuelle; ils produisent des dunes à l'embouchure des rivières et des lits d'argile et de cailloux roulés de largeur et d'épaisseur variables dans diverses localités.

L'étendue et la puissance des terrains plutoniens et paléozoïques font qu'on rencontre abondamment les divers minéraux utiles aux arts sur notre sol, qui a été l'*Eldorado* des Phéniciens et successivement des Carthaginois, des Romains, des Goths et des Arabes; cette richesse minéralogique se manifeste d'ailleurs de plus en plus, depuis le commencement de ce siècle, grâce aux progrès des sciences et à l'activité propre qu'imprime aux recherches l'intérêt individuel garanti par des lois protectrices.

Les terrains plutoniens renferment des dépôts d'or, et l'on rencontre ce métal, en Galice dans les sables de la rivière du Sil, dans le Genil à Grenade, dans le Tage et en Estramadure, dans les ruisseaux de l'Arroyo del Puerco. L'étain se trouve aussi en Galice dans les mêmes terrains, et dans le Portugal à Tras-os-Montès; on le trouve au milieu du granit dans les mêmes conditions qu'à Monterrey. Les minerais argentifères à Guadalcanal, Almagrera et Hiendelaencina sont renfermés dans des roches cristallines, comme aussi le plomb à Carthagène et à Linarès, le cuivre à Riotinto et le sulfure d'antimoine à Zamora; la présence des basaltes du cap de Gata doit avoir puissamment contribué à la génération des filons argentifères d'Almagrera, de même que celle des porphyres à la formation des filons de Hiendelaencina et de Riotinto et à celle des dépôts de fer et de graphite de Marbella, du Pedroso, de Sommorostro, etc.

La mine de fer de Sommorostro est située entre Baracaldo et Galdacano, elle occupe une superficie de 700 mètres de longueur et de 3000 mètres de largeur, et est formée de masses de minerai enfermées dans les sables micacés qui appartiennent à l'étage des calcaires argileux des terrains crétacés.

Les terrains paléozoïques renferment les plombs de l'Estramadure et de Carthagène, le cinabre d'Almaden, celui de Mierès, les dépôts de charbon des Asturies, de Léon, de Palencia, d'Espiel, de Villanuera del Rio, d'Henarejos, de Villarluengo, etc., etc., et l'anthracite de Valonga en Portugal, et si l'on remarque, en outre, que les calcaires de la Sierra de Gabor sont considérés comme appartenant aux terrains siluriens et dévoniens, on pourra admettre que les minéraux les plus utiles dans les arts se rencontrent presque tous dans les roches paléozoïques.

Dans les terrains triasiques se trouvent le zinc, sous la forme de calamine, à Alcaraz et dans la province de Santander, le cobalt dans la Sierra d'Espadan, à 16 kilomètres de Castellon de la Plana, les dépôts salins à Minglanilla, les charbons et les lignites propres à cette formation et à celle de la craie, la chaux hydraulique à Irueta (Guipuzcoa) et à Valdemorillo (Madrid), le sel gemme dans le terrain nummulitique à Cardona et Peralto (Navarre), enfin dans les terrains tertiaires on trouve le soufre à Teruel et à Conil, le fer, l'argile, etc., etc.

En résumé, si l'on considère l'étendue relative des diverses formations à la surface de la Péninsule, il est facile d'apercevoir qu'elles se trouvent distribuées dans deux grandes régions : que les terrains plutoniens, paléozoïques et tertiaires se répartissent sur toute la superficie de la péninsule Ibérique, les premiers occupant la section nord-ouest et les derniers les grandes masses centrales et la région sud-ouest, tandis que les dépôts intermédiaires couvrent seulement des espaces limités et forment des tronçons ou des lambeaux répartis suivant un certain ordre de continuité, et qui font voir que leur ensemble a été détruit et séparé en

morceaux divers par les convulsions et les bouleversements auxquels a été soumise la région occidentale de l'Europe.

Ces convulsions se sont répétées à de longues
périodes de temps, et les troubles qu'elles entraî-
naient ont atteint des paroxysmes que révèlent les
discordances des différentes couches, en donnant
lieu au soulèvement des chaînes de montagnes qui
parsèment la surface de notre sol, et dont la formation peut être rapportée à des époques chrono-
logiques différentes de la géographie physique de
la Péninsule.

La plus ancienne de ces masses montagneuses
est sans doute celle qui constitue le noyau des
monts de Tolède et qui est formée de terrains paléozoïques, soulevés par les masses granitiques qui
ont bouleversé les dépôts siluriens et dévoniens,
entre les couches desquels le granit a pénétré sous
la forme de filons. Dans cette région, la première
qui, dans notre pays, ait surgi du sein des ondes,
on ne trouve aucun des terrains qui suivent ceux
que nous venons de nommer dans la série des étages qui constituent la croûte terrestre, et les dépôts tertiaires de la Manche, de l'Andalousie et de
l'Estramadure s'étalent en couches horizontales
au pied des terrains paléozoïques qui, par suite de
leur bouleversement, se présentent sous de fortes
inclinaisons.

Les chaînes qui viennent ensuite au point de vue
de l'âge sont celles des Pyrénées et de Guadarrama, sur les versants desquelles s'adossent, en

plongeant dans des directions opposées, les dépôts crétacés et nummulitiques, dont la présence démontre que le soulèvement a été postérieur au dépôt de la craie; quant aux autres groupes montagneux du nord et du sud, ils correspondent à des dates beaucoup plus rapprochées, puisque les dislocations qui leur sont dues mettent au jour des formations plus proches de l'époque actuelle.

Les plus remarquables d'entre les grands traits qui donnent sa physionomie au sol occidental de l'Europe, sont dus à la série des perturbations qui l'ont agité successivement et qui ont séparé les dépôts paléozoïques des triasiques, ceux-ci des jurassiques, le terrain miocène du nummulitique et l'époque pliocène de la miocène ; parmi tous ces bouleversements, le plus considérable par son importance est celui qui a eu lieu à la fin de la période crétacée, et dans lequel un puissant effort intérieur a soulevé le sol dans son ensemble en lui donnant une forme convexe, et en faisant surgir définitivement des ondes la plus grande partie des terrains. Cette époque et celle qui sépare la formation nummulitique de la formation miocène ont été peut-être, celles auxquelles correspond le plus grand travail dans l'histoire de la terre et auxquelles sont dus les soulèvements des Alpes, des Apennins et des Pyrénées ; enfin, au déclin de la période miocène et avant l'époque actuelle, les plaines de Castille et de l'Èbre formées par les anciens lacs de la Péninsule se sont soulevées jusqu'à l'altitude à laquelle elles se trouvent aujourd'hui.

Ces dislocations des terrains ont non-seulement donné lieu à la structure ou à la forme physique, au relief, au système hydrographique et au climat de la Péninsule, mais ont encore introduit les *variables* qui déterminent la flore et la faune spéciales de notre pays.

Le palmier pousse vigoureusement dans les provinces de Murcie, d'Alicante, de Séville et de Valence ; le laurier-rose arrive jusqu'à la rivière du Zujar aux pieds des monts de Tolède ; le cotonnier et la canne à sucre sont, depuis l'occupation arabe, acclimatés à Almunecar et dans ses environs ; la cochenille l'a été de notre temps à Valence ; un animal semblable à l'*ichneumon* d'Egypte vit sur la rive droite du Guadalquivir, tandis que le pin, les lichens et les plantes alpestres, propres aux pays du nord, croissent dans les Pyrénées, dans les Alpujarras et dans la Sierra de Gredos ; dans cette dernière contrée on trouve les chèvres des montagnes (l'Antilope des Alpes) associées à la chèvre d'Espagne, comme si la Providence avait voulu réunir sur notre sol les productions de tous les climats et nous enrichir de toutes celles qui sont répandues sur la surface de la terre.

Pour donner plus d'importance encore à ces indications, on pourrait déjà tirer de semblables prémisses certaines conclusions, certains principes effectifs, non - seulement par rapport aux conditions qui ont amené jadis le fractionnement de l'Espagne en royaumes devenus aujourd'hui des provinces dont les limites coïncident avec les accidents géologiques, et qui se sont successivement accrus en s'englobant, mais encore relativement aux différences marquées et bien connues qui se rencontrent dans le caractère des habitants des diverses contrées de la monarchie.

CHAPITRE IV

Étude géologique militaire de la Péninsule.

La courte description géologique de la Péninsule,
que nous venons d'achever, sera peut-être trouvée
trop technique par quelques-uns de nos lecteurs ;
nous espérons, cependant, que la carte géologique
générale qui en forme le complément, carte que
nous avons cherché à faire aussi complète que possible d'après les données actuellement acquises,
rendra cette étude facile et attachante jusqu'à un
certain point, même pour les plus impatients ;
nous sommes persuadés, d'ailleurs, qu'il était nécessaire de procéder de cette manière pour arriver
à ce résultat de pouvoir embrasser d'un seul coup
d'œil la nature physique de la Péninsule, ou pour
mieux dire, qu'il était nécessaire de prendre l'étude
de la structure véritable et originale du sol de
notre pays comme base du coup d'œil militaire qui
est l'objet que nous nous sommes proposé.

En se rapportant à la carte géologique, on remarque aussitôt l'analogie complète qui existe
entre les différents terrains et les conditions physiques, la forme et le relief des contrées dont ils occupent respectivement la superficie ; de là résulte non-

seulement la structure harmonique de l'ensemble, mais encore l'enchaînement qui réunit, tout en les différentiant les unes des autres, les diverses parties de ce même tout.

Nous voyons, en effet, sur la carte, représentés par des masses de couleur jaune, les grands espaces de la Péninsule qui, dans les premiers temps, ont été recouverts par les eaux et qui y forment des golfes ou des lacs dont les contours se sont trouvés déterminés par les soulèvements principaux de la matière ignée sortie de l'intérieur de la terre. Ces golfes et ces lacs, récipients naturels d'une grandeur considérable, ont fini par se dessécher ; soit peu à peu, en vertu des atterrissements successifs qui se sont formés le long des lignes de contact des lacs entre eux ou des lacs et golfes avec les mers extérieures, soit rapidement, par suite de l'épuisement de leurs eaux qui ont coulé sous forme de torrents par les vastes ouvertures violemment ouvertes à travers les terrains solides de leurs rives ; la formation de ces ouvertures étant due d'ailleurs à ce que ces terrains ne présentaient pas une ductilité suffisante pour supporter, sans se disloquer, les derniers mouvements ou soulèvements des couches inférieures, causés par l'action énergique et mystérieuse des forces internes. Les contrées qui ainsi mises à découvert, comme nous l'avons vu, se trouvent reliées entre elles sous la forme de plaines étendues, sont constituées par les terrains miocènes, expression synonyme de régularité et d'ordre dans la forme des couches qui les composent et qui se présentent à nos yeux sans que leurs stratifications soient en général altérées autrement que par les puissantes dénudations auxquelles elles ont été soumises, celles-ci à leur tour ayant donné lieu aux énormes transports diluviens qui couvrent de grandes étendues de leur superficie.

Nous voyons également que les chaînes, les chaînons et les montagnes correspondent, tout aussi régulièrement et suivant une harmonie aussi surprenante, avec le caractère de leurs soulèvements et avec la nature géologique des terrains anciens qui forment le noyau de ces promontoires colossaux; ces crêtes, ces cimes ou ces pics élevés, de même que les âpres contre-forts, les pentes ou versants et les contrées tourmentées auxquels ils se terminent, coïncident respectivement avec la manière d'être générale ou avec le mode particulier d'existence des formations qui constituent leurs masses et avec les effets auxquels ils doivent leurs origines et leurs dégradations successives.

Pour nous et, croyons-nous, pour tout le monde, rien ne doit sembler étrange dans cet ordre de phénomènes; tout obéit à la loi géologique de régénération vitale qui explique clairement et simplement les différences de structure de la superficie terrestre, tandis que cette étude conçue de toute autre manière, ou en partant de tout autre point de vue, conduit à un enchaînement indéfini d'exceptions, à une série infinie de phénomènes, à un ensemble inexplicable de péripéties et d'aberrations qui amène infailliblement au chaos, à l'incertitude et à un vague indéfinissable qu'aucune sorte d'explication ne parvient à supprimer, qu'aucune autre méthode descriptive ne peut faire bien connaître.

Ce n'est que par la géologie, en effet, qu'on peut en quelque sorte considérer, comprendre et étudier dans leurs relations respectives les vallées entre-coupées de montagnes et de collines des côtes orientales de notre Péninsule ; qu'on peut distinguer celles-ci des plaines étendues de l'Andalousie, de l'Alentejo et de l'Ebre, et ces dernières, enfin des plateaux élevés qui forment les deux Castilles.

Ce n'est qu'au moyen de cette science que l'on peut savoir comment se sont soulevées les Pyrénées, comment ce surgissement colossal se relie avec les hauts gradins crétacés des provinces Basques, ceux-ci avec les âpres montagnes de Léon, des Asturies ou d'Oviedo et avec l'inextricable nœud montagneux de la Galice, qui se termine aux magnifiques embouchures des fleuves grâce auxquelles ses côtes escarpées sont ouvertes au commerce. Ce n'est qu'en observant les conditions géologiques qui lui sont spéciales qu'on peut se former une idée sur l'âpre portion du territoire portugais comprise entre le Mino et le Tage, et se rendre compte d'une façon certaine de la force et de la puissance de la frontière castillane, cause efficiente du démembrement à peu près constant de ces précieuses parties de la patrie commune, qui constituent une nation dont l'existence, dans les temps présents, est d'autant plus anormale qu'elle se trouve unie géologiquement avec le reste de la Péninsule dans l'Alentejo et dans l'Estramadure.

De la même manière, on arrive facilement à comprendre l'existence des cimes élevées qui, entre les deux Castilles, forment les chaînes granitiques de Gredos, de Guadarrama et de Sommosierra, chaînes qui se relient à l'ouest avec la Sierra d'Estrella, au sud avec les monts de Tolède et ensuite avec la Sierra Morena, celle-ci de formation silurienne et qui se prolonge au sud-ouest jusqu'à l'Algarve.

De cette façon, seulement encore, on peut aisément voir comment au nord-est de cette dernière chaîne naissent les chaînons triasiques de Ségura, de Jaen et de Cazorla, comment ces chaînons se relient avec la puissante Sierra-Nevada et les branches qu'elle jette à l'est jusqu'au cap de Palos et avec la contrée montagneuse de Ronda vers l'ouest; étudier la succession des vallées hétérogènes qui se développent entre Murcie, Alicante et Valence; comprendre comment se présente le formidable Maestrazgo et la région montagneuse de Cuenca, comment se sont soulevés le Moncayo si élancé et les chaînes si coupées de Soria et de Burgos d'un côté, et de Duroca de l'autre, et enfin comment les âpres hauteurs de la Catalogne se rattachent aux Pyrénées.

Si nous ne craignions d'être extrêmement diffus, nous pourrions suivre jusque dans leurs détails ces diverses relations de régions entre elles, grâce auxquelles on arrive à faire coïncider successivement les changements de structure de chacune d'elles avec les caractères variés des terrains qui les constituent, combinés avec leur mode particulier d'existence; différences organiques qui se devinent d'ailleurs, parce qu'elles sont clairement indiquées sur la carte par la répartition changeante des couleurs conventionnelles au moyen desquelles sont distinguées entre elles les diverses espèces de terrain qui forment notre sol si riche et si varié.

Si, de cette étude générale, nous passons à l'examen des conditions physiques des terrains, nous verrons que celles-ci dérivent également du caractère géologique de chacun d'eux ; mais, pour en arriver à ce point, nous ne pouvons mieux faire que de répéter ici ce que le brigadier don Juan Sanchez Cisneros, militaire et géologue distingué, écrivait il y a moins d'un demi-siècle sur la *sécurité stratégique des campements*, en traitant des applications de la géologie à la science de la guerre de campagne, dans le dernier chapitre de son remarquable ouvrage que nous avons déjà cité et dont les *Préliminaires* seuls auraient suffi pour fonder une réputation scientifique, si, ainsi que cela ressort des amères paroles de l'auteur lui-même, il n'avait écrit pour une époque lointaine, ses contemporains étant encore hors d'état de le comprendre.

« Les montagnes granitiques, dit Cisneros, ne

« présentent guère sur leurs cimes d'aplanisse-
« ments ni de plates-formes ; en général, elles sont
« très-escarpées et n'offrent ni déclivités, ni
« plaines doucement inclinées à la montée ou à la
« descente ; par cela même elles forment d'excel-
« lentes positions défensives naturelles, qui, si
« peu qu'y ajoute l'art, deviendront inexpugnables.
« Quand elles servent de limite à un pays ou à une
« armée, elles forment un appui inappréciable et
« une base militaire de choix, et les magasins ou
« les dépôts de vivres qui y sont constitués n'ont
« guère à redouter les entreprises de l'ennemi.
« Comme dans cette classe de montagnes on ren-
« contre très-communément des bas-fonds, ou que
« le calcaire, le schiste argileux et d'autres roches
« couvrent toujours diverses portions de leur su-
« perficie, comme, d'autre part, ces roches mêmes
« ont subi une certaine décomposition et se sont
« transformées en terres propres à l'agriculture, il
« arrive forcément que des vallées s'y sont for-
« mées, qui n'ont d'habitude que de petites di-
« mensions, mais qui sont très-fertiles et aptes à
« former des campements assurés et des sites
« commodes pour y établir certains ouvrages in-
« dispensables à la sécurité des troupes dans cer-
« taines occasions nécessaires ; mais il faudra tou-
« jours veiller avec soin sur leurs points d'entrée
« et de sortie, car beaucoup des sûretés qu'offre un
« pays deviennent inutiles en présence de la tem-
« porisation et de la constance d'un ennemi, ou du
« moins contre un coup de main. On peut pren-

« dre pour exemple à ce sujet, ce qui arriva à
« Cornélius dans la guerre contre les Samnites,
« quand, avec une confiance inconsidérée, il vint
« se placer dans une vallée où il aurait péri sans
« son tribun Décius, dont le coup d'œil militaire
« était très-développé.

« Dans les terrains granitiques, les chemins et
« les sentiers sont fermes et solides ; jamais ils ne
« sont inondés ou abîmés par les eaux, excepté
« quand des torrents ou des cours d'eau tempo-
« raires entraînent avec eux le peu de terre végé-
« tale qui les recouvre. Les pays sablonneux ou
« siliceux résultent de la décomposition complète
« des éléments qui constituent le granit et qui
« parfois parviennent à s'agglomérer de nouveau
« et à former de véritables grès. Le terrain sa-
« blonneux s'étend sur des régions et des pays
« entiers, et recouvre habituellement les côtes
« maritimes et les rives des fleuves, mais toujours
« ces masses transportées restent en relation plus
« ou moins immédiate avec les grandes chaînes de
« granit d'où elles tirent réellement leur origine.
« Le terrain granitique est généralement très-aride
« et très-sec, et par suite on n'y rencontre que
« rarement l'eau suffisante pour les nécessités de
« la vie.

« Les gneiss et les terrains formés de roches
« cristallines, n'ont que peu d'importance au point
« de vue militaire qui nous occupe, car il est rare
« de rencontrer des chaînes étendues qui en
« soient formées ; néanmoins, quand ils recou-

« vrent le granit, ils modifient la forme des
« escarpements qui sont particuliers à celui-ci, ils
« rendent plus vastes les surfaces présentées par
« les cimes et aplanissent les collines subalter-
« nes ; par suite les flancs de cette espèce sont
« moins sûrs pour servir d'appui à une armée,
« mais du reste on peut étendre à la formation du
« gneiss la majeure partie de ce que nous avons
« dit au sujet des autres avantages offerts par les
« terrains granitiques. Les montagnes formées de
« schiste argileux sont régulièrement accessibles
« et douces en beaucoup de points ; cela provient
« de ce qu'elles se décomposent facilement par
« suite de l'oxydation du fer qui se trouve en-
« fermé entre leurs diverses couches stratifiées, et
« qu'elles se changent en argile, qui, renfermant
« une certaine portion de chaux et de silex, forme
« un terrain gras et fertile et par suite très-utile à
« l'agriculture. Ces montagnes donnent naissance
« à de nombreuses fontaines et renferment géné-
« ralement les sources des rivières, principalement
« dans les parages où domine l'argile, car dans ce
« cas, les eaux qui tombent ét qui s'infiltrent à la
« surface se maintiennent sur cette sorte de sol et
« y constituent des dépôts qui finissent par s'ou-
« vrir un passage à travers les points les plus favo-
« rables à leur sortie. Mais quand on n'y rencontre
« point de sources ou que la couche imperméable
« est trop profondément située, les choses pren-
« nent une tournure toute contraire ; l'aridité y est
« terrible, la terre lors des sécheresses se resserre

« et se comprime de telle sorte qu'elle acquiert
« une dureté extrême et empêche absolument la
« végétation. Le pays se présente avec une appa-
« rence limoneuse qu'il conserve parfois pendant
« plusieurs lieues. Les régions ainsi formées of-
« frent un aspect ondulé et sont sillonnées de fos-
« sés et de sinuosités qui parcourent les plaines.
« Les lignes de faîtes se trouvent souvent coupées
« et passent par des vallées, des échancrures, des
« plates-formes et des collines alternantes de mé-
« diocre élévation, et quand ces terrains se trou-
« vent accidentellement mélangés à d'autres roches
« calcaires ou siliceuses, la région devient pitto-
« resque et agréable et se recouvre d'une végéta-
« tion touffue.

« Les terrains appartenant à cette classe sont
« sains lorsqu'ils sont arides et dépourvus d'eau
« et de pâturages ; mais, dans le cas contraire, ils
« sont malsains et leur atmosphère renferme
« moins d'oxygène qu'elle n'en doit contenir pour
« être propre à l'existence ; on évite un sol sem-
« blable en campant seulement sur les sommets,
« sur leurs premières pentes et dans le haut des
« vallées, toutes les fois que la localité choisie se
« prête à la défense ; dans cette sorte de pays on
« peut exécuter toute espèce de mouvements en
« choisissant bien les positions qui se présentent
« abondamment avec toutes les conditions mili-
« taires requises. Les petites collines sont fré-
« quentes et les cimes offrent des aplanissements
« et présentent des dispositions propices pour y

« placer des troupes en de certaines proportions
« très-utiles dans diverses opérations de guerre.
« Ces localités se prêtent très-bien aux flanque-
« ments latéraux, mais elles sont en même temps
« très-favorables aux surprises. Dans les temps de
« pluie et d'humidité, les parties basses des ter-
« rains de cette espèce sont très-mauvaises pour
« les marches, parce que les rives des ruisseaux
« deviennent impraticables, de même que les pas-
« sages des ravins ; l'artillerie et les bagages s'em-
« bourbent dans la vase et il devient impossible
« d'assurer le succès de toute opération combinée,
« lorsqu'il dépend des limites de temps dans les-
« quelles on doit se renfermer pour les marches
« que l'on a à effectuer dans de semblables ré-
« gions.

« Les pays arénacés, et particulièrement ceux
« d'entre eux qui sont ferrugineux, outre les incom-
« modités inhérentes à l'aridité des larges plaines
« qui séparent leurs montagnes, sont encore hé-
« rissés de masses isolées, coupés par une multi-
« tude de ravins et tout couverts d'accumulations de
« pierres et de sables quartzeux qui forment un
« plancher ingrat et glissant, très-dur et très-dif-
« ficile pour les transports, non-seulement à cause
« de la qualité du sol, mais encore parce que l'ar-
« gile qui forme toujours la partie agglutinative
« des arènes, fait qu'en temps de pluie certains
« endroits deviennent marécageux et visqueux de
« telle sorte qu'à chaque instant on passe d'un
« extrême à l'autre. Ces terrains, sans doute, sont

« privilégiés lorsqu'il s'agit d'une retraite d'infan-
« terie, ou de la défense d'une armée, parce que
« la multitude des sillons profonds qui couvrent
« leurs vallées, les sites isolés qu'offrent à chaque
« pas les petites rivières et les ruisseaux qui tra-
« versent les parages montagneux de cette espèce
« constituent alors autant d'avantages que la na-
« ture présente pour réparer une disgrâce ou pour
« l'éviter, mais il est nécessaire de veiller à la sor-
« tie, d'étudier celle-ci avec soin et méthode et de
« la garder de façon à la rendre inexpugnable, ce
« à quoi l'on arrivera en la renforçant un peu par
« l'art.

« Le terrain calcaire est généralement le plus
« important par son étendue, et comme il se trouve
« superposé à des roches d'autre nature, il arrive à
« recouvrir en beaucoup d'endroits la surface de
« territoires considérables. Les montagnes de cette
« classe sont très-sujettes à se décomposer et leurs
« roches se tiennent verticalement, d'où il résulte
« que des précipices terribles, des masses isolées
« et détachées, des gorges et des défilés parsèment
« leurs chaînes. Comme généralement les monts
« secondaires de cette espèce couvrent les versants
« primitifs ou bien certaines localités dans les-
« quelles ils alternent avec les autres classes de
« terrains, il est facile d'observer et de reconnaître
« que leurs couches, leurs stratifications ou leurs
« bases offrent d'autant plus de régularité et ont
« des inclinaisons et des pentes d'autant plus dou-
« ces qu'elles s'éloignent davantage des grandes

« chaînes plus anciennes ; les collines deviennent
« ainsi de moins en moins inaccessibles, les limi-
« tes et les étendues de leurs chaînons deviennent
« de plus en plus circonscrites, les abaissements du
« sol alternent avec les surélévations, et à l'excep-
« tion des grands ravins qui ont des proportions
« énormes près de leurs gorges et de leurs points
« de brisure, ces terrains offrent dans leurs der-
« nières parties des parcours assez bons et assez
« commodes. Les sols gypseux n'offrent que peu
« de chemins propices au transit et seulement
« parfois de simples sentiers, parce que leurs
« éboulements sont continuels, que l'action des
« pluies sur leur surface est très-active, et comme
« ils alternent avec les dépôts de sel gemme et que
« l'argile y est assez commune, les ravins s'y for-
« ment indéfiniment ; les chemins y sont facile-
« ment inondés, les eaux s'y présentent rares et
« très-mauvaises, et tout contribue à les rendre
« incommodes et d'un parcours difficile ; de telle
« sorte qu'en campagne on doit chercher à fuir de
« semblables parages et avoir soin de n'y point
« placer l'armée, surtout si l'ennemi est proche.
« Parfois cette espèce de terrains se rencontre dans
« les vallées et dans les plaines ou au pied des
« montagnes, plus rarement on les trouve à une
« certaine élévation, mais jamais sur les plus
« grandes hauteurs.

« Le pays ouvert, considéré au point de vue des
« opérations de guerre, offre pour toutes les armes
« de bonnes et de mauvaises conditions, les posi-

« tions y sont d'habitude plus avantageuses pour
« la cavalerie et l'artillerie de campagne que pour
« l'infanterie de ligne ou légère, à moins que les
« trois armes ne s'y prêtent mutuellement appui;
« ces terrains sont du reste propices aux batailles
« rangées et décisives. Aussi, d'habitude dans ce
« cas, est-ce le nombre et la discipline qui déci-
« dent du succès, et la déroute y est-elle très à
« craindre. Les positions que l'on rencontre dans
« ces pays sont peu fréquentes, mais ordinairement
« excellentes; et une fois qu'on les a conquises, on
« ne doit les abandonner qu'après avoir assuré
« son sort et après que l'on est certain de pouvoir
« gagner les chaînes montagneuses où les posi-
« tions avantageuses alternent avec les désavan-
« tageuses et où l'on peut choisir les points con-
« venables selon les nécessités du moment. »

Nous ne pousserons pas plus loin cette exposition et nous n'y ajouterons point de nouvelles
données; ce que nous venons de citer suffit. Des
règles générales qui précèdent, découle tout d'a-
bord un important fait physico-géographique, à
savoir que l'échelle harmonique d'après laquelle
se mesure l'âpreté relative des terrains est en relation intime avec la classification géologique bien
ordonnée de ceux-ci, combinée avec leur manière
d'être spéciale.

Si de ces considérations générales nous passons
à des idées concrètes et si nous nous attachons à
l'étude de la Péninsule, nous apercevrons facilement les raisons pour lesquelles elle offre un relief

inégal, nous découvrirons les causes de la variété
des climats et des productions que l'on rencontre
sur son sol, ainsi que dans les contrées qui sont
ses voisines immédiates; toutes choses qui faisaient
dire à don Augustin Pascual dans son remarquable
Exposé géologique: « Cette diversité de forces est
« l'origine féconde des grands éléments produc-
« teurs. La flore de l'Espagne et du Portugal sur-
« passe, soit par le nombre des espèces, soit par
« la variété des formes et leur physionomie, celle
« de tous les pays de l'Europe. »

Il est impossible, en effet, lorsque l'on étudie
sur la carte les relations géologiques de terrains et
les causes réelles qui ont amené le dépôt des divers
transports, de ne pas comprendre l'existence des
régions prévilégiées de Séville, de Murcie, de Valence, la nature fertile de la campagne de Grenade,
de la Sagra de Tolède, de la terre de Barros dans la
province de Badajoz, de celle de Campos dans la
Castille et de mille autres localités plus ou moins
étendues, réparties soit sur le périmètre, soit dans
l'intérieur de notre pays.

Si nous étudions maintenant la partie militaire
et politique de l'histoire de la Péninsule, ce qui est
notre but principal, il ne doit point nous sembler
étrange de voir que les premiers envahisseurs de
notre sol, venant du côté de la Méditerranée, se
soient fixés dans les riches territoires miocènes qui
avoisinent les côtes du sud et du levant; nous
trouvons tout naturel que les Carthaginois, après
s'être emparés de Cadix, aient marché par l'étroite

vallée de Guadalquivir et de la petite Guadiana (Guadiana menor) pour arriver à Murcie et chasser de là les Phéniciens; nous remarquons qu'Amilcar était conséquent avec lui-même en suivant les terrains tertiaires de la côte pour arriver à terminer son expédition dans le nord en jetant les fondements de Barcelone. Par des raisons contraires on trouve bien motivée la défense désespérée de Sagonte, aujourd'hui Murviedro, et la destruction par Annibal de ce puissant obstacle placé sur le promontoire triasique qui interceptait sa ligne d'opérations entre les plaines, aujourd'hui fertiles et peuplées, ainsi qu'elles l'étaient déjà peut-être à cette époque, de Castellon et de Valence.

Il ne semble point étrange non plus que les Romains, venant à leur tour combattre les Carthaginois, aient suivi en sens inverse, sur les terrains miocènes de la côte du levant, la même ligne d'opération, pour déboucher de là dans les plaines de Baza et de Guadix; puis se soient enfoncés dans les mêmes passages de la petite Guadania pour envahir par Andujar la basse vallée du Guadalquivir et arriver à chasser les Carthaginois de Cadix.

Une fois installée sur cette grande base, la conquête romaine chercha à soumettre l'intérieur du territoire et pour cela s'établit d'abord dans les terrains miocènes de l'Ebre en se reliant avec ceux de la côte par Montblanch et Tarragone et en prononçant son invasion par Lérida.

En présence d'une ligne d'invasion ainsi déterminée, l'antique et célèbre Numance, aux envi-

rons de Soria, devait naturellement servir de citadelle et de centre à la défense par suite de la nature
du territoire sur lequel elle est située, et qui est
tout entouré de chaînes âpres et difficiles, ouvertes
seulement du côté de la Castille, c'est-à-dire vers
l'ouest; c'est là un fait géologique que prouvent
jusqu'à l'évidence les déroutes successives des
armées aguerries des Romains dans ces parages, le
découragement de Rome, et son acharnement à
détruire ce centre d'action si énergique, afin d'arriver à dompter la résistance tenace des Espagnols.

Pour pénétrer par la Castille dans les terrains
siluriens et granitiques du Portugal, les Romains,
guidés par Viriatus, durent, en raison des conditions géologiques du sol, livrer des combats glorieux et héroïques, et le même fait se reproduisit
encore lorsqu'ils cherchèrent à soumettre les Asturiens et les Cantabres.

Si nous nous transportons au sud, et que nous pre-
nions comme base la riche vallée du Guadalquivir,
nous comprendrons forcément l'antique importance
de Mertola, Moura et Mérida sur la Guadiana, comme
lieux de passage obligés permettant d'envahir l'A-
lentejo par Beja et Badajoz, et, en même temps,
nous trouverons tout naturel que Sertorius ait établi à Evora son quartier général et le siége de son
gouvernement, en utilisant ainsi ce formidable
centre granitique pour en faire une citadelle inexpugnable.

Si l'on considère la constitution géologique de la

Péninsule dans son ensemble et que l'on examine plus spécialement les conditions particulières à la position de Tolède, on ne pourra critiquer les Goths d'avoir choisi cette ville comme capitale de leur puissant empire.

Arrivons maintenant à l'invasion sarrasine. Rien n'était plus correct pour les Arabes, au point de vue militaire, que de la commencer en s'emparant de Tarifa et en livrant la bataille rangée du Guadalète, et les conquérants furent conséquents avec eux-mêmes en suivant, pour traverser la Sierra-Morena, le lambeau de terrain miocène dont le centre est aujourd'hui occupé par la Carolina, qui est un passage naturel pour gagner les plaines de la Manche et envahir ensuite la haute Castille par la dépression qui, à Barahona, existe dans la chaîne qui l'entoure; ils manœuvraient ainsi d'ailleurs, de façon à pouvoir soumettre à la fois les territoires miocènes de la Castille et de l'Ebre qui, par Burgos et Logrono, se trouvent en relation intime.

Si nous détaillons un peu les actions à la suite desquelles la Péninsule fut reprise par les Espagnols, nous nous expliquerons facilement pourquoi elles ont commencé dans les montagnes d'Oviedo, en considérant que là se trouve le centre géologique le plus tourmenté de notre pays, et comment elles continuèrent dans le royaume de Galice, puis dans celui de Léon, pour s'étendre sur le comté de Castille, les royaumes de Navarre et d'Aragon et le comté de Barcelone, qui se soulevèrent à peu près tous à la fois, tandis que le haut Portugal se séparait et agissait pour son propre compte.

Cette même clef géologique seule peut faire clairement comprendre comment les grandes batailles de Simancas, Sepulveda, San-Esteban de Gormaz, Osma, Calatanazor, les unes favorables, les autres contraires aux armes chrétiennes, furent toutes livrées dans une zone de terrain déterminée, l'objectif unique étant pour chacune d'elles le territoire classique de Soria.

Il n'est pas possible non plus de ne pas comprendre la glorieuse période des Ordres militaires en voyant ceux-ci naître dans le camp stratégique de Calatrava, déjà témoin des batailles d'Alarcos et d'Uclès, ni de trouver étonnante la prépondérance décisive de ces fortes divisions de cavalerie soumises à des vœux et assujetties à la rigide discipline monacale, seule institution qui dans ces temps fût applicable à une milice qui avait, d'ailleurs, à sa disposition un centre d'action offensive et défensive aussi avantageux par rapport aux plaines miocènes étendues de la Manche, de l'Andalousie et même de l'Alentejo, et formant la clef des passages de la Sierra-Morena vers Cordoue et Despenaperros.

Un exemple remarquable, au point de vue de l'application de nos principes, nous est donné par la grande déroute des Sarrasins dans les champs de Tolosa (bataille de las Navas de Tolosa), sœur jumelle de celle de Bailen, dans laquelle nos pères ont terrassé les aigles françaises ; ces batailles, en effet, livrées dans deux localités situées des deux côtés de la Carolina, passage naturel de la Sierra, sont mémorables par suite du rôle qu'y ont joué les conditions physiques et les accidents de terrain. Enfin, sans sortir de notre cadre, nous pouvons reconnaître combien, au point de vue géologique, la conquête du royaume de Jaën, les entreprises des ducs de Médina-Sidonia, l'occupation de Malaga, la bataille décisive du Salado sous Tarifa et la conquête célèbre de Baza par les rois catholiques, étaient importantes pour arriver à enserrer la campagne de Grenade dans les lignes du formidable camp de Santa-Fé, et à isoler ainsi le dernier boulevard du pouvoir musulman en Espagne, ce qui fut le préliminaire de la grande ère de prospérité pendant laquelle eut lieu la merveilleuse découverte de l'Amérique.

Nous ne doutons point que le sujet important auquel nous cherchons à initier nos lecteurs ne soit intéressant pour eux, puisqu'il entraîne avec soi la nécessité de relier l'étude du caractère physique de la Péninsule avec ce qui concerne la partie militaire et politique de son histoire; c'est pourquoi nous allons développer cette histoire à notre point de vue, de manière à rendre évidentes les relations intimes que la structure géologique de notre sol a toujours eues avec le caractère et avec le résultat des invasions, des conquêtes et des revanches auxquelles il a donné lieu, comme aussi avec la formation des royaumes et des pouvoirs distincts qui y ont existé, grâce à la tendance naturelle à l'indépendance de nos provinces et de leurs habitants, et enfin de manière à faire voir la facilité avec laquelle on pourrait se tromper en ce qui concerne nos divisions militaires et politiques, si l'on ne tenait pas suffisamment compte du rôle important que les accidents géologiques auxquels elles correspondent ont joué dans leur formation.

Cette tâche qui semble très-ingrate au premier abord, sera, pour nous, beaucoup simplifiée par la *Géographie historique militaire de l'Espagne et du Portugal*, publiée en 1859, par le colonel don José Gomez de Artèche, officier distingué des corps de l'artillerie et de l'état-major ; ouvrage très-remarquable, apprécié à bon droit par beaucoup de bons esprits et que nous voudrions voir entre les mains de tous les militaires espagnols. En présence d'une semblable abondance de faits historiques et topographiques, notre but se trouvera complément atteint, si nous parvenons à donner la clef géologique de toutes les descriptions et de tous les événements.

Nous serons bref, car nous ne voulons que tracer des règles générales ; par suite, nous ne nous arrêterons point à l'invasion des Celtes que nous connaissons à peine, ni à l'établissement des colonies purement commerciales des Phéniciens et des Grecs sur les côtes facilement abordables du sud et du levant, colonies qui toutes étaient situées sur les riches terrains miocènes ou tertiaires, et qui ne cherchèrent qu'à entretenir des relations pacifiques avec les peuples de l'intérieur.

La première expédition qui soit remarquable dans notre histoire est celle d'Amilcar, qui préluda ainsi à l'invasion de l'Italie par Annibal. Les Carthaginois, après avoir conquis la colonie de Cadix sur les Phéniciens leurs frères de nom, mais en réalité leurs rivaux, soumettent la Bétique sous la conduite d'Amilcar, puis avec lui se précipitent sur le flanc des territoires qui forment aujourd'hui les provinces de Murcie et de Valence; enfin, par crainte de Rome, respectant seulement les colonies grecques, ils passent l'Ebre, poussant leurs reconnaissances et leurs conquêtes jusqu'aux Pyrénées, et terminent leur expédition en jetant les fondements de Barcelone.

Cnéius Scipion, pour répondre à l'audacieuse expédition qu'Annibal a depuis peu dirigée à travers les Alpes pour attaquer, dans son propre pays, le pouvoir croissant de Rome, et montrant ainsi un génie égal à celui du général carthaginois, débarque à Ampurias, s'affermit par une bataille avant de passer l'Ebre et suit, en sens inverse, la ligne d'invasion carthaginoise, sans avoir à subir aucun contre-temps jusqu'à Baza, dans la vallée haute de la petite Guadiana, affluent abondant du Guadalquivir, ou mieux peut-être, véritable origine de ce fleuve. Bien que nous n'ayons pas à notre disposition le récit d'un nombre considérable de faits historiques, nous pouvons fixer, en consultant les formations géologiques, la direction suivie par Amilcar de Cadix jusqu'à Murcie; elle passe, en effet, par Andujar dans les plaines du Guadal-

quivir de manière à éviter les terrains difficiles de
Ronda et la Sierra de Malaga, et en menaçant à tout
hasard les terrains miocènes aplanis du Genil, elle
remonte la petite Guadania pour gagner les plaines
de Baza et descendre ensuite dans les champs de
Lorca, qui sont en communication avec ceux de
Murcie ; elle passe après cela entre les lambeaux
crétacés de la province d'Alicante, qui séparent les
plaines de Murcie de celles de Valence, et son trajet permet d'expliquer facilement, ainsi que nous
l'avons déjà dit, les infortunes de Sagonte, dues à la
position géologico-stratégique de cette ville, située
près de la mer à l'extrémité de la digue triasique
qui intercepte le passage, entre les champs de Valence et Castellon, et qui se trouve, ainsi qu'on le
sait, en relation immédiate avec le territoire crétacé si accidenté du Maestrazgo.

Si Cnéius Scipion avait pris dans la suite de son
expédition un autre chemin que celui qu'il adopta,
et s'il avait marché de Baza sur Guadix, de manière
à éviter la montagne triasique de Jaën en adoptant
la ligne du Genil pour aboutir directement aux
plaines de Cordoue, il est presque certain qu'il
n'aurait pas subi la défaite de Saut-Turgiense, entre
les montagnes de Cazorla et celles de Magina, défaite au-devant de laquelle il se précipita en cherchant à traverser les aspérités triasiques au milieu
desquelles la petite Guadiana se fraye un chemin,
et cela, sans doute, avec l'idée de fondre d'abord
sur Castulon, riche cité dont les restes se voient
encore aux environs de Linares, et qui était alors

la capitale de l'inépuisable district minier sur lequel elle était située; il espérait, sans doute, en agissant ainsi, détruire d'un seul coup les Carthaginois, qui se maintenaient en force de ce côté à cause de la richesse de cette contrée populeuse.

Scipion l'Africain, poursuivant cette même guerre à une époque postérieure et après la chute de Carthage, et agissant peut-être ainsi pour relever le prestige de son nom, prend la même route et envahit le bassin du Guadalquivir par les chemins dans lesquels son oncle avait trouvé la défaite; il venge sa mort par la destruction complète d'Iliturgis (Andujar), poursuit aussitôt sa marche jusqu'à Cordoue, Cadix et Portus Annibalis (Faro), et après quatre années de guerre acharnée, finit par chasser les Carthaginois de la Péninsule.

Après cette première période, nous voyons les Romains, que la destruction de Carthage a rendus maîtres de la mer, entreprendre patiemment la conquête de la Péninsule à partir de la base riche et peuplée du littoral, en pénétrant peu à peu dans les terres et en suivant principalement la vallée de l'Ebre; ils sont à un moment sur le point de perdre le fruit de leurs conquêtes, par suite de la résistance obstinée et héroïque de Numance, dont les défenseurs sont aidés dans leur œuvre par la nature des chaînes siluriennes, crétacées et jurassiques, qui convertissent en un antre défensif inexpugnable le territoire de Soria, enclavé dans le haut Duero, et ouvert seulement du côté de l'occident.

On sait de plus que, jusqu'à Octave-Auguste, les Romains ne purent parvenir à soumettre les Cantabres, les Asturiens et les Galiciens, protégés qu'étaient ces peuples par l'âpreté de leurs montagnes.

Une fois maîtres de la Péninsule, les Romains ne voulurent point confier aux flots la sûreté de leurs expéditions militaires, et ils sillonnèrent de routes magnifiques les lignes qu'ils pensaient devoir suivre à travers les Gaules, pour pouvoir dans un temps donné inonder l'Espagne de leurs légions; qu'il nous suffise, parmi ces diverses voies, de noter les deux seules qui aient pu fournir un passage au milieu des Pyrénées qu'elles traversaient, que l'une franchissait par le Portus en Catalogno, précisément à l'endroit même par lequel notre pays communique encore aujourd'hui avec la France, tandis que l'autre traversait cette chaîne au pas de Roncevaux en Navarre.

Quand la barrière opposée par la discipline romaine aux entreprises des populations exubérantes qui habitaient les bois et les marais de la Germanie se trouva rompue, les barbares du Nord se répandirent sur tout l'empire, et bien qu'ils se soient trouvés arrêtés pendant un certain temps par la masse gigantesque des Pyrénées, ils finirent par la franchir en profitant des points d'invasion que les Romains avaient préparés eux-mêmes; on vit alors fondre sur la Péninsule comme un torrent de sang et de feu poussé par la main de Dieu, les Vandales, les Suèves, les Alains et les Silinges, qui détruisaient tout sur leur passage et auxquels résista seule la ville de Tolède, appuyée sur la formation granitique et silurienne d'entre le Tage et la Guadiana, et si forte par sa position et par la vaillance de ses nombreux habitants, qu'ils ne purent jamais y entrer.

Les Alains, conduits par Atacius, s'emparèrent du Portugal; les Vandales, commandés par Gonderic, de l'Andalousie, et les Suèves avec Hermanric, de la Galice, de Léon et de la Castille.

Les Goths, devant lesquels les premiers conquérants plièrent, envahirent à leur tour l'Espagne et, après s'être maintenus un certain temps sur la rive gauche de l'Èbre, avancèrent pour s'établir dans le reste du pays, en chassant ou en soumettant les autres barbares et les quelques Romains qui s'étaient réfugiés dans les places de la côte; ils firent de Tolède la capitale de leur grand empire, qui comprit toute la Péninsule et s'étendit dans la Gaule jusqu'à la Loire.

Trois cents ans après cette irruption, les Arabes commandés par Tarek débarquaient à Algésiras et, marchant le long de la côte de façon à tourner les difficultés du pays montagneux de Ronda, débouchaient dans les plaines miocènes de Cadix et plantaient leurs tentes sur le Guadalète, rivière importante par laquelle s'écoulent les eaux qui tombent sur le versant ouest des montagnes élevées dont nous venons de parler, et qui sont formées par des terrains nummulitiques et primitifs. Là, Tarek, après avoir poussé des incursions jusqu'à Séville, attendait l'armée des Goths et détruisait en une seule bataille leur puissant empire.

Ensuite, ce même chef confiait à son lieutenant Zaïd le soin de débarrasser la contrée d'ennemis et de poursuivre les fugitifs depuis le Guadalète jusqu'à Malaga, et il ordonnait à Mugueith-el-Roumi d'attaquer Cordoue et de soumettre le pays circonvoisin; pendant ce temps, avec le gros de ses troupes il marchait à travers les plaines du Guadalquivir, s'arrêtait un instant à Jaën, franchissait la Sierra-Morena, traversait la Manche et arrivait en vue de la ville impériale de Tolède, dans les environs de laquelle il se réunissait au corps expéditionnaire de Malaga pour s'emparer de cette place après avoir opéré sa jonction. De là, Tarek s'avançait vers le nord, traversait la chaîne de Somosierra à Buitrago, remontait le Duero jusqu'en vue du Moncayo, se retournait pour tomber sur le Tage par les plaines incultes de Médina-Cœli, et rentrait à Tolède après avoir reconnu la vallée du Tage jusqu'à Talavera, point à partir duquel il avait commencé à rétrograder.

Il est difficile de concevoir une marche d'invasion mieux imaginée et mieux dirigée lorsqu'on la considère au point de vue géologique; le choix du champ de bataille établi sur la bande miocène du Guadalète, impossible à tourner et possédant une ligne de retraite assurée, l'occupation immédiate des deux flancs de la ligne principale d'opérations de l'armée tracée dans les terrains miocènes de l'Andalousie, la halte de Jaën qui permet de se concentrer pour traverser les défilés siluriens qui séparent les terrains miocènes du Guadalquivir de ceux de la Manche, l'effort réuni de deux corps pour s'emparer de Tolède qui est la clef de la formation granitique de la région où elle se trouve ; la remarquable reconnaissance poussée jusqu'à ce qu'on ait rencontré, sur le côté opposé de la chaîne granitique située en avant de Tolède, la vaste formation miocène de la Castille et dans laquelle on revient du Duero sur le Tage par les terrains secondaires contigus aux deux bassins et qui sont la porte naturelle entre les deux vallées, enfin le retour à Tolède effectué seulement après qu'on s'est assuré du point où finit la formation miocène du Tage, sont autant de faits qui dénotent un génie militaire peu commun et une prévoyance exquise dans la préparation des desseins ultérieurs.

Aussi voyons-nous le Wali Mouza approuver la conduite de Tarek, qui avait, malgré ses ordres contraires, regagné Tolède par Talavera, et cela, sans doute, après la pénible expérience que lui-même avait faite en suivant, depuis Séville, les terrains siluriens situés entre le Guadalquivir, la Guadiana et le Tage, ce qui avait amené le siége long et obstiné de Mérida ; il n'avait pu, d'ailleurs, exécuter ce trajet que grâce à ce qu'il avait suivi les voies romaines et parce qu'il n'avait rencontré de résistance d'aucun autre genre.

Dans la campagne suivante, Mouza et Tarek réunis à Tolède semblent réconciliés, l'habile Tarek remonte le cours du Tage, et gagne par Siguenza

les hauteurs de Molina, il évite le Moncayo et, ne
faisant que toucher quelques lambeaux jurassiques, triasiques et siluriens, interposés entre les
bandes miocènes, il arrive directement au vaste
bassin de l'Ebre et entreprend le siége de Saragosse; pendant ce temps le Wali Mouza, son chef,
moins expert que lui, prenant un rôle secondaire,
et voulant assurer le flanc gauche de son lieutenant, traversait de front la formidable formation
granitique qui sépare le Tage du Duero, probablement par le passage de Béjar ou de Banos entre les
chaînes élevées de Gredos et de Gala, et atteignait
par Salamanque la formation miocène de la Castille, qu'il suivait jusqu'à Astorga, en longeant ainsi
les terrains siluriens du Portugal.

Il était naturel que Mouza, parvenu à ce point
qui est à la limite des terrains miocènes de la Castille, tandis que Tarek sur sa droite était maître de
l'Ebre, envahît résolûment les âpres montagnes
des Astúries et de la Galice, pour réduire ainsi
toute résistance d'un seul coup; mais, sans doute à
cause de l'expérience qu'il avait acquise antérieu-
rement de cette espèce de terrains, il ne vit que les
difficultés de l'entreprise, et prenant alors une détermination qui permit plus tard à la revanche de
s'organiser, il traversa les plaines de la Castille,
chercha par Burgos et Logrono à pénétrer dans le
bassin de l'Ebre, et vint s'unir sous les murs de Saragosse au vainqueur du Guadalète.

Après la chute de cette place importante, Tarek
et Mouza réunis, suivent la formation miocène de

l'Ebre et arrivent à Taragone par Huesca et Lérida. Ils se séparent de nouveau ; Mouza, reprenant ses desseins antérieurs, se charge de la conquête de Barcelone, de Gerone, de Vich et de l'âpre Catalogne, et pendant ce temps, Tarek s'en retourne par Tortose et Murviedro, suit les riches territoires miocènes de Valence, Jativa et Orihuela et dirigeant sa route par Lorca, Baza, Grenade et Antequera, vient fixer sa résidence à Séville.

En deux ans la conquête de ces pays se trouvait effectuée d'une manière brillante ; cela n'a rien de surprenant, c'était la dernière entreprise de cette race guerrière qui, en moins d'un siècle, avait promené ses étendards victorieux depuis l'Hellespont, son berceau, jusqu'aux colonnes d'Hercule ; elle fut suivie immédiatement par l'irruption de nombreuses tribus sarrasines qui furent promptes à s'établir dans nos riches et fertiles contrées, et se montrèrent résolues à s'y maintenir à outrance et à y mourir plutôt que de se voir obligées de retourner en Afrique.

Nous voyons que les Arabes profitèrent habilement pour leur conquête des mêmes voies romaines qui avaient été construites pour assurer une domination stable sur le pays, mais qu'ils les parcoururent en sens inverse, par suite de la position opposée de leur point de départ ; celui-ci, du reste, était bien plus favorable à l'invasion que le nord et les côtes du levant, par suite de la succession harmonique des formations géologiques miocènes de l'intérieur, qui sont presque continues du sud au nord, et dont la présence permit aux Arabes de prendre rapidement possession du territoire étendu qu'elles occupent.

Il y avait sans doute bien loin d'une semblable invasion à une conquête totale de la Péninsule, mais les Arabes manquaient de la ténacité et de la persévérance que le peuple romain avait montrées pendant les deux siècles qu'il mit à poursuivre son entreprise; aussi l'idée de revanche prit-elle immédiatement le dessus parmi les peuples vaincus. C'était du reste un événement tout naturel, si nous en considérons les causes au point de vue géologique. Mouza et Tarek furent bientôt rappelés à Damas et les forces africaines furent affaiblies par l'invasion lointaine de la Gaule, opérée par Abd-el-Rahman, qui traversa la frontière à Roncevaux, chemin habituel des Pyrénées, et qui trouva la déroute et la mort à Poitiers, où il fut battu par Charles Martel; ces événements amortirent, chez les Arabes, leur premier élan de conquête, alors qu'ils se trouvaient en présence de la bande montagneuse étendue des Pyrénées et des Asturies, et de l'énorme masse silurienne-granitique que nous appellerons Portugaise; la conséquence de cet état de choses fut que dans l'angle rentrant de cette forte base en forme de tenaille, dans les anfractuosités de laquelle s'étaient naturellement concentrés les vaincus, se déclara une réaction insurmontable et d'autant plus assurée dans ses effets que tous les résultats isolés et tous les efforts partiels, depuis la Catalogne jusqu'au

Portugal, étaient utiles à tous les défenseurs espagnols et concouraient tous, qu'ils fussent unis ou isolés, vers un même centre objectif de conquête, les terrains miocènes de l'Ebre et de la Castille. Il n'y a donc rien de singulier, au point de vue géologique, à ce que du sommet de ces deux formations principales, ou mieux de leur âpre point d'intersection dans les Asturies d'Oviedo, soit parti le premier éclair de la revanche, et à ce que de là le feu se soit rapidement étendu dans l'ouest par la Galice, ait gagné au sud jusqu'au Duero et se soit propagé à l'est le long des Pyrénées jusqu'à leurs extrémités les plus reculées.

On vit bientôt apparaître le royaume de Léon, naître des débris du principat de Sobrarbe ceux de Navarre et d'Aragon, s'ériger le comté de Barcelone, et le territoire de l'antique Numance reprenant sa valeur des anciens temps, ainsi que cela ne pouvait manquer d'arriver par suite de sa constitution géologique spéciale, sous le nom de comté de Castille devint, si nous pouvons nous exprimer ainsi, l'enclume sur laquelle furent pendant longtemps frappés les plus grands coups de la lutte; c'est ce qu'attestent les noms de tant de batailles sanglantes au-dessus de toutes lesquelles il faut placer celle de Calatanazor, livrée en 1001; dans celle-ci, le duc Alphonse V de Léon, le comte Sancho de Castille et le roi Sancho de Navarre parvinrent à ruiner entièrement la puissance du célèbre Almanzor, qui était sur le point d'anéantir de nouveau la chrétienté en la refoulant à peu près sur les mêmes points où tout d'abord elle avait dû se réfugier pour échapper aux armées de Mouza et de Tarek.

La guerre de revanche continua par le Portugal et par Valence, mais son action se fit toujours sentir d'abord vers le centre, c'est-à-dire en Castille, ainsi que cela devait arriver, du reste; en 1085 Alphonse VI entra à Tolède et par suite étendit sa domination sur les plaines voisines de la Manche, jusqu'à la Sierra-Morena même.

Plus tard, en 1137, la Navarre se sépara de l'Aragon, auquel se réunit le comté de Barcelone, tandis qu'en même temps le Portugal se détachait de la couronne de Castille.

En 1212 eut lieu la bataille de las Navas de Tolosa, non loin de Bailen, sur le versant sud de la Sierra-Morena, bataille dans laquelle fut détruite une nouvelle invasion musulmane.

Le brigadier Gomez de Arteche, dans sa *Géographie militaire*, décrit d'une manière si précise les caractères de la chaîne et les incidents de cette mémorable bataille, que nous croyons devoir présenter ce récit à nos lecteurs.

« Tout le monde connaît le passage de Despena-
« perros, dont la beauté naturelle est si remar-
« quable qu'elle est devenue proverbiale en Espa-
« gne. Cette large gorge ouverte à travers la chaîne
« par un cataclysme dont les marques évidentes
« sont imprimées sur les roches qui bordent ses
« deux parois, roches auxquelles leur physiono-
« mie étrange a fait donner le nom d'*Orgues de*

« *Despenaperros*, les robustes yeuses qui s'élancent
« des fentes des rochers et qui se balancent au-
« dessus du précipice sous l'impulsion des vents
« soufflant en tempête à travers le défilé, le tor-
« rent qui se précipite en mugissant dans des pro-
« fondeurs qui semblent devoir interdir le passage,
« et enfin les fleurs qui croissent au bord de l'eau
« et partout où se trouve un peu de terre, présen-
« tent effectivement un spectacle bien différent de
« l'aspect monotone qu'offre au voyageur la tra-
« versée des tristes plaines de la Manche. La
« grande route actuelle suit à mi-pente la droite
« du ravin, et parfois se trouve à une telle hauteur
« qu'on se sent saisir par le vertige lorsque du
« chemin l'on contemple le *Saut du Fraile*, immense
« escarpement vertical sur lequel glissent les eaux
« du Magana.

« En 1212, les Chrétiens se présentèrent devant
« le défilé de Despenaperros; mais bien que leur
« avant-garde eût attaqué avec la plus grande
« vigueur le passage voisin du Muradal, en grim-
« pant sur les versants des monts qui en entourent
« l'ouverture et qui étaient occupés par des bandes
« de Maures Almohades, ils ne purent avancer, et
« leur capitaine, don Diego Lopez de Haro, resta
« convaincu de l'impossibilité du succès sur un
« terrain semblable, que renforçaient encore les
« retranchements qui barraient le passage sur son
« front.

« Pendant que l'on délibérait sur la convenance
« qu'il pouvait y avoir à rétrograder, un pâtre

« grossier, dont on peut voir dans la cathédrale
« de Tolède le portrait dessiné par le roi don Al-
« phonse lui-même, se présente et offre d'en-
« seigner un passage qui permettra de tourner
« le défilé. Les Chrétiens grimpent par ce sen-
« tier, traversent secrètement la chaîne par la
« Gorge du Roi et se présentent sur le plateau de
« Sainte-Hélène en avant du front occupé par le
« gros des troupes almohades qui avaient dressé
« leurs tentes dans les champs mémorables, voi-
« sins de la Carolina, appelés depuis las Navas de
« Tolosa.

« La bataille s'engage enfin ; l'infanterie et la
« cavalerie de Calatrava se voient, malgré la vail-
« lance de leurs attaques, contenues et ramenées
« par la quintuple ligne que leur opposent les
« 600,000 Maures de Mohammed-el-Nasr ; mais
« elles sont secourues bientôt par les autres Ordres
« militaires, qui, décidés à vaincre ou à mourir,
« s'élancent en masse compacte et, multipliant
« leurs efforts héroïques, détruisent tout ce qu'ils
« rencontrent et parviennent à ouvrir un passage
« par lequel les rois de Navarre et d'Aragon mar-
« chent à l'attaque du dernier retranchement dans
« lequel s'était réfugié El-Nasr avec ses 40,000
« nègres ; ce retranchement était situé, disent
« *les Chroniques de Tolède, sur une colline qu'un*
« *homme isolé ne saurait gravir sans de pénibles*
« *efforts.* »

En 1236, saint Fernand entrait à Cordoue ; deux
années après, don Jaime le Conquérant, à Valence,

et douze ans plus tard, Séville, Xérès et Cadix tombaient au pouvoir des chrétiens.

En 1340, Alphonse XI repoussa sur le Salado, près de Tarifa, la dernière irruption africaine qui cherchait à gagner les terrains miocènes du Guadalquivir, et ne laissa plus sur pied que le florissant royaume de Grenade.

Il faut remarquer enfin que les rois catholiques, après être entrés à Baza et à Guadix, et après avoir coupé toute communication entre l'Afrique et Grenade, réussirent à conquérir cette ville en y accédant par la vallé du Genil et en plaçant leur camp à Santa-Fé, de façon à en investir la campagne (*la Vega*) par sa partie inférieure, qui est une continuation des terrains miocènes de l'Andalousie; cette action, la dernière de la guerre de revanche, fut accomplie en 1492, dans cette année doublement célèbre de notre histoire qui vit, à la date du 3 août, Christophe Colomb partir du port de Palos et marcher à la découverte de l'Amérique avec les trois caravelles, la *Santa-Maria*, la *Pinta* et la *Nina*, et, par ce fait, l'un des plus considérables qu'aient enregistrés les annales de l'humanité, faire présager l'immense pouvoir auquel le nom espagnol devait atteindre aux temps de Charles-Quint et de Philippe II.

Peu après, le cardinal Cisneros, s'emparant à son tour à Oran, des terrains récents et miocènes qui, de ce côté, facilitent l'entrée de l'Afrique, s'avançait au sud-ouest vers l'intérieur du pays, entre les deux Atlas, jusque sur les bords de la rivière de la Moulouya. C'est dans les environs de ce cours d'eau que les Français, recommençant dernièrement cette expédition, livrèrent la bataille d'Isly pour abattre le pouvoir de l'empereur du Maroc.

Après cette courte dissertation historique, il n'est plus possible de révoquer en doute la relation intime qui existe entre la nature géologique des terrains, leur entrelacement et leurs accidents d'une part, et de l'autre la formation spontanée des centres de puissance ou d'agglomération des peuples, leurs absorptions réciproques et leurs accroissements, et l'on peut tout d'abord en déduire la grande importance, au point de vue tant civil que militaire, d'une semblable étude qui, en dernière analyse, nous donne la clef grâce à laquelle on expliquera les causes primordiales des événements historiques les plus étranges, qu'il sera ainsi possible de rattacher à des faits naturels.

Si l'on pouvait encore conserver quelques doutes sur un sujet si intéressant, nous pensons qu'ils devaient s'évanouir complétement par l'étude géologique de la récente campagne d'Afrique.

Il faut savoir que les mêmes terrains qui forment notre sol depuis Ronda jusqu'à Tarifa se prolongent de l'autre côté du détroit de Gibraltar, ce qui montre clairement que cette porte de la Méditerranée s'est trouvée ouverte par suite d'une rupture ou d'un éboulement.

Au mont Hacho, sur lequel est située la citadelle de Ceuta, au cap Nègre et en beaucoup d'autres points de la côte jusqu'à Melilla, on voit poindre les terrains plutoniens, qui forment dans la mer des saillies entre lesquelles apparaissent les plages de la côte dues à des transports récents.

Sur ces points, de même qu'entre Estepona et Marbella, se présentent dans l'ordre de leur superposition, et en formant les contre-forts du petit Atlas, le terrain silurien et dévonien sur les versants, le terrain jurassique sur les cimes de la Sierra-Bullones, et le terrain crétacé qui couronne les éminences agrestes du Riff.

La fertile vallée de Tétuan, arrosée par la rivière Martin ou Oued-el-Jelu, en tout semblable à celle du Guadalorce de Malaga, et dont le sol est de même formé par les terrains miocènes et récents, s'ouvre comme un golfe entre les âpres territoires voisins; en remontant la rivière de l'Oued-Ras et en traversant le défilé du Fondack, de manière à tomber dans l'autre versant sur le cours du Marhar, on voit se présenter le terrain nummulitique qui forme les pentes occidentales des monts d'Angera, analogues, quoique étant moins accentués, à ceux de la petite chaîne de Ronda dont les eaux s'écoulent dans le Guadalète; ce terrain forme une bonne base pour qui veut dominer Tanger et s'avancer dans une seconde campagne sur Alcazar-Kébir (Alquesser Kebir), clef de la grande vallée de Fez, qui est située de l'autre côté de l'Atlas.

C'est ainsi tout d'abord que se trouve géologiquement détaillée l'excellente organisation stratégique que le général O'Donnel donna à la guerre d'Afrique, et qui forma le point de départ des brillants résultats obtenus.

L'action débuta par l'audacieux coup de main tenté par le général Echagüe pour s'emparer de l'âpre bande silurienne qui court au pied de la Sierra-Bullones; l'armée entreprit sa marche en s'appuyant à la mer à travers les terrains récents de la côte, après s'être ouvert un passage à Castellejos; elle avança sans autre contre-temps que le manque presque complet de bâtiments, causé par le mauvais état de la mer, bien qu'elle eût sur son flanc l'armée marocaine dont la présence rendait difficiles les communications avec Ceuta, raison pour laquelle on dut bientôt renoncer à celles-ci.

Il était nécessaire, pour gagner la vallée miocène de Tétuan et ses plaines fertiles, de traverser de nouveau par Monte-Négron la bande silurienne en abandonnant les terrains récents de la côte; ce trajet eût été difficile et dangereux si le comte de Lucena n'avait conjuré le péril par sa prévoyance en faisant débarquer d'une manière opportune la division Rios sur la rivière Martin et en s'emparant du débouché vers la mer de la vallée déjà citée, où l'armée vint savamment établir sa nouvelle base d'opérations, manœuvre militaire en tout semblable à celle que plusieurs siècles auparavant avait effectuée Tarek pour passer d'Algésiras aux terrains miocènes du Guadalquivir, et venir offrir la bataille du Guadalète.

La bataille de Tétuan, où le général en chef gagna le titre de duc, fut remarquablement décisive, car, après ce succès, l'armée devait se trouver en sûreté, puisque la classe des terrains sur lesquels elle était campée se prête, ainsi que nous l'avons vu à diverses reprises, par suite de son caractère propre, à la concentration des forces, à l'emploi combiné de toutes les armes, et offre ainsi des avantages tactiques à toute armée bien organisée et bien dirigée.

Ainsi que cela était naturel, la victoire fut suivie de la reddition de Tétuan; l'armée pouvait s'avancer alors par les terrains miocènes de la vallée de l'Oued-Ras sans avoir sur son front d'autre obstacle que le passage connu du Fondack, endroit où l'on traverse de nouveau la chaîne des montagnes pour arriver sur les terrains franchement nummulitiques de l'occident, en prenant de flanc l'inexpugnable Sierra-Bullones déjà abandonnée par l'ennemi; ce qui rendait facile la reprise des communications avec Ceuta et le rétablissement de la base primitive; l'expédition se trouvait ainsi dans une position avantageuse qui lui permettait d'effectuer dans une autre campagne la véritable invasion de l'Afrique par la vallée de Fez, après que, suivant les idées du général en chef, l'on se serait rendu maître de Tanger, d'Arcila et de Larache, de façon à assurer la sécurité de la marche en avant sur Alcazar-Kébir et à éviter le sort du roi don Sébastien; celui-ci succomba devant cette position stratégique avec toute l'armée portugaise, inconsidérément entraînée dans l'intérieur du pays par suite de la confiance que le souverain avait dans sa

valeur, bon levier, certainement, mais avec lequel
il ne put arriver à soulever l'obstacle faute de posséder le point d'appui nécessaire.

Cette combinaison fut bien comprise par l'é-
goïsme anglais, qui fit hâter la conclusion de la paix
avec l'empereur du Maroc ; manœuvre *punique*,
qui vint une fois de plus éteindre le feu sacré de la
nationalité, qui partout s'enflammait dans la monarchie, désireuse d'employer son énergique activité à d'autres entreprises qu'aux déchirements des
luttes intestines, ainsi que le prouve bien la répul
sion qu'elle témoigna lors de l'incident de San
Carlos de la Rapita.

Pour suivre la voie que nous nous sommes tracée
et arrêter de préférence nos idées sur ce qui concerne l'influence relative si évidente de la géologie
sur les choses militaires, nous allons maintenant
vérifier celle-ci dans une seule partie de la Péninsule, le Portugal, territoire qui par sa franche constitution géologique offre un objectif si favorable à
nos recherches.

Les étrangers croient, en général, qu'entre l'Espagne et le Portugal il n'existe point de frontières
naturelles, trompés qu'ils sont par la direction des
cours d'eau principaux de la Péninsule, dont ils
supposent que les vallées s'élargissent successivement jusqu'à la mer, en même temps que les montagnes qui les enchâssent perdent peu à peu de
leur rudesse, parce que c'est ainsi que les choses
se passent ordinairement dans les autres pays ;
comme conséquence de cette erreur géographique,

on trouve étrange que le Portugal ne soit pas une province espagnole, surtout quand on considère combien l'union générale et réciproque de tout le territoire ibérique serait une question vitale s'il s'agissait de former avec la Péninsule entière la base d'une puissance solide qui alors deviendrait véritablement grande et incontestable.

Nous allons montrer que ce phénomène repose principalement sur la constitution géologique de cette portion de la Péninsule, qui est ainsi la cause originaire de ces apparentes aberrations politiques. A cet effet, nous ne croyons pouvoir mieux faire que de transcrire ici le passage descriptif suivant, dû au brigadier Gomez de Artèche :

« Contrairement à ce qu'enseigne la géographie
« physique, les fleuves du Tage et du Duero, qui se
« développent en Espagne sur plus des deux tiers
« de leurs cours, au lieu de fertiliser des vallées
« spacieuses, glissent à travers les fentes de roches
« taillées presque perpendiculairement au-dessus
« de leurs eaux, et coulent à travers des monta-
« gnes découpées et stériles arrosées seulement
« par des ruisseaux torrentueux qui sont comme
« enchâssés dans de profonds et infranchissables
« ravins.

« Les montagnes, de leur côté, au lieu d'aller en
« se déprimant d'une façon graduée et méthodi-
« que, à mesure qu'elles s'approchent de la mer
« dans laquelle viennent se perdre leurs aspérités,
« sont presque imperceptibles en partant des pla-
« teaux centraux et se relèvent ensuite abruptes et

« embrouillées, les systèmes parallèles qui les
« constituent se reliant avec des rameaux très-
« âpres qui forment un dédale inextricable sur
« presque toute la longueur de la frontière. Pour
« la même raison, les communications qui, à ce
« qu'il semble, devraient par les vallées être courtes
« et faciles, lorsqu'on les considère au point de vue
« théorique, sont rendues impossibles par ces
« conditions physiques, contraires à la loi com-
« mune de formation des grandes vallées et man-
« quent en outre des qualités qui font la viabilité,
« par suite du relief et de la dureté du terrain par
« lequel elles se trouvent nécessairement flanquées
« lorsqu'elles coupent les aspérités qui forcément
« s'opposent à leur trajet direct; ces difficultés
« sont accrues en outre par les obstacles défensifs
« que la raison d'État a fait élever sur leur par-
« cours. »

Nous ne nous étendrons pas davantage sur ces
considérations et nous ne chercherons point à arriver à l'étude de leur détail; tout se résume, en effet,
pour nous dans une constitution géologique spéciale, seule formule qui puisse permettre d'embrasser d'un coup d'œil l'ensemble d'exceptions apparentes dans lesquelles on tombe lorsqu'on considère
la question orographique du sol portugais sous tout
autre point de vue.

Nous avons remarqué que la seule formation
miocène qui existait dans le Portugal se dévelop-
pait à partir de l'embouchure du Tage, c'est-à-dire
à partir de Lisbonne, en formant l'Alentejo, et

qu'elle se prolongeait par Badajoz, Mérida et Don Benito jusqu'aux derniers contre-forts de la Sierra de Guadalupe, âpre nœud silurien, plissé et bouleversé par les soulèvements granitiques partiels de Trujillo et de Tolède; cette formation constitue la seule entrée rationnelle que présente la frontière, et les places de Badajoz, d'Elvas, de Campo-Mayor et d'Estremoz se trouvent ainsi placées près de la véritable porte du Portugal.

L'enchaînement tout particulier de la formation granitique de la Galice et sa continuation entre Duero et Mino présente seulement des caractères permettant de se servir auxiliairement de ce terrain dans une conquête; mais ces caractères mêmes ne se retrouvent point dans la bande silurienne de l'Algarve, ni sur la rive droite de la Guadiana, à cause de la nature escarpée des montagnes qui couvrent le sud du Portugal et de l'âpreté du promontoire granitique d'Evora. Comme preuve à l'appui de cela, nous pouvons citer la bataille gagnée à Onrique, en 1139, par don Alphonse Ier, sur les rois maures coalisés; bataille en l'honneur de laquelle on a élevé naguère un monument à Massejana, où il semble que se trouvait alors le quartier général portugais; nous citerons encore l'antique cité d'Evora, dont la campagne fut le théâtre de la première bataille rangée dans laquelle on ait vu apparaître Viriatus, qui, doué des capacités qui font les grands généraux, y vainquit le préteur Caïus Plantius, et dont les murailles furent franchies depuis par Sertorius, qui en fit le centre de son gouvernement, constitué à l'instar de celui de Rome, en la prenant pour base de ses entreprises militaires.

En ce qui concerne le reste de la frontière, nous savons que suivant le cours du Tage, elle est infranchissable, et sa constitution géologique générale nous fait voir clairement que pour gagner Lisbonne, en passant entre le Tage et le Duero, il est indispensable de traverser d'abord la large bande silurienne qui passe par Astorga, Benavente, Zamora et Salamanque, et dans laquelle la place de Ciudad-Rodrigo forme une sentinelle avancée, observée par celle d'Almeida ; puis ensuite de parcourir le soulèvement granitique central de Viseu et de la Sierra d'Estrella pour gagner la bande silurienne occidentale, sœur jumelle de l'orientale, entrer dans le terrain crétacé qui s'étend depuis Coïmbre jusqu'au Tage en passant par Torres-Vedras, et venir tomber enfin sur le terrain volcanique qui va de Cintra à Lisbonne.

Nous allons prouver nos assertions par divers exemples choisis pour la plupart dans notre histoire moderne et postérieurement à la reprise de la Péninsule sur les Arabes ; étude extrêmement intéressante en ce qu'elle résulte non-seulement des invasions dirigées sur la formation géologique capitale du Portugal en partant des terrains espagnols proprement dits, mais encore parce qu'elle nous offre dans l'ordre inverse une invasion venant de l'ouest et prenant son origine sur le sol portugais ; cette invasion étant représentée par les opérations de l'armée anglaise durant son alliance intéressée avec l'Espagne au moment de la guerre de l'Indépendance ; cette étude est plus que suffisante pour faire comprendre l'importance des indications que nous avons données et pour permettre d'en déduire ensuite des conséquences profitables.

En 1373, don Henri (Enrique) II de Castille envahit le Portugal en partant de Zamora, il entra par Almeida et s'avança sur Celorico, point classique de la vallée du Mondego, qui est situé sur la ligne de séparation des terrains silurien et granitique ; il poussa jusqu'à Viseu, attendit là les renforts qu'il avait demandés et qui lui étaient nécessaires pour marcher en avant, et apprenant que son escadre s'avançait de Séville dans les eaux de Lisbonne, il s'achemina sur Coïmbre, Torres-Novas et Santarem, espérant toujours que son ennemi lui présenterait la bataille. De son côté, le roi don Fernand de Portugal, qui n'avait pas en son pouvoir de moyens qui lui permissent de combattre avantageusement en rase campagne, et qui ne voulait point s'exposer à une déroute, fuyait la rencontre et restait enfermé dans Santarem, laissant don Henri suivre sa marche excentrique sur Lisbonne. La ville, entourée de puissantes fortifications, se défendit, et don Henri se retira à proximité en attendant qu'il eût pu rallier ses galères sur le Tage.

Après avoir été rejoint par ses vaisseaux, il se disposait à une nouvelle attaque, mais alors, sur l'intervention du cardinal légat de Rome, la paix fut signée après qu'une entente commune fut intervenue à Santarem entre les deux monarques.

Don Juan Ier, fils et successeur de don Henri, se proclama bientôt héritier du trône de Portugal à cause de son mariage avec dona Béatrix, fille et héritière de don Fernand. Il envahit à son tour ce royaume en partant de Ciudad-Rodrigo et adopta pour ligne d'invasion le chemin de la vallée du Mondego qu'avait suivi son père, mais sans avoir le même succès que celui-ci. Son compétiteur était le célèbre grand-maître d'Avis, qui s'appelait aussi Juan Ier, homme doué d'une astuce et d'une énergie singulières, et qui dans la suite illustra son nom par la conquête de Ceuta et par la découverte des Canaries et des Açores ; cet usurpateur soutint ses prétentions à main armée et, après avoir surmonté divers périls, il se rencontra, en août 1386, avec don Juan à Aljubarrota, village éloigné de Lisbonne d'environ 100 kilomètres, où il fut sur le point de s'assurer la possession du trône par une brillante victoire, funeste aux armes castillanes ; on rejeta alors la faute de la défaite sur l'imprévoyance des chefs et sur l'excès d'ardeur des Français, alliés des Espagnols dans cette campagne, et non, comme on aurait dû le faire, sur la tournure aventureuse et excentrique qu'avaient prise les opérations, conséquence inévitable de la nature géologique de cette contrée embarrassée.

Deux siècles plus tard, après la mort de l'infortuné roi don Sébastien en Afrique, dans les champs d'Alcazar-Kébir, le territoire portugais fut de nouveau envahi par les armées de Philippe II, dirigées par le célèbre duc d'Albe. Ce remarquable capitaine, abandonnant le chemin que ses prédécesseurs avaient suivi pour marcher à la conquête du Portugal, prit Badajoz pour base de ses opérations; nous avons indiqué déjà ce point comme remplissant admirablement une fonction semblable en raison de ses conditions géologiques exclusives, tenant à ce qu'il se trouve à l'origine de la seule formation tertiaire ou miocène qui existe en Portugal et qui s'étend à partir de là sur tout l'Alentejo, en embrassant sur la côte une étendue de plus de 80 kilomètres, sans autre interruption que le nœud crétacé qui va du cap Espichel jusqu'à Setubal.

Cette campagne est si remarquable et si bien appropriée à notre sujet qu'elle mérite une description un peu détaillée, ce qui nous autorise à faire quelques digressions.

A ce moment le duc d'Albe se trouvait banni à Uceda par Philippe II, qui l'avait dépossédé de son commandement des Pays-Bas à cause de la sévérité excessive dont il avait usé dans les guerres des Flandres, et qui l'avait remplacé par le célèbre commandeur de Santiago don Louis de Requesens, connu par la modération et la douceur de son caractère. Ce bannissement n'altéra en rien la loyauté du duc d'Albe, car il supporta son infortune avec une résignation telle, que désigné pour commander l'armée de Portugal par Philippe II, qui dans ce choix montra un tact parfait, il dit seulement : « Je

« m'étonne que pour soumettre un royaume le roi
« soit dans la nécessité d'avoir recours à un géné-
« ral qu'il a mis en prison. »

Le 25 juin 1580, Philippe II passa en personne la
revue de l'armée dans les environs de Badajoz et
s'attacha aux plus petits détails, mais ne put, en
somme, faire autrement que de complimenter le
duc d'Albe pour les résultats obtenus dans l'organisation des troupes. Le jour suivant, l'ordre général de marche fut rendu public : le moindre excès,
le pillage, la violence, l'insolence étaient prohibés
sous les peines les plus sévères ; fait remarquable, car la discipline de fer que ce grand homme
sut maintenir dans ses troupes était pour l'époque
une chose extraordinaire.

Le 27 juin, Philippe II se transporta sur une
éminence pour voir défiler l'armée qui effectuait
son entrée en Portugal ; elle ne comprenait que
25,000 fantassins, 1,600 chevaux, 54 pièces d'artillerie et un équipage de ponts de 50 barques; mais
toutes ces troupes étaient formées de vétérans marchant avec la conviction qu'ils seraient vainqueurs,
élément puissant de succès pour une armée commandée par un capitaine aussi expérimenté.

Notons que le duc d'Albe avait sous ses ordres le
général de l'artillerie et l'amiral de l'escadre et qu'il
concentrait ainsi dans ses mains tout le pouvoir
militaire de l'État.

Notons encore que cette armée transportait avec
elle tous ses bagages, ses magasins, ses munitions
et ses vivres, toutes choses qu'elle traînait à sa

suite dans 8,000 chars dont les deux tiers étaient attelés avec des mules et le reste avec des bœufs; c'était là une proportion colossale d'impédimenta, puisqu'elle correspondait à peu près à une voiture pour trois hommes, mais elle prouvait une connaissance parfaite de la nature et des conditions de l'entreprise.

Les opérations de cette campagne furent aussi brillantes que le résultat lui-même. L'armée passa la Guadiana et s'empara d'abord d'Elvas et d'Estremoz, points importants situés sur le périmètre de l'éruption granitique d'Evora; elle tomba en même temps sur Olivenza, place qui appartenait alors au Portugal et qui s'élève sur le bord du terrain silurien de la rive gauche de la Guadiana; en opérant ainsi, elle assurait le flanquement de la marche qu'elle effectua par Villabona et Villaviciosa, villes qui sont situées sur les versants granitiques de la rive droite de ce fleuve aux eaux abondantes.

A partir d'Estremoz, qui est un point de la ligne de partage des eaux, l'armée prolongea sa ligne entre Arroyolos et Montemor, en suivant exactement le bord septentrional de la formation granitique; l'avant-garde occupa le village de Vimeiro et l'arrière-garde celui d'Evora-Monte.

Appuyé sur cette base solide, le duc feignit une démonstration à travers les terrains miocènes ou tertiaires sur Santarem, qui est située de l'autre côté du Tage, au pied de la formation crétacée de sa rive droite, laissant supposer ainsi qu'il avait l'intention de franchir le Tage en face de cette ville ; mais il se dirigea rapidement vers sa gauche à travers la formation miocène, en suivant franchement la ligne de partage des eaux de la rivière appelée Cancha ou Almanzor, puis attaqua vigoureusement par mer et par terre le port de Sétubal, situé à 22 kilomètres de Lisbonne, qu'il emporta ainsi que sa citadelle. Il embarqua alors ses troupes sur l'escadre de don Alvaro de Bazan, qui par son ordre avait suivi les côtes depuis Cadix, et leur fit prendre terre à Cascaës, en vue des galères portugaises ; il occupa ainsi l'extrémité crétacée de la rive droite du Tage, et, s'étant emparé de la forteresse placée sur ce point, l'invincible duc se trouva placé en arrière de Lisbonne, et forcément maître des forts qui occupent les environs de cette place, puisqu'il les dominait du haut du terrain volcanique où il s'était établi.

Le prieur de Crato don Antonio, compétiteur du monarque castillan à la couronne portugaise, chercha à défendre la ville et présenta la bataille sur la rive gauche d'un ravin profond et accidenté qui, aujourd'hui, traverse un des faubourgs et sur lequel un pont, celui d'Alcantara, fut l'objet d'attaques feintes et réelles ; ce qui lui fit donner son nom à la bataille qui devait décider de l'annexion à l'Espagne du Portugal avec toutes ses possessions.

L'armée portugaise se trouvait formée en bataille entre Lisbonne et le ruisseau d'Alcantara, elle appuyait sa gauche au Tage. Le duc d'Albe disposa ses troupes de front sur l'autre rive du ruisseau, de sorte que pour lui c'était la droite qui s'appuyait au fleuve. Lui-même s'était placé en arrière sur une éminence escarpée de laquelle il dirigeait les mouvements de son armée, et ses réserves étaient installées au pied de cette hauteur que la tradition signale comme étant la roche sur laquelle le duc s'assit durant le combat. Pour passer le ruisseau, il était nécessaire de s'emparer du pont et d'un moulin voisin. Le duc fit attaquer habilement ces deux points pour gagner du temps et attirer de ce côté les forces portugaises, et pendant cette première période de la bataille un corps de cavalerie et de mousquetaires suivit le ruisseau et le traversa sur la droite de l'ennemi, tandis que l'escadre remontait le Tage grâce à la marée et venait se poster sur le flanc gauche des Portugais; tout était si bien combiné dans ce double mouvement enveloppant, que la cavalerie et les mousquetaires tombèrent sur la droite de l'ennemi au moment même où l'escadre commençait à canonner sa gauche. L'armée portugaise, ainsi attaquée à la fois sur ses deux flancs et de front, ne put se soutenir longtemps et s'enfuit jusqu'à Lisbonne, qui se rendit à la suite de cette victoire décisive. Eu égard à l'objectif principal de nos études, nous ne pouvons faire autrement que de signaler que le fait physique de la marée et son utilisation pratique furent en grande partie les causes déterminantes de cette journée.

Cette brillante campagne de moins de deux mois, qui à elle seule suffit pour montrer combien le duc d'Albe possédait le génie de la grande guerre, fut suivie immédiatement de celle que dirigea Sancho Davila, son lieutenant, qui conquit successivement Santarem, Coïmbre et Oporto sur le prieur de Crato, en adoptant ainsi une marche inverse de celle qu'on avait suivie dans les opérations antérieures; toutes deux eurent pour résultat d'assurer en cinq mois l'annexion du Portugal à l'Espagne, pendant une période de 80 ans.

Napoléon ayant résolu de compléter son plan d'isolement de l'Angleterre, et tenant alors encore l'Espagne pour son alliée, se décida à envahir le Portugal à peu près dépourvu de défense ; par suite d'une crainte mal fondée de l'escadre britannique qui était mouillée dans le Tage, et gagné et séduit par la brièveté géographique des distances comptées sur la carte, il ordonna à ses généraux, sans prendre garde aux conditions physiques du territoire, de marcher du Duero sur le Tage, en traversant, comme Muza, les terrains silurico-granitiques intermédiaires et en se dirigeant à partir du premier de ces fleuves sur Lisbonne par Castello-Branco et Abrantès.

Par suite, Junot entra en ami sur le territoire de l'Espagne, le 17 octobre 1807, avec 20,000 hommes, et passa par Vitoria, Burgos, Valladolid et Salamanque. De ce point, il entreprit de se transporter à Alcantara par Penaparda et Moraleja, et dans cette marche il laissa, comme cela devait forcément arriver, son armée se disséminer tout le long du trajet qu'il fut obligé d'effectuer à travers l'âpre territoire qui sépare le Duero du Tage; il perdit ainsi le quart de son infanterie, la moitié de sa cavalerie et toute son artillerie, à l'exception de six petites pièces de campagne dont il put se faire suivre au prix de mille soucis. Tant de peines n'étaient, d'ailleurs, que le prélude d'autres bien plus grandes encore que les Français devaient endurer avant de gagner Lisbonne, en traversant les terrains granitiques qui bordent la rive du Tage, terrains coupés par des torrents impétueux que grossissaient les pluies habituelles de la saison, n'offrant sur leurs pentes et à travers les rochers de la Beyra que des sentiers impraticables et dépourvus de tous moyens de ravitaillement. Enfin, Junot entra à Lisbonne, le 30 novembre, avec 1,500 grenadiers et quelques cavaliers portugais qu'il avait contraints de le suivre. Il laissait en chemin le reste de son armée, partagé en détachements qui suivaient le quartier général aussi bien que le leur permettaient le temps et l'état d'épuisement dans lequel se trouvait le soldat, et cela grâce au manque total de résistance du pays; il avait ainsi réalisé une expédition inconcevable, au point de vue militaire, mais se trouvait incapable de résister au choc de la première manifestation de la défense anglo-portugaise à Vineiro, choc à la suite duquel la capitulation de Cintra fit perdre à l'armée française tout le fruit de ses peines en la déclarant en masse prisonnière de guerre.

Dans la campagne de 1809, le maréchal Soult, après la bataille de la Corogne et alors que toute l'Espagne était en armes, ne pouvant traverser le Mino par le chemin naturel qui forme la ligne d'opérations de Santiago à Tuy, le passa par Orense, entra dans le Portugal par Chaves pour descendre à Braga, et après un mois de privations et de combats partiels au milieu de ces terrains granitiques, parvint à s'emparer d'Oporto, en faisant avancer ses forces sur Viseu et Lamego, points d'où il fut très-promptement repoussé par Wellesley rien que par le fait, de la part de ce dernier, de manœuvrer sur le Duero. Le maréchal Soult tenant pour impossible sa retraite par Braga pour les mêmes causes qui avaient empêché son invasion par Tuy, se dirigea sur Vallongo avec l'intention de passer la Tamega à Amarante; mais empêché d'agir ainsi par l'attitude du pays, il dut se décider à faire sauter son matériel de guerre et à gravir la chaîne granitique de Guimaraes pour atteindre la conque de l'Ave. Pour sortir de là, il était indispensable de traverser la chaîne de Santa Catalina par des sentiers de chèvre, et le maréchal tenait à ce que les soldats emmenassent le riche butin fait à Oporto; aussi son opinion était-elle d'abord qu'il fallait se diriger sur Chaves pour retourner à Orense par le même chemin qu'on avait suivi lors de l'invasion; mais la première de ces places étant occupée par les Portugais, le passage était difficile; il préféra donc la route de Ruivaëz et Montealègre, par laquelle il put, grâce à sa prompte décision, grâce à des travaux et à des peines sans nombre, à force de combats multipliés contre les guérillas du pays et l'avant-garde de Beresford qui le poursuivait sans relâche, traverser la formation granitique et gagner Orense en perdant le peu de bagages sauvés à Vallongo et en ramenant ses soldats exténués de fatigue, dépourvus de chaussures, presque nus, ayant marché souvent sans recevoir de vivres et exposés aux pluies tropicales qui, comme on le sait, sont particulières à ces parages de l'Espagne, et enfin mécontents de leurs chefs et d'eux-mêmes.

En 1810, la puissante armée de Masséna ayant emporté d'assaut les places de Ciudad-Rodrigo et d'Almeida, ce général envahit le Portugal avec 80,000 hommes, par Guarda et Pinhel, en poursuivant lord Wellington ; celui-ci avait assisté aux deux siéges en observateur impassible, parce qu'il ne se considérait pas comme étant en force suffisante pour les empêcher, ou plutôt parce qu'il préférait laisser les Français user leur ardeur devant ces vaillantes forteresses, et qu'il était sûr d'arriver à les désorganiser en s'en faisant suivre. Le 6e corps de l'armée française, sous le commandement de Ney, se transporta le 15 septembre à Freixedas et Celorico, en traversant la Coa et le Pinhel, et, se trouvant ainsi réuni au second corps commandé par Reynier, qui venait de Sabugal, Alfayates et Guarda, il poursuivit sa route jusqu'à Fornos, Mangoalde et Viseu. Le 8e corps, aux ordres de Junot, passa aussi la Coa, mais ce fut seulement le 16 ; puis il se dirigea sur le Pinhel, et, traversant la ligne de partage entre le Duero et le Mondego à Venda de Cego, à l'ouest de Trancoso, il vint le 19 se réunir aux autres corps à Viseu.

Le résultat d'une marche aussi précipitée, de 150 kilomètres, effectuée en cinq jours, au milieu d'âpres régions et en traversant le terrain silurien jusqu'à Celorico, puis le terrain granitique à partir de là et jusqu'à Viseu, fut ce qu'il ne pouvait manquer d'être : presque toutes les voitures de l'artillerie se trouvèrent hors de service, les caissons de munitions furent brisés, ainsi que leurs avant-trains, les affûts furent mutilés, et tout le matériel se trouva exiger des réparations que l'on ne put exécuter qu'à Viseu ; l'armée dut donc renoncer à s'avancer avec une aussi pénible précipitation, et ce ne fut que le 24 qu'elle put reprendre de nouveau sa marche.

Pendant ce temps, Wellington opérait tranquillement sa retraite par le même chemin en maintenant son armée intacte, et, d'après ses ordres, la division Hill suivait la rive gauche du Mondego en faisant détruire par son arrière-garde les vivres, les ponts, les chemins et les maisons ; il s'établissait enfin dans la Sierra de Busaco ou d'Alcoba, c'est-à-dire dans la nouvelle région silurienne qu'il venait d'atteindre, et voyait, le 26, les Français arriver au pied des hauteurs qu'il avait choisies pour s'y poster, et vérifier par des reconnaissances combien la position était formidable.

Le 27, Masséna attaquait cette position de front, et, n'ayant pu la forcer, il se retirait après avoir subi des pertes considérables, en cherchant les moyens de la tourner. Ils lui furent offerts par un villageois qui lui révéla l'existence d'un chemin que Wellington avait négligé d'occuper, et à l'aide duquel il put traverser la sierra par Boyalvo, à 44 kilomètres de Montagoa et par Alcalhada et Fornos. Arrivée ainsi aux terrains crétacés, l'armée française se dirigea sur Coïmbre, en suivant le bord de la région silurienne, et entra dans cette ville sans autre opposition qu'un combat de cavalerie insignifiant. Montbrun, qui commandait l'avant-garde, suivit la retraite des Anglais par Leiria, Candieiros et Riomayor, puis, réuni à tout le reste de l'armée, il arriva, le 11 octobre, en vue des lignes fortifiées de Torres-Vedras, placées au centre de la région crétacée qui va du Tage à la côte, et devant lesquelles devait finalement venir se briser le succès de cette campagne si pénible.

La première et la plus étendue de ces lignes était formée par des escarpements inaccessibles dont le pied baignait dans l'Arruda et dont les sommets étaient couronnés par des batteries; les hauteurs dominantes étaient munies de redoutes armées de canon qui se flanquaient mutuellement; la grande route était couverte et les gorges obstruées par des barricades et des retranchements. Sur la plate-forme de Sobral, qui était le point le plus vulnérable, on avait construit une véritable citadelle qui, par sa forme et son commandement, exigeait un siége en règle. Sur le versant opposé à la mer, on avait taillé à pic les pentes conduisant au Lizandro, comme on l'avait fait, du reste, pour celles de l'Arruda, et l'on avait également couronné par des redoutes les points culminants, tout en utilisant comme fossé la rivière, dans laquelle on avait établi des bâtardeaux qui surélevaient le niveau des eaux.

Au sud de cette ligne, dont la longueur était de 60 kilomètres, et à 16 kilomètres en arrière, s'en trouvait une seconde ayant un développement de 40 kilomètres, qui s'étendait, d'une part, entre les rives du Tage et les sommets de Mafra et de Montachique, et qui, de l'autre, suivait la déclivité rapide du terrain vers l'Océan jusqu'au fort de San-Lorenzo, tout près du cap d'Arrendida. Cette ligne était également couverte par des forts, et on avait obstrué le passage de Bucellas, défilé dans lequel coule le Sacarem, au moyen d'une série d'obstacles et de défenses.

La troisième ligne, destinée à couvrir un embarquement forcé, formait un camp retranché organisé de manière à protéger l'opération avec un petit nombre de troupes, dans le cas où le mauvais temps l'aurait fait se prolonger. Ce dernier camp renfermait le fort de Saint-Julien, que ses hautes murailles et ses profonds fossés mettaient à l'abri de l'escalade, et qui était armé de telle sorte qu'une arrière-garde pouvait s'y défendre et y protéger jusqu'au bout la retraite de l'armée.

Nous avons fait cette courte description des lignes de Torres-Vedras, non pas tant avec l'idée de faire remarquer la grande quantité des travaux exécutés que pour montrer quel excellent parti on sut tirer de la favorable disposition du terrain, disposition due à l'organisation géologique spéciale de la formation crétacée sur laquelle les lignes se trouvaient tracées; sans cette circonstance, en effet, il aurait été inutile et peut-être même préjudiciable d'entreprendre de semblables ouvrages.

Les Français, qui avaient ignoré l'existence de ces lignes jusqu'à leur arrivée à Coïmbre, et leur force jusqu'à ce qu'ils aient pu les examiner de près, durent se convaincre, après une scrupuleuse reconnaissance qui dura plusieurs jours, qu'elles étaient inexpugnables avec leurs escarpements et leurs redoutes armées de pièces de gros calibre. L'armée française, se trouvant ainsi arrêtée, voyait sa position devenir chaque jour plus critique; elle se trouvait isolée sur les confins extrêmes du Portugal, ayant sur son front une barrière infranchissable et sur ses derrières un vaste désert dont le difficile terrain n'était parcouru que par des bandes ennemies. Cependant la disette contraignit à la fin les troupes de Masséna à se replier sur Santarem, Torres-Novas et Thomar, et à prendre ainsi des dispositions pour sa retraite définitive, qui fut entreprise le 4 mars 1811, en repassant par Guardo et Celorico pour gagner de nouveau la frontière, où elle arriva battue et désespérée sans avoir fait aucun mal aux armées anglaises.

Peut-être nous sommes-nous étendu à l'excès dans l'exposition des faits qui précèdent; mais cela était indispensable pour qu'on pût arriver à se convaincre de l'influence décisive qu'a exercée con-

stamment dans toutes les invasions cette portion
de la Péninsule, à cause de son organisation géologique spéciale, qui en fait une forteresse naturelle
formidable.

Nous avons, en effet, vu s'évanouir toutes les
expéditions qui se sont dirigées sur le cœur de ce
pays, à travers les terrains siluriens et granitiques,
pour venir heurter finalement la formation crétacée
extrême, quels qu'aient été le génie et l'habileté
des généraux chargés de les diriger; tandis que,
seul, le célèbre duc d'Albe sortit vainqueur de son
entreprise pour avoir conduit son invasion à travers la formation miocène ou tertiaire de l'Alentéjo, la seule qui réunisse stratégiquement les bassins du Tage et de la Guadiana, et c'est pour cela
que nous avons posé en principe que la géologie
seule pouvait expliquer, en en donnant la clef, certains faits permanents ou répétés de l'histoire politique et militaire des nations.

Si nous envisageons le problème inverse, à savoir l'influence de l'organisation géologique de
cette contrée sur une entreprise offensive dirigée
contre le reste de la Péninsule, nous en trouverons
encore des exemples nombreux et concluants.

Nous ne parlerons point de Viriatus ni de Sertorius, non plus que de l'époque reculée de la guerre
de revanche contre les Arabes; nous passerons encore sous silence d'autres faits plus récents, et
n'aurons besoin que de citer quelques faits de la
guerre de l'Indépendance pour convaincre nos lecteurs de l'influence dont nous parlons.

Nous voyons, en effet, les Anglais, maîtres de la mer, débarquer leurs forces de terre sur les côtes lusitaniennes, en donnant ainsi à leur appui le caractère d'une invasion de la Péninsule par le côté qui semblait le plus libre d'attaques, à cause des côtes de fer qui l'entourent.

Telle est l'influence de ces terrains dans la guerre défensive, ce qui est un effet de leur constitution organique même, que nous voyons l'armée anglaise vaincre en se retirant méthodiquement à partir de la formation plutonienne, et en laissant à la nature du pays le soin de désorganiser l'ennemi et de le rendre impuissant contre la réaction offensive consécutive. De même, nous voyons Wellington, lorsqu'il agit offensivement, suivre les limites de ces formations ignées et ne se résoudre que difficilement à se lancer sur les contrées miocènes, comprenant que l'ennemi y trouverait tous les avantages relatifs au terrain à mesure que lui-même les aurait perdus.

Par suite, le véritable champ d'action de cet habile général fut en réalité le territoire silurien limitrophe de Salamanque, où il resta toujours en alerte, et d'où il menaça les terrains miocènes de la Castille, qui formaient la principale ligne d'opérations de l'ennemi, jusqu'au jour où il trouva décidément l'occasion favorable pour rompre cette ligne par Valladolid et pour donner à Vitoria le coup de grâce à l'invasion française.

Aussi s'explique-t-on facilement qu'après la victoire de Talavera il n'ait pas voulu marcher sur

Madrid en suivant le cours du Tage, car il craignait de trop s'avancer sur les terrains miocènes enchâssés entre les formations granitiques de la Sierra de Gredos et des monts de Tolède.

Si Moore avait été prudent comme Wellington, ou, ce qui vaut encore mieux, suffisamment actif pour que la seconde invasion ne pût tomber sur son armée à Sahagun, au centre de la formation miocène de la Castille, mais bien sur le plateau d'Alava, où elle aurait été combinée avec les armées espagnoles, il est certain que la retraite de la Corogne n'aurait point pu s'effectuer et que Soult ne serait pas parvenu à rejoindre la côte à travers les terrains siluriens-granitiques de la Galice, marche qui n'était possible qu'en profitant de la panique produite dans le pays par cette retraite inopinée et funeste.

Ce ne sont nullement là des cas fortuits et isolés : nous voyons les Français obtenir des résultats analogues, dus à la désunion de la Péninsule, dans leurs invasions successives de la guerre de l'Indépendance, toujours en partant du plateau crétacé d'Alava, qui ouvre le passage du nord sur les terrains miocènes de la Vieille-Castille et de l'Èbre ; nous les voyons de ces terrains tertiaires passer à ceux de la côte orientale par la Catalogne et à ceux de même nature de la Nouvelle-Castille par Guadarrama, puis arriver dans ceux de l'Andalousie en franchissant la Sierra-Morena, marche d'invasion exactement inverse de celle qu'avaient suivie les Arabes, qui avaient franchi le détroit de Gibral-

tar pour entrer par Tarifa dans les terrains miocènes du sud, suivre ceux-ci jusqu'au nord et s'en
retourner par la côte orientale. Du reste, l'un et
l'autre de ces envahisseurs remirent à plus tard la
conquête des terrains siluriens-granitiques qui forment le reste du territoire.

Il faut se rappeler, en effet, qu'après la triste
expédition de Junot, Napoléon prétexta la nécessité d'un double mouvement sur Cadix, destiné à
protéger contre les Anglais l'escadre française, qui
se trouvait au mouillage dans ce port depuis le
combat de Trafalgar, si glorieux pour l'escadre espagnole, alors que déjà dans son for intérieur, et
malgré toutes ses protestations, il avait formé le
projet de s'emparer de toute la Péninsule. Il fit
donc approcher des Pyrénées 130,000 hommes organisés en corps d'armée, ayant tous des ordres
combinés et spéciaux qu'ils devaient exécuter dès
qu'ils auraient passé la frontière. Dupont, avec
25,000 hommes, se présenta en ami, d'abord à
Vitoria, puis à Valladolid ; Moncey, avec 32,000
hommes, prit ses cantonnements entre Vitoria et
Burgos, et cette combinaison eut pour résultat
d'assurer à l'armée française la possession du plateau crétacé des Pyrénées comme base et le passage
aux formations miocènes de la Castille et de
l'Èbre.

En outre, Merle, avec 7,000 hommes, se posta
artificieusement à Saint-Jean-Pied-de-Port, près
du passage de Roncevaux, tandis que Duhesme
occupait Perpignan et maintenait de front le pas

de Portus, dans les Pyrénées catalanes, tous les deux dans de fallacieuses intentions. Les choses étant ainsi disposées, Dupont s'avança sur Ségovie, limite de la formation miocène de la Castille et commencement de la formation granitique de Somosierra, son mouvement étant soutenu par Moncey à Aranda. Merle fut reçu sans crainte à Pampelune, comme Duhesme à Barcelone, et cette confiance eut pour résultat que les Français s'emparèrent traîtreusement de ces deux places, comme aussi de celles de Saint-Sébastien et de Figuères, situées à l'arrière-garde ; en même temps Murat entrait, le 23 mars, à Madrid, se plaçant ainsi en arrière de l'immense formation miocène de la Manche.

Cette trame insidieuse étant enfin découverte, le 2 mai Madrid arracha le masque aux Français au cri d'*Indépendance*, et le feu sacré de la révolte se communiqua instantanément à toutes les autres provinces de l'Espagne. Les Français, appuyés sur les solides positions qu'ils avaient conquises par leur abus de confiance et par leur adresse, se lancèrent alors ouvertement à la conquête de la Péninsule. Dupont marcha sur l'Andalousie, en partant de l'Escurial, d'Aranjuez et de Tolède, où il était parvenu à faire cantonner ses divisions. Moncey reçut la mission d'occuper Valence, en combinant ses mouvements avec Chabran, qui, à la tête d'une des divisions tenant garnison à Barcelone, dut se diriger sur cette même ville et prendre en même temps au passage Tarragone et Tortose ;

Lefèvre-Desnouettes, passant par Pampelune, dut soumettre à ses ordres la capitale de l'Aragon, et il fut commandé à Bessières de se diriger sur Valladolid pour rétablir la tranquillité dans la Vieille-Castille.

Les deux expéditions entreprises par les terrains miocènes eurent un succès relativement facile, puisque Lefèvre arriva à mettre le siége devant Saragosse et que Bessières entra à Valladolid en forçant le pont de Cabezon et en emportant la victoire à Rioseco. Les autres furent moins heureuses, par suite de la nécessité de traverser d'autres terrains : Chabran ne put que s'en retourner à Barcelone, sans avoir rien conquis en Catalogne ; Moncey, qui se dirigeait par Tarancon et Cuenca, arriva en vue des murs de Valence et rétrograda par Almansa sans les avoir franchis ; Dupont, qui se décida à traverser la formation silurienne de la Sierra-Morena pour entrer dans les terrains miocènes du Guadalquivir, bien qu'il fût parvenu à saccager Cordoue après sa victoire du pont d'Alcolea, fut contraint à son tour de battre en retraite, et, ayant trouvé sur son chemin Castanos, qui le lui barrait avec son armée, peu exercée cependant et rassemblée au hasard sur les premières pentes de la chaîne, il dut pour la première fois faire capituler les aigles françaises dans les champs embrasés de Bailen ; il est certain, du reste, que, quand bien même l'armée française se serait ouvert un passage par la Carolina et Las Navas de Tolosa, elle n'aurait pu faire autrement que de succomber dans les gorges de Despenaperros, si formidables pour qui vient de l'Andalousie et si faciles à emporter pour qui descend des plaines de la Manche vers la vallée du Guadalquivir.

Par suite de cette victoire, toutes les troupes françaises, déjà réduites à 60,000 hommes, et le roi intrus, durent se replier sur le plateau crétacé de Vitoria, mettant ainsi fin à la fameuse campagne de 1808. Si les Espagnols, au lieu de se borner à entourer avec leurs corps d'armée cette grande base d'invasion, avaient tenté un effort sur elle en se réunissant à l'armée anglaise commandée par sir John Moore, et si, ainsi concentrés, ils avaient livré la bataille de Vitoria en refoulant les Français de l'autre côté des gorges, il est certain que Napoléon se serait trouvé très-embarrassé pour réaliser sa campagne de 1809. Mais les choses ne se passèrent point ainsi : les Français conservèrent cette porte des terrains miocènes de la Castille et de l'Èbre, et c'est dans cette position avantageuse que Napoléon, avec 200,000 hommes, parmi lesquels la garde impériale qui avait rempli le monde de sa renommée, se présenta pour diriger en personne les opérations, ou mieux, pour faire déborder comme précédemment ses forces militaires, rendues plus nombreuses sur les mêmes formations miocènes.

Le 27 octobre 1808, Ney entrait à Logrono ; le 31, Lefebvre battait Blake à Zornoza ; le 4 novembre, une division française était à son tour vaincue à Balmaseda ; mais, les 11 et 12 du même mois,

12

Blake était de nouveau mis en déroute à Espinosa, tandis qu'à la date du premier de ces deux jours l'armée de l'Estramadure l'était aux environs de Burgos par les troupes mêmes de l'Empereur, qui poussait sa marche par Arranda et entrait à Madrid le 4 décembre, à la suite d'une capitulation conclue après le combat de Somosierra.

En même temps, le maréchal Lannes attaquait Palafox et Castanos à Tudela le 23 novembre, et le 20 du mois suivant, il mettait le siége devant Saragosse, qui ne fut occupée que le 21 février 1809, après la défense la plus glorieuse des temps modernes.

Les Français n'avaient jusqu'alors fait rien de plus que de reconnaître la Manche pour se préparer à passer la chaîne Marianique et à envahir l'Andalousie, quand Napoléon se trouva contraint de quitter l'Espagne à cause de la guerre avec l'Autriche. Ils se virent alors dans la nécessité de concentrer de nouveau leurs armées et de repasser le Tage, en même temps que Soult et Ney évacuaient la Galice et une partie des Asturies.

Les Espagnols et leurs alliés, mettant à profit une conjoncture si favorable, opérèrent un mouvement en avant sur les formations miocènes, en partant des territoires favorables de la circonférence. L'Aragon fut envahi par Blake, sorti du Maestrazgo ; la Manche par Venegas, qui venait de la Sierra Morena ; enfin Cuesta et Wellesley, passant le Tage, menacèrent Madrid par Talavera.

Blake fut vainqueur des Français à Alcaniz, sur

le bord de la formation miocène de l'Èbre, et il serait entré dans Saragosse, révoltée contre ceux de ses conquérants qui y étaient restés, s'il s'était lancé résolûment sur leur ligne de retraite même, dirigée selon le cours du fleuve, au lieu de la tourner sans pouvoir atteindre d'autre but que de s'appuyer intempestivement aux nœuds jurassiques de Belchite, en perdant un temps précieux; il donna ainsi aux Français l'occasion de se refaire dans cette capitale pour se porter de nouveau à sa rencontre et le battre à Maria et à Belchite, de façon à lui apprendre à leur tour comment on poursuit l'ennemi quand il laisse sa retraite se transformer en déroute.

Cuesta et Wellesley remportèrent une grande victoire à Talavera de la Reine, encore sur le bord de la formation miocène du Tage, victoire que le général anglais ne chercha point à utiliser, par suite de la crainte fondée qu'il avait de voir ses communications coupées par Soult, qui accourait depuis Léon; aussi rétrograda-t-il prudemment vers les terrains siluriens de la frontière portugaise.

Venegas accourut sur Madrid au bruit de la guerre, et, s'étant inconsidérément avancé à travers la formation miocène de la Manche, il se fit battre à son extrémité orientale, à Almonacid, par des troupes qui s'étaient trouvées à Talavera; il se mit alors en retraite avec son armée pour se fortifier dans la Sierra Morena, répéta à la fin de l'année la même opération, sans avoir retiré aucun enseignement de sa défaite précédente, et fut totalement battu dans les plaines d'Ocana, près d'Aranjuez, avant même d'avoir aperçu le Tage.

Si l'on considère cette campagne, dont la première partie n'est en rapport par ses résultats ni avec la force de l'armée française, ni avec la renommée du grand capitaine qui la dirigeait, on est amené à faire diverses réflexions. La principale consiste à accuser nos généraux d'impéritie pour ne point s'être appuyés dans cette guerre aux montagnes de Soria, car jamais meilleure occasion ne s'était offerte à eux de renouveler là les journées de Numance contre les Romains, ou de Saint-Etienne de Gormas et de Calatanazor contre les Arabes, en utilisant la force naturelle de ce puissant noyau de défense contre toute espèce d'invasions ; en second lieu, on peut, pour ainsi dire, toucher du doigt les conséquences du défaut d'unité dans les opérations, car tout autre aurait été le fruit de cette campagne si Venegas, occupant le classique camp de Calatrava et s'appuyant à Ciudad-Real, avait traversé les montagnes pour s'unir à Wellesley et à Castanos à Talavera, victoire qui, réunie à celle d'Alcaniz, et utilisées toutes deux, auraient amené, comme celle de Bailen l'année précédente, la retraite générale des Français à Alava et entraîné la fin de la guerre de l'Indépendance, en anticipant ainsi notablement sur la bataille de Vitoria. Enfin, en ce qui concerne les Français, nous allons décrire le plan général de campagne si peu approfondi que laissait Napoléon à ses généraux en abandonnant l'Espagne en 1809, et qui, malgré le génie incontestable de son auteur, révèle un défaut complet de connaissances historiques et géographiques en ce qui concerne notre pays, ainsi qu'une ignorance profonde de l'esprit et de la valeur collective ou personnelle de ses habitants.

Soult devait conquérir le Portugal, et nous avons vu quels furent les résultats de son expédition par rapport à la position que l'impéritie de Moore lui avait laissé prendre en Galice. Ney devait soumettre complétement la Galice et les Asturies, qu'il fut contraint d'évacuer, se trouvant abandonné à San Payo et dépourvu de tout appui de la part de Soult, son collègue. L'armée, qui pour lors assiégeait Saragosse, était chargée, après la prise de cette ville, de soumettre Valence et toute la côte orientale, et, comme nous l'avons déjà vu, avait été mise en déroute à Alcanez. Le maréchal Victor, avec un corps considérable, devait s'acheminer par l'Estramadure vers Séville et Cadix, et se rendre maître du midi de l'Espagne en se reliant à Badajoz avec Soult, que l'on supposait ainsi s'être rendu maître et conquérant du Portugal, sans doute par sa seule présence. Enfin le roi Joseph, avec 50,000 hommes, aurait contenu Madrid, veillé sur tous les chemins du côté de l'Andalousie et de la Manche, et aurait appuyé Victor dans sa mission difficile, en parant ainsi à la déroute de Talavera.

L'armée française ayant été de nouveau renforcée avec les troupes primitivement désignées pour l'Autriche, la campagne de 1810 débuta par l'entreprise qui consistait à entrer dans l'Andalousie, ou mieux dans les terrains miocènes de cette province, en tournant la bande silurienne ou chaîne Marianique par trois points distincts, instruit que l'on était déjà par la déroute de Dupont. Victor, par Villanueva de la Jara, marcha d'Almaden sur Cordoue ; Mortier, passant par Despenaperros, chercha à s'unir ensuite avec le roi Joseph qu'il accompagna à Séville, où ils entrèrent sans difficultés, en laissant deux corps d'armée devant Cadix et l'île de Léon, position formidable due à la constitution géologique particulière de ce classique territoire, qu'avait opportunément occupé le duc d'Albuquerque avec les troupes qu'il commandait sur le Tage. Sébastiani attaqua la Sierra par Villamanrique, où se trouvait la plus importante masse de troupes espagnoles ; sur ce point il surmonta toute résistance, comme aussi plus tard à Alcala la Royale, et il entra à Malaga en éparpillant des détachements chargés de tenir tête aux guérillas de Murcie et de Ronda. Avec cette entreprise à laquelle furent employés à peu près 80,000 hommes des troupes les plus aguerries, devait coïncider une attaque sur Ciudad-Rodrigo, place de guerre située à l'intérieur de la région silurienne du Portugal ; cette attaque, dirigée par le maréchal Ney, n'eut aucun résultat, par suite du manque de grosse artillerie ; il en fut de même d'une autre attaque que Suchet tenta vainement contre Valence, et à la suite de laquelle il se retourna vers l'Aragon en entreprenant méthodiquement les siéges de Lérida, de Mesquinenza et de Tortose. Ainsi qu'on le voit, cette campagne ne répondit nullement aux idées de Napoléon, qui avait consacré tant de troupes à l'exécution de son vaste plan; ses généraux ne firent rien autre que de s'emparer de la formation miocène de l'Andalousie, sans toutefois enlever Cadix, qui était le point objectif de l'attaque principale, et ils ne parvinrent pas même à assurer les flancs de leur ligne générale d'invasion, puisque les Français se virent repoussés à l'orient et à l'occident, à Valence et à Ciudad-Rodrigo. Ce fut pour sortir de cet état précaire que Napoléon lança contre Wellington, qui s'était renfermé dans le Portugal à la suite de la bataille de Talavera, le plus distingué de ses généraux, Masséna, qui avec 80,000 hommes, et lorsqu'il eut fait tomber la place de Ciudad-Rodrigo après 76 jours de siége, et celle d'Almeida dans le mois d'avril 1810, s'avança par la vallée du Mondego jusqu'aux lignes de Torrès-Vedras. Ainsi que Soult devant Cadix, Masséna, comme nous l'avons vu, ne put atteindre son objectif et fut arrêté par cette formidable barrière de montagnes fortifiées et couvertes d'artillerie, inattaquable par suite même de sa structure géologique.

Dans la campagne de 1811, Badajoz tomba entre les mains des Français, mais il furent vaincus par les Espagnols à Chiclana, le 4 mars, et le même jour encore, Masséna découragé commença sa retraite à partir de Santarem, par Pombal, Redinha et Casal-Novo, jusqu'à Fuentès de Onoro aux environs de Ciudad-Rodrigo, où il fut battu le 5 mai,

tandis que Beresford assiégeait Badajoz et livrait,
le 16 mai, la bataille de l'Albuera sans pouvoir
reprendre cette ville.

La campagne fut mauvaise pour les Espagnols
dans la Catalogne et dans la province de Valence,
où Suchet gagna le bâton de maréchal à la prise de
Tarragone, et le titre de duc d'Albufera à celle de
Valence, rendue plus facile par la bataille de Murviedro et la reddition de la forteresse qui, jusqu'à ce jour, s'était si héroïquement défendue ;
cette reddition avait été précédée de celle du fort
d'Oropesa, situé sur le chemin du littoral que les
Français avaient suivi depuis la Catalogne. Nous
rapportons ces détails pour bien faire remarquer
que, lorsque l'on arrive enfin au succès, on voit
réapparaître Sagonte et les lignes d'opérations romaines et carthaginoises de la côte.

Au commencement de l'année 1812, presque
toute l'Espagne tarraconaise et bétique se trouvait
provisoirement dans les mains des Français, qui
avaient eu à peu près la même fortune que les anciens envahisseurs, lorsqu'il s'agissait de conquérir
les formations miocènes, et qui avaient, comme
ceux-ci, éprouvé les difficultés qu'on rencontre à
s'emparer des terrains anciens ou plutoniens.

L'Espagne lusitanienne seule, et pour les mêmes
raisons, résistait et se trouvait intacte, sans que les
armées françaises eussent pu parvenir à y pénétrer
ni par l'Andalousie, ni par l'Estramadure, ni par la
Castille ; pour nous ce fait n'a rien d'extraordinaire, puisque cette grande citadelle naturelle était

bien défendue, en dépit de la prise de Ciudad-Rodrigo et de Badajoz, ses forts avancés, qui se trouvaient au pouvoir de l'ennemi.

Le 19 janvier 1812, lord Wellington assiégea Ciudad-Rodrigo et plus tard il s'empara de la même manière de Badajoz, puis il se porta sur l'Agueda pour repousser une agression tardive que les Français tentaient par la Castille. En juin, l'armée anglaise s'avança jusqu'au Duero, et le 12 juillet, la bataille des Arapyles, entre Salamanque et Albe de Tormès, à la limite de la formation miocène de la Castille, força les Français à se retirer jusqu'à Burgos ; lord Wellington occupa d'abord Valladolid et traversa ensuite le Guadarrama, puis entra à Madrid, que Joseph quittait de son côté pour se réfugier à l'armée de Suchet.

Soult leva le siége de Cadix et abandonna bientôt après toute l'Andalousie pour s'unir à son roi à Almansa, le 29 septembre, et, avec une armée de 80,000 hommes, il accourut sur le Duero pour couper les communications des Anglais avec le Portugal, entreprise qui fut rendue vaine par la rapidité avec laquelle ceux-ci suspendirent le siége de Burgos et se retirèrent dans leurs anciennes positions.

A la fin de novembre, lord Wellington se retrancha de nouveau sur la frontière silurienne du Portugal, et le 24 mai 1812, il l'abandonna définitivement pour traverser résolûment la formation miocène, se transporter à Salamanque, Valladolid, Burgos, et Vitoria et chasser enfin du plateau crétacé d'Alava et refouler de l'autre côté des gorges, le roi intrus, après une bataille peu obstinée.

Vint ensuite la bataille de Sorauren, perdue par Soult, qui arrivait par Roncevaux pour faire lever le siége de Pampelune.

Saint-Sébastien fut pris, le 31 août, par les troupes espagnoles réunies à celles des Anglais; souvenir horrible qui, à lui seul, prouve ce que nous devons espérer des Anglais même lorsqu'ils sont nos alliés !

Ce même jour du 31, se livra la bataille de Saint-Martial, et peu de temps après Wellington battait à Toulouse les débris ennemis et s'établissait sur la Garonne, dominant d'un seul coup, dans cette classique position, toute la formation miocène française qui s'étend au nord le long du pied des Pyrénées et qui réunit les golfes opposés du Lion et de Gascogne.

CHAPITRE V

Conclusion.

Arrêtons-nous un peu en ce point ; notre tâche serait interminable si nous voulions continuer nos comparaisons ; de même que nous avons fait coïncider avec la géologie les faits généraux de l'histoire, de même nous pourrions arriver à expliquer, d'une façon semblable, des faits plus concrets et parfois même le succès d'une bataille et jusqu'aux résultats d'un simple combat.

En outre, comme nous l'avons dit dès le principe, notre but consistait simplement à ouvrir la voie à ce genre d'investigations et à en signaler l'importance, et nous eussions préféré que ce fût le lecteur lui-même qui remplît le chapitre actuel de ses propres observations, de manière à nous prouver que nous avions réussi, par notre étude, à le fixer sur l'importance qu'il y a d'étudier la stratégie sous ce point de vue nouveau.

Peut-être nous dira-t-on : La chose est claire, vous n'avez fait que de traduire dans le langage géologique les faits qui avaient toujours trouvé leur explication dans la description topographique des fleuves et des montagnes. S'il en est ainsi, l'observation est juste : elle prouve combien peu nous avons tenu à faire œuvre originale, elle montre à la fois que l'identité que nous avons cherché à établir entre la configuration et la structure physique des terrains est exacte, et que traiter de la guerre, au point de vue géologique, équivaut à faire connaître d'abord la clef obligée de toute opération militaire, à prévoir les succès et leurs conséquences, à se rendre compte de ce que nous appelons péripéties, et enfin à faire connaître la nature du puissant levier physico-orographique auquel doit s'appliquer nécessairement l'énergique action de toute armée bien organisée, qui y trouvera son véritable point d'appui pour surmonter les obstacles sérieux que chaque guerre comporte toujours, suivant la manière spéciale dont elle est conduite ; le succès ne venant jamais la terminer si la science fait défaut pour l'*établir*, si l'on manque de base pour l'*organiser*, et si l'on n'a pas de principes fixes pour la *diriger*. Mais on pourra objecter encore que, dans l'exposé qui précède, nous nous sommes reportés à des époques déjà lointaines, sinon par leur date, du moins à cause du changement organique qui s'est opéré dans la manière d'être des peuples, depuis que les chemins de fer et le télégraphe électrique ont amené de prodigieux progrès dans les sciences et dans les arts, progrès qui, appliqués à la guerre, ont été l'origine de la perfection actuelle des armes. Nous ferons remarquer, néanmoins, que dans notre exposition nous ne nous sommes pas limité à une seule période historique, mais que nous avons embrassé tout un ensemble dans lequel le même jeu s'est joué, soit dans les guerres où les petits États avec leurs limites restreintes employaient les anciennes armes blanches, soit dans les chocs de grandes nationalités, représentées par leurs fortes armées pourvues complétement d'excellentes armes à feu, et traînant à leur suite une artillerie nombreuse et puissante ; en somme, ce changement radical dans la manière de combattre, n'a point introduit de différences organiques dans la manière de projeter et de conduire la guerre, sans que celles-ci soient en complète harmonie avec la théorie géologico-stratégique que nous avons mentionnée comme étant, en général, celle de laquelle dépend, à notre sens, le bon ou le mauvais résultat de toute entreprise militaire.

Nonobstant, nous allons démontrer maintenant, au moyen des faits historiques récents, que les bases établies par nous ne sauraient être altérées en rien par la nouvelle civilisation considérée au point de vue matériel, ni par les nouvelles armes, ni par l'organisation qui en résulte pour les armées, mais que, au contraire, chaque jour amène une preuve nouvelle de ce fait qu'il est indispensable d'élargir le cercle des idées militaires et d'exalter les principes véritablement stratégiques dont la base ne change point et ne saurait changer ; car, par cela même que le champ des opérations s'agrandit toujours, de même aussi doit progresser l'étude de l'organisation géologique générale de la terre de laquelle dépendent les conditions physiques des différents pays et des régions qu'ils renferment.

Nous commencerons par une brève description physique de l'Europe, basée sur la distribution générale des terres et des eaux. Dans la première partie de nos *Etudes topographiques*, nous avons écrit, en parlant de la liaison de l'Europe avec l'Asie :

« La grande dépression qu'accusent les mers
« Caspienne et d'Aral et les nombreux lacs dissé-
« minés entre les affluents de l'Obi sont les ves-
« tiges de l'antique séjour de la mer dans cette
« zone étendue, qui ne s'est trouvée à sec que par
« suite de la diminution de hauteur des eaux dans
« ces parages, ou que grâce à une légère augmen-
« tation dans le relief du terrain ; par suite, dans
« le cas où le niveau du sol viendrait à s'abaisser
« un peu ou celui des eaux à se relever légèrement,
« la *Mer du Nord*, traversant la ligne de partage
« principale et les lignes secondaires de l'*Aral* et
« de la *Caspienne*, lignes presque idéales en raison
« de la faible altitude de leurs divers points, vien-
« drait s'unir avec la *Méditerranée* en laissant l'Eu-
« rope complétement isolée, ou tout au moins
« ramenée à l'état d'une *Péninsule* comprise entre
« les terres basses de l'Obi qui se convertiraient
« en un grand golfe, et la nouvelle extension de
« la Méditerranée qui engloberait les mers Cas-
« pienne et d'Aral et les lacs circonvoisins, lais-
« sant seulement un isthme de relief bien peu
« considérable, que l'on pourrait regarder comme

« résultant de l'union des monts Ourals avec les
« chaînes montagneuses de l'*Altaï* en Asie, sui-
« vant la direction du 50ᵉ parallèle; dans cette
« bande de terrain on reconnaît, en effet, un effort
« de la nature, ou un essai de la force des feux
« souterrains pour faire surgir, sans y être parvenu
« toutefois, une crête ou une chaîne de montagnes. »

Dans la cinquième partie des mêmes *Etudes*
nous ajoutions :

« Si nous supposions que le niveau des eaux de
« l'*Océan* s'élève de 150 à 200 mètres, il est indu-
« bitable que notre continent européen serait ré-
« duit à un archipel analogue à celui de l'Océanie,
« puisqu'il se trouverait divisé en diverses îles
« principales et cesserait d'être une péninsule rat-
« tachée à l'Asie par suite de l'irruption de la mer
« *Glaciale* jusqu'aux mers d'Aral, Caspienne, Noire
« et Méditerranée.

« La mer *Blanche* s'unirait à la *Baltique*, trans-
« formant la Scandinavie en une île semi-ellipti-
« que qui offrirait l'aspect d'un immense cratère
« plutonien ou volcanique. L'irruption de la *mer*
« *d'Allemagne* à travers les terres de l'antique Sar-
« matie, et l'union de ses eaux par le *Dniéper* et
« le *Volga*, avec les régions des mers Noire et Cas-
« pienne, isoleraient les monts Ourals du reste de
« l'Europe en formant deux îles : l'une d'une lon-
« gueur démesurée dans le sens du méridien de
« ces monts, et l'autre, la principale, dont le noyau
« serait le nœud central des Alpes avec des rami-

« fications le long des monts de l'*Illyrie*, des
« *Balkans*, des *monts de Bohême* et des *Karpathes*,
« le long des *Apennins*, du *Jura* et des *Cévennes*, et
« qui s'arrêterait au pied des *Pyrénées;* le sol du
« promontoire *ibérique* se trouverait ainsi isolé, et
« altéré d'ailleurs dans sa forme par le rétablis-
« sement du golfe du *Guadalquivir* et du lac inté-
« rieur de l'*Ebre*, analogues à ceux qui se forme-
« raient aux bouches du Danube, entre les monts
« Karpathes et les Alpes, dans le bassin du Pô,
« dans ceux du Rhône, de la Seine et dans une
« multitude d'autres parages. »

Rien de tout cela n'est fait pour nous surprendre; nous savons que les eaux de la mer Caspienne
sont de 25 mètres plus basses que celles de l'Océan;
ce niveau n'est point limité à la superficie de ses
eaux dans les 1000 kilomètres qu'elles recouvrent
suivant la direction nord-sud; mais il reste à peu
près le même sur une grande partie de la côte orientale où se voient les vestiges du vaste et antique
golfe Scythique; vers la partie nord, le niveau s'é-
lève à peine d'un mètre dans les terres qui avoisinent les *deltas* des fleuves Emba, Oural et Volga,
et à plus de 300 kilomètres de la même côte, la
ville de Zarirzoum (Zarziroum), située dans le
grand coude qui forme le Volga, en un point où il
se trouve très-près du Don, est encore de 10 mètres
plus basse que le niveau de l'Océan; du reste, cette
colossale dépression est telle que, sur de vastes
espaces comme ceux qu'occupe la horde de Boukey,
les petites rivières de Maloï-Ouzen et de Bol-Ouzen

ne peuvent se décharger dans la mer Caspienne et aboutissent à des lacs situés à 20 mètres au-dessous du plan d'eau de celle-ci, soit à 45 mètres au-dessous du niveau général de la mer.

Moscou même, située à l'intérieur des terres intermédiaires entre la mer Caspienne et la Baltique, ne se trouve qu'à 107 mètres d'altitude ; le Danube n'atteint que 156 mètres à Vienne. Dans la vallée du Pô, Parme est à 93 mètres d'altitude, et Milan à 128. Berlin, au centre des plaines de la Baltique et sur la Sprée, ne se trouve qu'à 40 mètres de hauteur. L'Elbe, à Dresde, atteint 90 mètres et 179 à Prague dans l'intérieur du cercle de Bohême. Le Weser, à son passage à travers Cassel, s'élève à 158 mètres.

Le Rhin, à Brisach, beaucoup au-dessus de Strasbourg, est à l'altitude de 198 mètres. Le Rhône, à Lyon, à son confluent avec la Saône, n'arrive qu'à 162 mètres. La Moselle, à Metz, est à 168. La Meuse est à 146 à Mézières. L'Escaut, à 90 à sa naissance. Le niveau de la Seine, à travers Paris, est à 30 mètres au-dessus de l'Océan, il atteint 101 mètres à son passage dans Troyes. La Loire arrive à 92 mètres à Orléans, et la Garonne, à Toulouse, ne dépasse pas l'altitude de 132 mètres.

Le Guadalquivir se trouve à 45 mètres au-dessus du niveau de la mer à Palma del Rio, et à un peu plus de 100 mètres à Cordoue, et enfin l'Ebre n'atteint 184 mètres qu'à Saragosse.

Nous devons encore appeler l'attention sur les circonstances qui permettent de réunir entre eux, au moyen de canaux, les divers fleuves du centre de l'Europe, et qui se lient intimement avec les idées relatives aux dépressions terrestres que nous avons admises.

Il faut savoir, en effet, que le golfe de Biscaye (ou de Gascogne) est en communication avec celui du Lion par la Garonne et le canal du Midi de la France, la Loire, la Seine, la Meuse, le Rhin, le Doubs et le Rhône, cours d'eau si distincts les uns des autres, communiquent entre eux par le moyen de canaux; le Rhin et le Danube, et par suite la mer d'Allemagne et la mer Noire, sont reliés par le Mein et le canal Impérial, en formant ainsi une ligne d'eau continue; de même, l'Ebre, l'Oder, le Weisel, le Niémen, le Dniéper sont réunis les uns aux autres de la même manière, et mettent en communication directe la mer d'Allemagne avec la Baltique et celle-ci avec la mer Noire; la Neva et les canaux des lacs Ladoga, Onéga et autres, mettent les eaux du golfe de Finlande en relation avec celles de la mer Blanche par l'intermédiaire de la Dwina, et avec celles de la mer Caspienne par les premiers affluents du Volga.

Au même ordre d'idées se rapporte la constitution du réseau général des chemins de fer européens, bien que la liberté des tracés soit alors beaucoup plus grande, puisqu'il n'y a plus, dans ce cas, à observer de relations de hauteur entre les tunnels et les écluses, comme cela arrive pour les canaux; enfin, il nous faut ici mentionner que les passages les plus célèbres des Alpes, le Simplon, le Saint-Go-

thard et le grand Saint-Bernard, se trouvent respectivement à 1936, 2014 et 2346 mètres d'altitude, et qu'ils sont parmi les plus élevés de l'Europe.

Si nous supposons encore que l'inondation, dont
nous avons parlé, soit réalisée, la Russie européenne
se trouvera isolée et réduite à la région des monts
Ourals; les territoires de la Prusse et de la Hollande seront ensevelis sous les eaux, comme aussi
les belles régions de Paris et d'Orléans, et l'on
verra également disparaître la Hongrie et les fertiles plaines de la Lombardie.

La Turquie occuperait alors, sans conteste, celles
de ses montagnes situées entre le bas Danube et la
mer Adriatique; l'Autriche devrait se retirer sur
les Alpes Noriques, et laisser indépendants les
monts de la Bohême et les Karpathes. La Bavière
s'étendrait au nord jusqu'aux castels féodaux des
petits Etats allemands, en absorbant la Suisse. Le
Piémont dominerait les Apennins du haut de son
berceau élevé des Alpes, et la France, partant des
Cévennes, des Vosges et des Ardennes, dominerait
en maîtresse l'île formée par la Normandie et la
Bretagne et peut-être aussi ce que les eaux auraient
respecté du sol des Iles Britanniques.

Il faut bien comprendre que cette manière purement imaginaire et seulement analytique de présenter l'organisation physique de l'Europe, ne
touche que de bien loin à la question de la constitution des États; mais il est à remarquer que
cette même abstraction nous conduit rapidement

au point géologique que nous voulons analyser.

Puisque c'est un fait indiscutable que la topographie ou forme extérieure qu'affectent les divers terrains est liée d'une façon intime avec leur organisme ou constitution physique, réunie à leur manière d'être locale, on peut admettre que l'on prenne l'une ou l'autre de ces deux bases pour point de départ des investigations qui nous occupent; en d'autres termes, la topographie et la géologie doivent se servir de preuve mutelle et réciproque, et si nous avons interverti les données du problème dans ce qui précède, c'était pour mieux nous assurer des résultats mêmes auxquels nous voulions parvenir.

Si nous revenons maintenant à notre hypothèse de tout à l'heure, nous trouverons que, dans ce cas, les terrains quaternaires et une partie des terrains tertiaires seraient inondés, les terrains secondaires et primitifs formeraient alors les nouvelles côtes des lacs, golfes et mers supposés, et les soulèvement ignés ou plutoniens primitifs constitueraient le noyau ou la base des masses principales, selon qu'ils apparaîtront à découvert, ou qu'ils resteraient à l'intérieur des terrains comme étant la cause efficiente de leurs soulèvements, ainsi que celle des dépressions et des fractures des terrains stratifiés. Tout cela se vérifie, en effet, et nous pouvons nous en convaincre en jetant un regard sur la carte géologique générale de l'Europe que nous avons fait insérer dans cette étude.

En ne tenant pas compte des soulèvements extrêmes de la Scandinavie, des monts Ourals, des Balkans et de l'Espagne, on peut observer que les centres plutoniens de l'intérieur de l'Europe font leur apparition en France, en Bohême, dans les Karpathes et dans les Alpes. Dans la première de ces contrées, le terrain granitique et ses dérivés embrassent la grande région centrale comprise entre le Rhône, la Loire et la Garonne, et jettent de puissants rameaux vers la Normandie et la Bretagne ; ces prolongements ne sont séparés du centre que par la bande crétacée qui occupe l'espace compris entre la Dordogne et Angoulême et par la bande jurassique juxtaposée à celle-ci, qui forme la ligne de partage des eaux entre la Garonne et la Loire, depuis Angoulême jusqu'à Poitiers, point où commence à reparaître le terrain crétacé qui se développe circulairement pour former le périmètre général du bassin miocène recouvrant le territoire étendu où se trouvent Orléans et Paris et qu'on appelle l'Ile-de-France.

Le second foyer plutonien constitue le cercle de montagnes de la Bohême où l'Elbe prend ses sources et d'où il s'échappe par les coupures ou gorges de Dresde ; il comprend dans son intérieur le grand territoire crétacé qui, sous la forme d'une île géologique, apparaît entre Dresde, Prague et la Moravie, et sur lequel se trouvent Sadowa, Pardubitz, Kœniggratz et Josephstadt.

Vient ensuite le demi-cercle éruptif des Karpathes, qui entoure au sud-ouest les terrains quaternaires de la Hongrie et de la Transylvanie, tandis qu'à l'est des mêmes montagnes se trouvent les plaines miocènes du Dniester et du Danube, qui se prolongent jusqu'au pied des Balkans.

Tout le monde connaît le centre plutonien longitudinal des Alpes, auquel on peut rattacher, comme en étant un rameau, la chaîne des Apennins; entre les deux se trouvent comprises les plaines quaternaires de la vallée du Pô qui s'ouvrent sur la mer Adriatique, et auxquelles on peut arriver, bien qu'avec une certaine peine, entre Gênes et Alexandrie, à travers l'étroite bande crétacée qui, de ce côté, les sépare de la Méditerranée.

Nous avons, dès le début de cette étude, parlé du grand triangle triasique, divisé par la vallée quaternaire du Rhin moyen en deux portions presque égales, dont le sommet situé près de Bâle est formé par les soulèvements plutoniens des Vosges et de la Forêt Noire, tandis que sa base est constituée par la vaste étendue de terrains primitifs connus, en géologie, sous les noms de terrains Ardennais et Rhénans. Ceux-ci embrassent tous les territoires de Namur, du Luxembourg et de Trèves, et comprennent l'Eifel et l'Hundsruck, à travers lesquels le Rhin s'est frayé violemment un passage depuis Mayence jusqu'à Cologne; ils se continuent encore de l'autre côté du fleuve dans le Taunus et le Wester-Wald; plus à l'est, on rencontre les nombreuses éruptions volcaniques qui surgissent en mille endroits de la bande triasique orientale située entre les monts de la Bohême et les lambeaux crétacés de la Westphalie et du Hanovre qui forment sa terminaison au nord.

Nous avons dit, alors, que cette grande formation triasique semblait comme entourée d'une bande jurassique semi-circulaire dont nous avons indiqué les principales ramifications; nous devons simplement compléter cette énumération en citant la prolongation de l'ouest de ces mêmes terrains jurassiques par Langres et Bourges; celle-ci vient se réunir par des lambeaux avec la branche de Poitiers et d'Angoulême, qui s'étend jusque sur les pentes dont les eaux se déversent dans la vallée de la Garonne.

Si, laissant là maintenant les terrains anciens, nous passons à l'étude des formations modernes ou récentes, nous remarquons que la vallée du Danube, enclavée entre les soulèvements plutoniens de la Bohême, des Karpathes et des Alpes, est formée d'élargissements successifs étendus et nombreux, tous séparés par des étranglements qui font clairement reconnaître l'existence de grands lacs primitifs dont l'époque est déterminée physiquement par la nature même des terrains modernes qui remplissent aujourd'hui ces espaces considérables.

On voit, en effet, apparaître vers les bouches et au delta du Danube les transports quaternaires : puis, en remontant, on trouve les terrains miocènes qui forment les territoires de la Moldavie et de la Valachie. Le terrain quaternaire manifeste de nouveau sa présence dans la Hongrie jusqu'à

Vienne, où le miocène se retrouve jusqu'à l'Inn pour laisser ensuite la place au sol quaternaire de la Bavière; ce sol s'étend par lambeaux à travers le Wurtemberg jusqu'aux environs du lac de Constance, en s'unissant insensiblement au terrain miocène qui lui fait suite, et qui, enclavé entre le Jura et les Hautes-Alpes, constitue le fond de la portion cultivable des cantons suisses, et se trouve ainsi presque en contact avec les terrains quaternaires du Rhône et du Rhin moyen.

Il ne nous reste plus, pour finir de décrire à grands traits l'organisation géologique de l'Europe, qu'à faire mention de l'énorme bande quaternaire qui recouvre au nord les terrains anciens de l'intérieur ; cette bande vient se terminer aux côtes de la mer d'Allemagne et de la Baltique, et, à partir de l'embouchure de l'Escaut, s'étend sur la Hollande, le Danemark et tout le territoire de la Prusse actuelle jusqu'aux flancs des Karpathes, où elle vient se réunir aux terrains miocènes de la Moldavie et de la Valachie.

Il y a lieu de remarquer cette circonstance particulière, que les Karpathes se trouvent séparés des monts de la Bohême par la réunion de cette bande quaternaire avec les terrains miocènes de la vallée du Danube, d'où il résulte pour la Russie, la Prusse et l'Autriche une porte commune où les frontières de ces trois Etats viennent converger, tandis que du même point partent les trois importantes rivières de la March, de l'Oder et de la Vistule, dont les sources sont comme entrelacées, et qui se dirigent respectivement au sud, au nord et à l'est, pour féconder les provinces les plus importantes, au point de vue militaire commun, de ces trois grands empires.

Nous pouvons maintenant voir clairement comment la géographie orographique de l'Europe coïncide avec son organisme géologique; et il ne faudrait pas croire que cette identité puisse résulter de la méthode générale que nous avons suivie pour présenter les deux termes de comparaison, car on obtient le même résultat harmonique en analysant les détails.

Nous n'entreprendrons point cette étude minutieuse, qui ne concorde pas avec le caractère de notre ouvrage; en outre, nous la jugeons inutile, puisqu'il suffit de considérer la multitude des noms géographiques qui servent à distinguer entre eux les divers points de la superficie de l'un des centres indiqués par nous pour se convaincre que l'origine de cette nomenclature n'est point due au caprice, mais bien à la différence des conditions géologiques de chacune des parties dénommées, différence motivée parfois par un simple changement dans la manière d'être habituelle d'une même formation, qui se présente alors dans des circonstances spéciales.

En ce qui concerne ce cas particulier, on ne saurait douter de l'autorité attachée au nom du célèbre Humboldt, qui étend jusqu'au langage usuel l'importance de ses observations.

« Il est, dit-il, surprenant de voir combien sont

« nombreuses les expressions qu'emploie l'idiome
« castillan pour peindre la physionomie des masses
« de montagnes, particulièrement de celles qui se
« reproduisent dans toutes les régions et qui révè-
« lent la nature de leurs roches à une distance
« considérable ; il est à noter, en outre, que les
« termes destinés à décrire la configuration des
« montagnes (1), suivant qu'elles sont formées de
« trachytes, de basalte, de porphyre, de schistes
« ou de roches calcaires ou arénacées, se sont con-
« servés heureusement dans l'usage du langage
« commun, et, bien plus, que cet idiome privilé-
« gié, loin de voir, sous ce rapport, diminuer son
« antique richesse, fait tous les jours des acquisi-

---

(1) *Pico* (montagne en pointe), *picacho* (pointe en forme de bec), *mo-
gote* (montagne isolée terminée par une plate-forme), *cucurucho* (cornet),
aspigon (pointe en forme d'aiguille), *loma tendida* (colline étendue ou en
comble de toiture), *mesa* (table, montagne plate), *meula* (meule), *ter-
raza* (terrasse), *panecillo* (petit pain), *farallon* (rocher dans la mer, dont
la pointe est très-escarpée ; le mot *faraillon* est également employé dans
le même sens dans quelques parties de la France), *tablon* (grosse planche
épaisse), *pena* (rocher), *penon* (rocher très-élevé ou haute montagne couverte de rochers), *penasco* (roc), *penol* (montagne rocheuse isolée), *peno-
lezia* (petite montagne rocheuse isolée), *roca partida* (roche isolée), *tajo*
(roc escarpé, coupure), *laxa* (roche élargie), *cerro* (colline), *sierra* (chaîne
de montagnes escarpées), *serrania* (pays de montagnes), *cordillera* (chaîne
qui se prolonge en ligne droite), *monte* (mont), *montana* (montagne), *mon-
tannuela* (monticule), *cadena de montes* (chaîne de montagnes), *los altos*
(les hauteurs), *mal pais* (pays difficile), *reventazon* (vague qui se brise
ou déferle), *bufa* (sans analogie en français). (*Note de l'auteur*).

Nous ferons remarquer que plusieurs des termes espagnols rapportés ci-
dessus ne peuvent point se traduire exactement, et que quelques-uns sont
devenus classiques dans notre langue ; sierra, cordillère, etc., etc.

(*Note du traducteur*).

« tions nouvelles qui viennent augmenter son tré-
« sor. »

Nous ne chercherons point simplement à atteindre ce but d'une comparaison matérielle; mais
nous allons tâcher d'aller beaucoup plus loin, et
nous allons joindre à notre discussion géologique
l'étude de ce fait généralement reconnu, que la
constitution, le caractère, le naturel et jusqu'à la
physionomie des hommes qui habitent le globe
dépendent d'une manière évidente du climat, ou
autrement dit de la latitude et de l'altitude des
endroits qu'ils habitent, combinées avec la nature
physique du sol et les productions qui lui sont inhérentes.

Le brigadier Sanchez Cisneros dit à la fin de son
livre, déjà cité par nous : « La cause de la variété
« dans les inclinations et dans la manière d'être
« des divers peuples et des habitants de leurs dif-
« férentes provinces, a sa véritable origine dans la
« nature du territoire sur lequel ils vivent. La vi-
« vacité du Chinois et la torpeur du Lapon ne sont
« point les effets de causes distinctes, et l'Espa-
« gnol habitant des Pyrénées n'est point le même
« que celui des fertiles plaines de Turia. Dans le
« cas même où on les élèverait dans les usages dus
« à l'éducation, les hommes resteraient différents
« dans le pays plat et dans les montagnes, et se
« distingueraient encore les uns des autres dans
« chacune des localités des diverses provinces. »

César, dans le livre IV de ses *Commentaires*, dit
textuellement « qu'il se défiait du caractère léger

« des Gaulois, qui sont inconstants dans leurs ré-
« solutions et qui ne veulent étudier que les choses
« nouvelles. »

Dans le livre VI, il dit en parlant des mêmes
peuples : « Leur principal culte est celui du dieu
« Mercure, dont ils possèdent de très-nombreuses
« images ; ils le considèrent comme l'inventeur de
« tous les arts et lui attribuent de très-grandes
« vertus en ce qui concerne les gains d'argent et
« le commerce. Mars préside à la guerre, et ils
« ont soin de lui offrir les dépouilles de l'ennemi.
« Par leurs usages, ils se différencient notable-
« ment des autres hommes : c'est un déshonneur
« pour un père d'amener en public à son côté son
« fils encore enfant.

« Les coutumes des Germains sont très-diffé-
« rentes : ceux-ci n'ont point de druides pour
« remplir l'office de prêtres et veiller aux sacri-
« fices. Leurs dieux sont seulement ceux qu'on
« voit avec les yeux et dont la puissance est tan-
« gible, comme le soleil, le feu et la lune ; ils ne
« tiennent aucun compte des autres. Ils passent
« toute leur vie à la chasse et dans les exercices
« guerriers. Dès leur enfance, on les accoutume
« au travail et à la souffrance. Ceux qui restent
« chastes le plus longtemps obtiennent la palme
« parmi les leurs. Ils estiment que de cette façon
« ils croîtront en stature, en force et en courage.
« Ils ne sont point portés pour l'agriculture, et la
« plus grande partie de leur nourriture se réduit à
« du lait, du fromage et de la viande. Aucun d'eux

« n'a de patrimoine fixe ; mais tous les ans le
« magistrat indique à chacune des familles un
« champ, que l'année suivante elle devra échanger
« contre un autre qui en soit distinct.

« Quand une nation part pour une guerre, soit
« défensive, soit offensive, ils lui nomment des
« chefs avec juridiction de la potence et du coute-
« las. Les vols commis en territoire étranger ne
« sont point regardés comme répréhensibles, et
« ils les excusent par avance en disant qu'ils for-
« ment un exercice pour la jeunesse et une ma-
« nière de bannir l'oisiveté. Cependant ils ne con-
« sidèrent jamais comme licite de persécuter les
« étrangers ; ceux qui vont sur leurs terres, pour
« quelque motif que ce soit, jouissent d'un sauf-
« conduit et sont respectés de tous ; pour eux, il
« n'y a point de porte fermée et point de table qui
« ne soit librement ouverte.

« Autrefois les Gaulois étaient plus vaillants
« que les Germains, qu'ils provoquaient en guerre ;
« par suite du développement de leur population
« et du manque d'étendue de leur pays, ils en-
« voyaient des colonies de l'autre côté du Rhin,
« et, à l'époque actuelle, ils habitent encore les
« villages qu'ils avaient fondés et y jouissent d'une
« grande réputation de justice et de gloire mili-
« taire, depuis qu'ils se sont habitués à la rudesse
« et à la pauvreté des Germains, comme aussi à
« leurs aliments et à leur costume. Mais le voisi-
« nage de la mer et le commerce avec les pays qui
« sont situés au delà, a procuré aux Gaulois bien

« des objets de luxe et de gourmandise ; ils se
« sont accoutumés insensiblement à la mollesse et
« à l'épreuve qu'ils ont faite maintes fois de la su-
« périorité de leurs adversaires en beaucoup de
« batailles ; aussi, pour le présent, ne comparent-
« ils plus eux-mêmes leur valeur à celle des Ger-
« mains. »

Voilà vingt siècles que César a écrit ces lignes,
et néanmoins le caractère respectif des deux peuples subsiste encore le même dans ses conditions
essentielles, en formant ce que l'on entend communément par différence de races, chose qui se
perpétue en dépit des modifications que le temps
et la culture introduisent nécessairement dans la
manière d'être particulière des peuples et des nations.

Puisque la nature physico-géologique des pays
exerce une si grande influence sur le caractère et
sur les coutumes de leurs populations respectives,
il n'y a rien d'extraordinaire à ce que de la même
cause dépende aussi la subdivision des Etats depuis
les temps les plus reculés jusqu'à nos jours ; et la
manière d'être des contrées dans lesquelles se sont
établies avec avantage les différentes agglomérations est, au point de vue géologique, ce qui précisément motive l'existence de celles-ci. Il est, en
effet, curieux et en même temps instructif d'examiner les conditions qui ont amené la formation des
centres de pouvoir des peuples et d'étudier les fluctuations de leurs frontières au point de vue géologique.

Si, faisant abstraction de l'empire assyrien, de l'Égypte et de la Grèce antique, nous nous arrêtons à la péninsule Italienne, nous verrons les débris troyens venir s'établir dans le Latium, centre du terrain quaternaire de l'embouchure du Tibre, et y fonder Rome dans une région qui a sur son front la mer et sur ses côtés deux éruptions volcaniques, sœurs jumelles de celle de Naples, tandis que ses derrières s'appuient aux pentes crétacées des Apennins centraux, couronnées par la bande jurassique qui forme la cime de ces montagnes. Partant de ce réduit naturel, en contact immédiat avec la mer Thyrrénienne, entourée par les grandes îles plutoniennes de la Sicile, de la Corse et de la Sardaigne, Rome domine bientôt l'Apennin, ensuite la vallée du Pô, et étend successivement son empire sur tout le bassin de la Méditerranée; elle subjugue la péninsule Ibérique, les Gaules jusqu'au Rhin et les Iles Britanniques, mais éprouve de grandes peines à maintenir sa domination sur les vallées du Danube et du Rhin, où elle se trouve en lutte perpétuelle avec les barbares, habitants des bassins lointains du Pont-Euxin, du golfe de Scythie et de la Baltique.

Considérée géologiquement, l'existence de ce colossal empire n'a rien qui doive nous surprendre. Il est clair que l'un des principaux éléments physiques constitutifs de l'organisme terrestre est l'ensemble des mers, surfaces si importantes par elles-mêmes et qui ont tant de relations avec l'objet principal qui nous occupe, c'est-à-dire avec la structure propre des continents. Il n'est point étrange, en outre, que, grâce à la Méditerranée qui relie maritimement toutes les formations essentielles de son bassin, les Romains aient pendant aussi longtemps pu maintenir celles-ci sous leur puissance, puisqu'ils étaient maîtres du centre commun, comme autrefois l'avait été la Grèce.

L'occupation de la péninsule Ibérique, hors celle des côtes du Levant et de la Bétique, représente dans l'histoire romaine une exception obligée, et l'on doit savoir que la conquête de la Gaule eut pour cause principale le dessein préconçu de Jules César d'ériger la république en empire, créant par cela même une armée disciplinée et aguerrie qu'il couvrait ainsi à la fois d'un grand prestige et de richesses suffisantes pour arriver à son but ; de même encore, la nécessité de protéger la frontière contre les peuples du Nord motiva l'existence des colonies avancées du Rhin et du Danube.

Néanmoins, la réunion sous la même main de contrées si différentes dans leur organisation physique, formant pour la même raison des nationalités distinctes par leurs intérêts, leur manière d'être et leur caractère, ne pouvait être durable, et une domination aussi complexe devait finir par se diviser dans les deux empires d'Orient et d'Occident, sous l'impulsion non-seulement de sa propre décadence, mais encore sous celle du choc opiniâtre de ses ennemis, qui combattaient sans relâche pour émigrer de leurs steppes vers des climats plus tempérés.

Rome trouva une rivale puissante dans l'opulente Carthage, placée dans une position stratégique qui aujourd'hui est à peu près occupée par Tunis, clef de toutes les communications maritimes, et qui, tant qu'elle restait debout, empêchait les Romains de s'agrandir, puisque, ainsi que nous l'avons dit déjà, leur puissance était basée surtout sur la possession de la Méditerranée.

Telle est, en effet, l'importance de ces accidents géologiques où intervient l'eau, tels que les grands fleuves et les mers, que nous voyons à l'heure actuelle l'Angleterre, dont la politique semble calquée sur celle de Carthage, fonder, grâce à sa marine, son pouvoir colossal sur les étendues de l'Océan; et, par cela seul qu'elle s'est rendue maîtresse des détroits et s'est appuyée sur certains points reliés au continent ou situés sur ses limites maritimes, exercer une influence décisive et presque incontestable sur la terre ferme, en même temps qu'elle maintient sa suprématie sur mer en combattant avec avantage les flottes de toutes les nations.

Dans le mouvement de reconstitution des centres naturels de pouvoir qui eut lieu après que l'empire romain se fut démembré sous l'impulsion de l'irruption générale des barbares, nous observons les mêmes conditions relatives aux territoires : nous voyons les Vandales se concentrer pour dominer en Afrique; les Visigoths, à cheval sur les Pyrénées, commander à tous les pays compris entre la Loire et le détroit de Gibraltar, à l'exception des montagnes des Asturies et de la Galice; et les Ostrogoths s'établir solidement sur les Alpes, dans la vallée du Pô et sur les Apennins, se trouvant ainsi toucher par les Balkans à l'empire d'Orient, et par l'Elbe et le Danube aux peuples slaves et scythes, qui s'étendaient sur tout l'est de l'Europe; les Francs, les Saxons et les Turinges restant relégués au nord-ouest entre la Loire et l'Elbe.

Peu après, les Arabes envahissent l'Afrique et réduisent les débris des Vandales à ne plus occuper que les montagnes du Riff, qui sont une dépendance du petit Atlas; puis, après avoir passé le détroit, ils jettent à bas l'empire des Goths dans la bataille du Guadalète et s'emparent de la péninsule Ibérique, mais en laissant au pouvoir des Espagnols les âpres montagnes d'Oviédo, où s'organise immédiatement la résistance. Ensuite apparaissent les Francs; ils établissent l'empire de Charlemagne, dont la puissance se fait sentir depuis les Pyrénées jusqu'à l'Oder et à l'Italie, confinant ainsi la Bohême, la Moravie et la Bulgarie, qui restent indépendantes, ainsi que les peuples slaves et l'empire d'Orient.

A la fin du IXe siècle, la France ne possédait ni la Meuse ni la Moselle; mais elle était maîtresse de la Flandre et du Roussillon. Le royaume de Lorraine comprenait les territoires des deux rivières citées ci-dessus jusqu'aux rives du Rhin, se terminait là où finissent les Vosges et le royaume de Bourgogne s'était formé dans le Jura et la vallée du Rhône. Ces deux Etats, ainsi que l'Italie, ayant été absorbés peu après par l'empire d'Allemagne, cette puissance se trouva en contact avec la France, en ayant sur ses derrières, au delà de l'Elbe, la Pologne, la Bohême et la Hongrie, qui gardaient la frontière contre les peuples slaves.

En l'année 1300, l'empire d'Allemagne laissait libres les Etats de l'Eglise et absorbait la Bohême; les royaumes de Pologne et de Hongrie occupaient par moitié le territoire qui s'étend depuis la mer Baltique jusqu'à l'Adriatique, et, vers la même époque, les germes de la Russie, de la Prusse et de l'Autriche commençaient à se développer puissamment.

Nous ne pousserons pas plus loin cette description, dont les traits généraux suffisent à notre but; mais nous ferons observer que les termes *empire d'Allemagne*, *Confédération allemande*, doivent être entendus dans leur sens originaire, qui signifie littéralement *ligue* entre les *hommes* de toutes les *tribus* germaniques, sans constituer pour cela un véritable centre de pouvoir. Nous pouvons, du reste, définir cette ligue par son synonyme : confédération entre les Etats de caractères et d'intérêts distincts qui occupent les différents terrains géologiques de la Germanie.

Si, après cette description générale, qui se rapporte aux premiers temps des fluctuations des nationalités, nous arrivons à considérer des époques plus stables, nous verrons dans la péninsule Ibérique, le Portugal se séparer de l'Espagne; nous verrons les fertiles terrains miocènes de l'Ile-de-

France acquérir la prédominance de l'autre côté
des Pyrénées, en s'appuyant sur les montagnes de
la Normandie et des Cévennes, et l'antique royaume
de Lorraine s'affermir à l'abri du promontoire
éruptif des Vosges, et, parce qu'il s'appuie sur les
terrains triasiques de la Moselle et sur les terrains
primitifs qui, avec les premiers, forment sa base,
rester comme eux enclavé entre le Rhin et le cours
moyen de la Meuse, tandis que, comme eux encore, il s'étend par parties séparées sur la Sambre
jusqu'aux bouches de l'Escaut. Si nous étudions la
bande jumelle des terrains anciens qui, occupant
la rive droite du Rhin, se prolonge depuis le haut
Weser jusqu'à la Forêt Noire et aux montagnes de
la Bohême, nous remarquerons qu'elle est occupée
jusqu'au Mein et à l'Elbe par la Westphalie et le
Hanovre, et par les petits Etats allemands qui sub-
sistent encore, appuyés aux différents centres volcaniques de ce territoire spécial, et depuis le Mein
jusqu'aux Alpes par d'autres Etats plus considérables, divisés selon que le permet l'âpre bassin
triasique de ce fleuve, celui du Neker et l'éruption
granitique de la Forêt Noire : tels sont le duché
de Bade et les royaumes de Wurtemberg et de Bavière.

Par des raisons analogues, l'Helvétie ou Suisse,
qui forme une confédération de cantons, peut être
considérée comme ayant toujours été indépendante.

Le Piémont a dans tous les temps exercé une
grande influence sur les vallées du Rhône et du

Pô, comme le Tyrol sur la Lombardie et Venise sur les lagunes; et le duché de Florence, de même que le royaume de Naples, ont également leur raison géologique d'exister.

Nous voyons encore que le centre granitique de la Germanie est occupé par le royaume de Bohême, tandis que le demi-cercle des Karpathes enveloppe le royaume de Hongrie; et enfin nous voyons dominer exclusivement, dans les vastes plaines quaternaires comprises entre les côtes de la mer du Nord et de la Baltique, et les formations rhénane, triasique, granitique et volcanique de l'intérieur, la Hollande, le Danemark et surtout la Prusse, depuis le démembrement de l'ancien royaume de Pologne.

Dans les temps modernes, la Turquie d'Europe, appuyée sur les Alpes des Balkans, n'a pu qu'avec peine être dépouillée de la Grèce et des Principautés danubiennes, de la Moldavie et de la Valachie. La Russie s'est étendue librement sur les steppes entre la Baltique et la mer Noire, en s'appuyant sur le vaste soulèvement des monts Ourals. La Prusse, partant de sa position primitive de Kœnigsberg, entourée de lacs et de marais, s'est emparée successivement de toutes les plaines quaternaires de la Baltique; et l'Autriche, mettant à profit la position stratégique du duché de Vienne, s'est approprié la Hongrie et la Bohême, en utilisant les propriétés spéciales de la vallée de la March et de la porte Trajane, puis elle est accourue par le Tyrol pour descendre sur la Lombardie et la Vénétie, et s'étendre à l'ouest jusqu'au lac de Constance.

Cependant la France est restée stationnaire durant cette période, après avoir, sous le premier Empire, étendu ses frontières jusqu'au Rhin et le long de la mer du Nord jusqu'à toucher la Baltique, après avoir établi la Confédération du Rhin et semé le germe de l'indépendance italienne.

Si nous cherchons à trouver la formule de ces fluctuations, nous ne la rencontrerons que dans l'organisme géologique général que nous avons indiqué.

La Russie, la Prusse et l'Autriche ne se sont crues respectivement équilibrées que quand elles se sont trouvées toutes réunies sur la porte qui ouvre le passage entre la Bohême et les Karpathes, à l'endroit où la Vistule, l'Oder et la March prennent leur source, et où se confondent les formations quaternaires de la Baltique et miocènes du Danube. L'Autriche, mise en éveil par la démonstration que Napoléon Ier avait faite sur l'Adige et le Tagliamento, s'est vue dans la nécessité de défendre ses domaines du côté de l'Adriatique par ses fortes positions du quadrilatère de la Vénétie et de Trieste. La Prusse, inquiète sur la facilité d'une invasion française par la Westphalie et le Hanovre, a toujours tenu énormément à sa province rhénane.

Ni la confédération générale allemande, ni celle du Rhin, ni les confédérations partielles dites du sud et du nord n'ont jamais pu satisfaire l'Autriche et la Prusse, en dépit du protectorat respectif exercé par elles ; en effet, outre le péril présenté par les côtes et les terres basses du Rhin et du Weser, la porte de la Souabe où le Rhin et le Danube prennent naissance, bien que garantie par la Suisse, pouvait conduire les Français par le lac de Constance, aussi bien au cœur de l'Autriche, en suivant la vallée du dernier fleuve par Ulm, Ratisbonne, Lintz et Vienne, jusqu'aux champs de Wagram et d'Austerlitz, que vers la Prusse, en tournant le Mein et en arrivant par la Franconie sur le cours de l'Elbe, et enfin à Berlin et Kœnigsberg par le chemin déjà célèbre d'Iéna.

Laissant de côté ces généralités qui peuvent paraître obscures, nous allons chercher à rendre nos idées plus concrètes, en nous attachant d'abord à la Prusse et à l'Autriche, pour considérer ensuite ces puissances dans leurs rapports avec la France.

L'énorme étendue de territoire plan et uniforme qui constitue le royaume de Prusse est tout entière classée par la géologie comme formée par les terrains récents ou quaternaires, terrains dont en Espagne nous ne trouverions d'autres exemples à signaler que les îles du Guadalquivir au-dessous de Séville, les jardins (*la huerta*) de Murcie et le delta marécageux de l'Èbre ; ce royaume, sans autre appui, sans autres frontières que des forêts, des lacs et des rivières, a dû nécessairement son origine à un centre de pouvoir tout spécial basé sur un régime exclusivement militaire qui lui permit de se conserver et de s'étendre aux dépens de ses voisins, qui n'étaient point aussi fortement organisés.

L'histoire moderne ne présente point d'exemple, si nous en exceptons la Prusse, d'une armée formée de toute la population armée, et par suite cette dernière constitue un péril toujours imminent pour les peuples qui l'avoisinent, à cause du degré extrême auquel elle a élevé son organisation militaire. Il n'est point facile non plus de trouver en Europe un autre pays qui soit dans les mêmes conditions et qui puisse actuellement se prêter avec un égal succès à une organisation semblable.

Dans la Prusse, tout est uniformément grand de sa nature, comme résultant des conditions géologiques et physiques mêmes du pays. Le territoire étendu qu'elle occupe se compose invariablement de larges plaines comprises entre la Baltique et les monts de la Bohême et les Karpathes, qui forment ses frontières méridionales. On peut le considérer comme n'ayant vers l'Oriént point d'autres limites que celles que lui impose le caprice ou la convenance de l'empire de Russie ; il est d'ailleurs convenable d'observer que cette dernière puissance s'est posée à la fois sur des terrains géologiques distincts et qu'elle a eu en particulier le soin de garder l'extrémité de la bande quaternaire, primitivement prussienne, en s'y installant au moyen de Varsovie, de façon à dominer la Wartha, affluent de l'Oder, jusqu'en face de la place de Posen.

La race véritablement germanique peuple surabondamment cette contrée vaste, au sol uniforme, au climat identique dans toutes ses parties et dont les productions spéciales sont fixes et déterminées. L'homme docile, travailleur et robuste, est doué de peu d'imagination, mais réfléchi, calme et studieux, et absolument apte à former une masse homogène et intelligente à force d'instruction, faite à propos pour être dirigée vers un but donné lorsqu'elle y est convenablement préparée.

La facilité même de la reproduction, qui, comme on le sait, va en augmentant du sud au nord, réunie aux convenances particulières, fait que les mœurs du peuple sont sévères; mais en même temps, et pour les mêmes causes, unies à l'exubérance de leurs pâturages, ces contrées aqueuses sont éminemment propres à l'élevage du bétail, et surtout à celui du cheval, qui, en nombre et en qualité, l'emporte sur ceux de la plupart des autres nations; la force militaire du pays se trouvant ainsi complétée par ce puissant élément de guerre.

La pauvreté relative de l'ensemble, la difficulté du commerce extérieure, due à la nature de la mer Baltique qui est gelée pendant la majeure partie de l'année; la dureté du climat, effet de la latitude, sont toutes des causes qui contribuent à ce que les arts arrivés à un haut degré, servent spécialement à améliorer l'état intérieur du pays sans parvenir à l'énerver par le luxe excessif que produit l'abondance du numéraire.

Dans ces immenses plaines en grande partie couvertes de forêts, la Prusse a pu établir facilement son réseau commercial et stratégique de chemins de fer en le mettant en harmonie complète avec ses desseins ultérieurs.

C'est ainsi que cette nation constitue tout naturellement un centre militaire homogène et compact, en raison même, qu'on nous permette cette phrase, de l'uniformité et du caractère géologique de son sol.

Il n'en est point ainsi de l'Autriche; cette puissance forme par nécessité un véritable empire dans le sens que nous avons donné à ce mot, parce que dans son territoire étendu sont réunies plus ou moins forcément des agglomérations géologiques diverses et variées, ou, ce qui y est synonyme, des peuples distincts, diversement organisés physiquement et moralement, tant par suite de leur caractère spécial que par leur histoire propre; assemblage hétérogène, peu susceptible par cela même d'une éducation uniforme et difficile à conduire vers un but déterminé à cause de la diversité naturelle de ses aspirations.

En conséquence, on voit prédominer à Vienne un mode de gouvernement bien plus politique que militaire, malgré les efforts continuels faits pour organiser l'empire dans ce dernier sens, et cela sans que l'Autriche ait jamais pu atteindre ce but d'une manière effective, parce qu'elle se voyait toujours obligée de changer de pays les contingents provenant de chacun d'eux, et d'utiliser ainsi de la meilleure manière possible la différence de caractères et d'intérêts de leurs habitants respectifs.

C'est, à notre avis, pour ces causes que l'Autriche

disposant, dans sa dernière guerre avec la Prusse, de deux puissantes armées qui, réunies, seraient venues à bout de celle de l'ennemi, et pouvant laisser l'Italie se briser contre le quadrilatère du Pô, préféra maintenir ses forces séparées, quoiqu'à notre sens il eût été meilleur de les concentrer et de les disposer tout d'abord sur la frontière prussienne, en favorisant ainsi la réunion des contingents confédérés.

Nous voyons donc de cette façon, clairement démontrée, l'influence que l'idée géologique exerce sur les deux principales puissances de l'Allemagne, donnant la suprématie militaire à celle qui, bien qu'inférieure comme forces effectives, a pu le mieux les utiliser. L'Autriche qui a, en effet, la supériorité par sa position et par sa puissance, pour lutter avec avantage contre la Prusse, a dû se déclarer vaincue sous le choc du premier coup que son adversaire a dirigé contre elle avec la rapidité de la foudre, résultat de la nature organique des territoires respectifs des deux États, dont l'un est uni et compacte, et l'autre géologiquement désuni.

Poussons un peu plus loin nos recherches. La Prusse était concentrée et organisée dans ses plaines; l'Autriche était maîtresse de la plus grande partie des Alpes, du Danube, des montagnes de la Bohême et des Karpathes, quand toutes les deux poussées par la Russie, formèrent en 1815, la grande Confédération allemande à la place de la Confédération du Rhin qui se trouvait ainsi supprimée. Cette nouvelle Confédération se trouvait néanmoins subdivisée en deux autres dites du Sud et du Nord, ou autrement autrichienne et prussienne, la Prusse gardant par-devers elle cette idée occulte d'absorber les petits États, le jour où elle parviendrait à arracher à l'Autriche sa part de protectorat, ou bien le jour où ceux-ci trouveraient utile de s'allier avec elle contre la France. Cette pensée d'ensemble était vaste, profondément politique et devait sauver l'Allemagne; mais il était nécessaire de la maintenir renfermée dans de justes limites au moyen d'un travail impartial de répartition, en déclarant le Rhin neutre, en concédant avec une générosité étudiée à la France abattue alors, la ligne de Dunkerque, Lille, Mons, Namur, Liége, Bonn, et en la laissant pacifiquement prendre possession de sa part dans la formation géologique que la nature elle-même a divisée en deux parties par le Rhin, destinant la portion occidentale à la race latine, comme l'orientale à la race germanique. Les motifs de la contestation ne seront point éteints, en effet, tant qu'on ne respectera pas cette condition géologique; sans cela les traités quels qu'ils soient, et bien qu'on les appelle des traités de paix, ne seront, en réalité, que des trêves forcées entre l'Autriche, la Prusse et la France, et contiendront par leur nature même le germe de guerres périodiques désastreuses.

Que l'on ne croie pas que nous puissions, en écrivant ainsi, être guidé par un autre motif qu'un intérêt purement scientifique; sans qu'il soit besoin de prouver notre indépendance, déjà dans une

autre occasion nous avons dit que le Roussillon,
bien que faisant partie intégrante des Pyrénées,
devait rester à la France ; de même concédons-nous
à la Prusse le droit d'aboutir à la mer d'Allemagne,
et à participer à l'influence bienfaisante du courant
océanique du Gulf-Stream, qui transporte jusqu'au
Nord la chaleur vivifiante des eaux des tropiques et
qui n'entre point dans la mer Baltique ; de même
encore déplorons-nous la question d'Orient, dont
la base injuste consiste à renfermer dans l'intérieur de leurs terres 70 millions de Russes en les
empêchant d'accéder d'aucun côté à la mer, et cela
parce que l'Angleterre, de ses îles Britanniques,
monopolise l'empire de toutes les mers et convertit,
par la violence en un profit propre et exclusif, le
droit naturel à la navigation libre que possèdent
tous les peuples du globe.

Une telle condition, sans doute, est nécessaire à
l'Angleterre pour permettre à ses puissants lords
de maintenir dans leurs possessions la tyrannie du
travail ; il est vrai qu'ils ont pour eux la législation
du pays, mais nous n'avons point, quant à nous, la
candeur d'appeler libre une nation qui est presque
complétement enlacée dans de telles chaînes, et
dans laquelle la possession de la terre est rendue
si difficile, parce qu'elle admet que l'individu doit
se contenter de l'usufruit de son industrie et de son
commerce, et du fruit décompté en numéraire de
son propre travail ; c'est là l'origine naturelle et
pour ainsi dire plausible des questions sociales qui,
plus ou moins intenses chez chaque peuple, selon

sa manière d'être, ne les en minent pas moins tous en Europe, mais qui n'ont point de motif d'exister dans notre pays qui présente une organisation si variée, et où ces questions trouvent une latitude si grande dans la constitution même de l'État.

Reportons-nous au centre de l'Europe; il est évident pour nous que l'ambition démesurée de la Prusse est la cause de l'état déplorable des choses sur le continent. L'Autriche avait cédé enfin, en ce qui concernait la question latine, sans chercher à atteindre un autre but que celui de retirer intact l'honneur de ses armes. La preuve de cela nous est fournie par la guerre qu'elle soutint contre la France pour colorer la formation du royaume d'Italie, et nous pouvons user de cette phrase, quand nous voyons l'armée française tarder un mois pour se concentrer à Alexandrie et se mettre en mesure d'ouvrir la campagne, alors que peu de temps auparavant le général Radetzki avait enseigné aux Autrichiens la manière de fondre sur Novare et Turin; or, si ce point stratégique avait été occupé dès le début de la guerre, l'armée française se serait, par cela même, trouvée paralysée; puis, quand nous voyons ensuite l'Autriche faire la paix à Villafranca, alors que les forces ennemies se trouvaient épuisées par les deux batailles assez douteuses par leurs conséquences, de Magenta et de Solférino, et quand, en réalité, les Français ne pouvaient tenter rien, ou du moins que peu de chose, contre les places bien disposées et bien défendues du quadrilatère.

Nous ne pouvons en dire autant de la Prusse qui

a constamment suivi, sans hésiter jamais, sa politique d'invasion et qui, jusqu'au moment d'entrer en lice, avait pu dissimuler son organisme spécial, grâce auquel elle produisit une série de prodiges militaires.

La Prusse, en effet, comme résultat de la ligue contre la France en 1815, garda presque toute la formation rhénane de l'ouest, et n'en céda qu'une part à la Hollande, part qui est aujourd'hui occupée par la Belgique jusqu'au Luxembourg, et une autre à la Bavière, se plaçant ainsi sournoisement en arrière de deux petits États enclavés dans la formation identique de l'Est, et se constituant de la Moselle au Rhin, et en arrière la Saarre, une forte province avancée que la Confédération tout entière devait contribuer à renforcer en y faisant élever les places de guerre des bords du Rhin, fleuve qui, comme nous le savons, divise en deux parties la formation géologique déjà citée.

Il y a peu d'années, nous avons vu la Prusse faire la guerre au Danemark, et avec une très-grande habileté attirer à elle l'Autriche en qualité d'alliée, pour garder, en définitive, tout le littoral de la Baltique jusqu'à l'île d'Alsen, et celui de la mer du Nord ou d'Allemagne jusqu'à la frontière de Hollande ; supprimant ainsi d'un seul coup, au moyen de l'annexion des Etats intermédiaires, la solution de continuité qui existait entre le corps principal de la nation et sa grande province du Rhin, et laissant enveloppés comme dans un repli les autres petits Etats confédérés.

Nous venons, à vrai dire, d'altérer un peu l'or-- dre chronologique des faits, car ce résultat définitif n'a été complétement obtenu par la Prusse qu'après le drame de Sadowa contre l'Autriche : coup de main remarquable dans l'histoire militaire lors- qu'on le considère au point de vue stratégique, mais dont la moralité en temps que fait interna- tional ne doit point nous occuper ici.

En quatorze jours, nous avons vu la Prusse s'é- lancer vers ses frontières, et faire entrer immédia- tement en action une armée de 300,000 hommes organisée en corps d'armée, divisions et brigades ; toutes ces fractions étant pourvues de leur maté- riel de campagne, de leur artillerie, de leurs trains, approvisionnées de vivres et de munitions ; nous l'avons vue alors profiter à sa fantaisie de tous les avantages que les chemins de fer peuvent à notre époque fournir à la guerre.

Pour remplacer cette armée active, dirigée tout entière contre l'ennemi, une réserve puissante composée de citoyens accoutumés à la manœuvre des armes, fut mobilisée très-facilement à l'intérieur de la Prusse, et malgré le peu de durée de la guerre, cette réserve, promptement réunie sous ses dra- peaux, eut encore le temps de renforcer avec une partie de ses bataillons les régiments permanents à côté desquels elle combattit honorablement.

Comme une formidable machine de guerre prête à fonctionner au premier signal, la nation prus- sienne, du moment où un plan de campagne est arrêté, l'exécute avec une sécurité qui dénote une connaissance parfaite du but à atteindre et des moyens qu'il est nécessaire de mettre en œuvre pour arriver au résultat.

Reconnaissances habilement exécutées par un état-major instruit; avant-gardes composées avec une grande intelligence; cavalerie nombreuse employée à explorer les chemins et à recueillir des indications de toutes sortes, qui couvre comme d'un voile impénétrable les marches et les manœuvres de l'infanterie; cette même cavalerie toujours prompte à charger vigoureusement dans les rencontres et à poursuivre l'ennemi dans les retraites, mais n'opérant en masse, dans les batailles, que dans des cas tout à fait accidentels, ce qui était le propre de la tactique romaine; artillerie disposée en toute occasion à suivre les mouvements des troupes et à les soutenir; infanterie infatigable, pleine de hardiesse et habile à se servir d'une arme formidable, tels sont les éléments de victoire que la guerre avec l'Autriche nous a fait connaître dans l'organisation et dans la marche des corps de l'armée prussienne.

Notre but n'est point de suivre pas à pas les faits de cette guerre célèbre, ni d'en raconter les incidents; cette description a été faite d'une manière remarquable par le chef d'escadron d'état-major Fay dans son livre intitulé : *La guerre d'Allemagne en* 1866, publié immédiatement après les événements, et qui prouve à la fois qu'en France on n'ignorait point le véritable état des choses, et qu'il ne manquait pas d'officiers distingués qui signalassent dans leurs sages observations les points faibles de l'organisation militaire française. M. Fay écrit textuellement : « Est-ce que nous « voulons nous prussianiser ? Non, certes, mais « nous ne devons pas hésiter à accueillir ce qu'il y « a de bon chez l'adversaire, en l'accommodant à « nos coutumes et à nos usages, parce que ce qui « est un *principe* de l'autre côté du Rhin l'est égale- « ment de ce côté. Personne ne peut nier que *l'ar-* « *mée prussienne toujours constituée, même sur le* « *pied de paix, en corps d'armée permanents, passe à* « *celui de guerre avec beaucoup plus de facilité que* « *l'armée de la France.* »

Mais nous ne nous éloignerons point de notre objectif principal, en étudiant cette campagne, de manière à l'examiner au point de vue de la géologie.

Nous avons dit, en faisant la description géologique générale de l'Europe, que les terrains quaternaires de la Baltique se reliaient avec les formations tertiaires du Danube central en passant entre les monts Sudètes et les Karpathes, et que ces terrains se soudaient les uns aux autres dans cet espace particulier de la ligne de division des eaux en donnant naissance aux trois fleuves de l'Oder, de la Vistule et de la March dont les sources s'y entrelacent et qui, de là, se dirigent respectivement vers le nord, l'est et le sud; géographiquement, nous pourrions ajouter à ces fleuves l'Elbe, dont la première direction est orientée à l'ouest, afin de rendre ainsi plus remarquable cette distribution des eaux, mais géologiquement le changement organique des terrains qui circonscrivent les sources de ce dernier cours d'eau, s'oppose à cette adjonction.

Il semble naturel pour la même raison, que dans ce lieu classique où nous avons vu les terrains quaternaires se relier aux tertiaires, il se soit élevé une contestation relativement aux frontières convergentes de la Russie, de l'Autriche et de la Prusse, puisqu'il y a là pour chacune de ces puissances une porte aux invasions réciproques. C'est ce qui a eu lieu en effet, et il est à remarquer que la Russie a abandonné à l'Autriche les sources méridionales de la Vistule avec Cracovie et la Prusse, celles de l'Oder à partir de Troppau, située sur l'Oppa qui en est un affluent; il résulte de cela que l'Autriche possède le libre passage de la vallée miocène de la March au plateau ou à la terrasse de la Pologne par Cracovie, et aux plaines de la basse Silésie prussienne par l'Oder; mais il est plus remarquable encore d'observer que la Prusse a conservé dans son territoire l'ancien comté de Glatz, en se réservant ainsi le cours de la Neisse ou, ce qui revient au même, le passage de tous les défilés de la Bohême qui tombent sur le haut Elbe, depuis les monts Sudètes jusqu'aux monts de la Lusace dans la Saxe, sur une étendue de frontières de plus de 300 kilomètres, en ayant ainsi l'avantage de dominer les sources de la March qui, comme on le sait, se trouvent au sud de ces mêmes monts Sudètes.

Bien que ce tracé des frontières entre la Prusse

et l'Autriche soit par lui-même, orographiquement parlant, respectable des deux côtés, puisqu'il suit en général la ligne de partage des eaux entre la March, l'Oder ou plutôt la Neisse et l'Elbe, il y a lieu d'avertir le lecteur que cet équilibre n'est qu'apparent ; puis, abstraction faite de ce que la prépondérance militaire appartiendra naturellement au premier qui s'avancera pour occuper cette forte frontière, il faut considérer encore que, malgré tout, l'avantage permanent sera du côté de la Prusse qui possède dans son territoire le comté de Glatz, position avancée et flanquante qui constitue en outre une grande citadelle géologique.

En effet, nous avons dit déjà que le centre de la Bohême était constitué par un fond crétacé, entouré circulairement par le grand soulèvement granitique qui a donné naissance aux montagnes de la circonférence ouverte seulement du côté de Brünn et d'Olmütz par où les terrains crétacés se donnent la main avec les dévoniens pour tomber sur les miocènes de la vallée de la March ; eh bien ! la même chose se présente sur une échelle plus restreinte dans le comté de Glatz ; son fond est également crétacé, il est entouré et isolé par un soulèvement plutonien particulier, et n'a d'autre entrée franche que du côté de l'Oder par la rivière de la Neisse, du défilé de laquelle la Prusse a eu bien soin de s'assurer la possession au moyen des places de Glatz et de Neisse, montrant ainsi que depuis longtemps elle avait l'idée d'utiliser un jour contre l'Autriche cette grande position militaire avancée.

Etant données cette organisation des frontières et la géologie générale de l'Allemagne, il n'est point étonnant que la grande artère formée par le chemin de fer central, qui se dirige de l'ouest à l'est, se soit trouvée faire le profit exclusif de la Prusse. Ce chemin de fer commence sur le Rhin dans la place de Mayence, suit tout le cours du Mein par Francfort jusqu'à Bamberg, traverse la ligne de partage entre le fleuve précédent et la Saal (Elbe) par la dépression qui existe entre le Franken-Wald et le Fichtel-Gebirge, appendice des montagnes de la Bohême, pour tomber à Leipzig, poursuivre sur Dresde, se diriger vers Bautzen, Gorlitz et arriver à Breslau; il suit ensuite l'Oder pour traverser la ligne de partage entre cette rivière et la March dans les environs d'Olmütz, et descend enfin par la vallée de cette dernière rivière jusqu'à Vienne, en entourant au nord, ainsi qu'on le voit dans la planche III, tout le cercle plutonien des montagnes de Bohême, comme une énorme parallèle qui ferme de près tous leurs passages et leurs défilés.

Ce n'est pas tout, un rameau transversal part de Dresde par les défilés de l'Elbe et arrive à Prague; il traverse, en suivant la vallée de ce fleuve, les terrains crétacés du centre de la Bohême en passant par Parduwitz, et finit par se bifurquer au passage de la ligne de partage de la March pour s'unir par Olmütz et par Brünn avec la ligne principale de Vienne. Un autre rameau se détache plus à l'est de la grande parallèle près des sources de la Sprée, fleuve qui passe à Berlin, pour traverser la dépression qui existe entre les monts de la Lusace et le Riesengebirge; il part de Lobau, poursuit par Zittau, Reichenberg et, déjà dans le terrain crétacé, traverse l'Iser à Podol, conduit par une bifurcation jusqu'à Prague, suit la rive droite de l'Elbe supérieur par Kœniginhof et Jaromirz, situées sur cette rivière, et passant en avant des places de Josephstadt et Kœniggræetz vient s'unir à Parduwitz avec la voie ferrée de Prague à Vienne.

Pour terminer, de Jaromirz au-dessus de Josephstadt, part vers le nord un autre rameau qui remonte l'Aupa et qui, se dirigeant par le défilé de Schatzlar entre le Reisen-Gebirge et les montagnes de Glatz, s'interrompt il est vrai à Liebau, mais est prolongé par une grande route par Landshut jusqu'à Fribourg, où il vient reprendre la ligne de fer qui se rejoint à Breslau avec la grande parallèle déjà décrite.

Enfin, en suivant l'Oder, un autre rameau se détache à Brieg pour aller sur Neisse, ville de laquelle part, en suivant le défilé de l'Eulen-Gebirge, la grande route de Glatz; cette ville est une place prussienne située au centre du giron crétacé de ce comté que nous avons qualifié de grande citadelle géologique, parce qu'il est entouré de terrains plutoniens et qui a une issue vers l'Elbe dans le défilé de Nachodt, défilé par lequel la même grande route se continue sur Josephstadt pour ressortir plus au nord par le passage de Braunau.

Si nous résumons cet exposé, nous verrons clairement que de la grande parallèle que forme le chemin de fer, depuis Dresde jusqu'à Breslau, partent divers rameaux ferrés et les grandes routes de Gorlitz et de Glatz, qui, par les dépressions et les défilés du cercle plutonien de la Bohême, se dirigent sur le centre crétacé de l'Elbe, avec cet avantage d'y arriver par échelons, les terrains présentant de fortes positions successives sur lesquelles on descend par l'Iser et l'Aupa jusqu'à Holin, Sadowa, Kœniggrætz et Parduwitz, centre classique de la plaine crétacée de la Bohême appelée l'Elbkessel; arrivé là, l'Elbe tourne rapidement à l'ouest en abandonnant sa première direction vers le sud pour prendre ensuite peu à peu son véritable cours vers le nord-ouest; c'est une plaine marécageuse sur la fin de l'hiver, mais qui ne présente point d'obstacles sérieux en été.

Etant données : cette organisation si étudiée de la frontière ; la facilité de la descente du cordon plutonien sur le centre crétacé de la Bohême ; l'entrée naturelle dans la vallée miocène de la March par les terrains dévoniens qui ne l'interceptent que légèrement, et tenant compte de la constitution militaire de la Prusse qui, à un moment donné, mobilise toutes ses forces, toujours disposées sur le pied de guerre, avec leurs généraux, leurs états-majors et tous leurs éléments au complet, comme si l'armée se trouvait toujours dans ses quartiers d'hiver; il n'est point étonnant que la Prusse ait choisi de longue main et en toute préméditation pour combattre l'Autriche, le champ de bataille de Kœniggrætz où elle pouvait arriver par la rive gauche et par la rive droite de l'Elbe.

Par cela même et eu égard à sa propre organisation politique et militaire, l'Autriche n'aurait jamais dû concentrer son armée à Olmütz, mais bien de l'autre côté de la facile ligne de partage d'entre la March et l'Elbe, et sur ses places de Josephstadt et de Kœniggrætz, qui avaient été placées là avec une si grande prévoyance. Par cela même, qu'elle ne pouvait espérer de réunir rapidement son armée et de la mettre dans le cas de prendre l'offensive, il était naturel que ces places fussent le point désigné de réunion, en détachant les corps nécessaires pour couvrir les défilés depuis l'Elbe jusqu'à la Neisse, en occupant tout d'abord le comté de Glatz avec d'autant plus de raison que la Prusse avait fourni des motifs suffisants pour tout entreprendre en s'empressant de faire mouvoir son armée sans une déclaration de guerre préalable. Les chemins de fer de l'Elbe par Prague et Dresde, la voie centrale de Jaromirz par Podol et Lobau, et celle de la rive gauche de l'Aupa, lui auraient sans débat donné de l'avance, et auraient aidé à l'organisation et à l'établissement régulier de ces corps isolés, favorisés dans leur attente par la constitution géologique même de ces âpres terrains, et qui auraient formé, tout d'abord, l'avant-garde et comme la cuirasse de la véritable armée d'invasion à laquelle l'appui de Kœniggrætz aurait laissé le temps complet de s'organiser solidement.

Une autre circonstance bien digne d'attention certainement, se présentait pour que l'Autriche agît de cette manière : c'était la connaissance qu'elle avait du remarquable avantage que présentait l'armement de l'infanterie prussienne par rapport au sien, avantage qui était suffisant pour la faire se décider à le compenser, en choisissant pour combattre et raffermir le moral du soldat, les terrains difficiles de la frontière. Avec cette combinaison les Prussiens se seraient vus peut-être obligés d'accepter une autre bataille de Bautzen aux sources de la Sprée, et peut-être même contraints de renoncer à leurs plans d'absorption générale, surtout si la Bavière sur le Franken-Wald, soutenant les contingents saxons, était accourue à temps par l'Eger au lieu de marcher au secours du Hanovre.

Le feldzeugmeister Benedek, néanmoins, concentra l'armée autrichienne à Olmütz et fit seulement avancer un corps en Bohême.

Les Prussiens se gardèrent bien de porter ombrage à la concentration d'Olmütz, et procédèrent à l'occupation de Dresde qu'ils couvrirent de retranchements, commençant ainsi la campagne par la Saxe, et prenant leur première position à la distance énorme de 400 kilomètres du point de réunion de l'armée autrichienne, dont le général continuait à rester indécis sous Olmütz.

Durant cette période d'inaction du général Benedek, qui ne se résolvait ni à envahir la Silésie prussienne, ainsi que semblait l'indiquer le point choisi par lui pour concentrer son armée, bien que cette opération fût peu hasardeuse et qu'il pût aisément l'entreprendre, puisque alors l'Oder était presque dégarni; ni à avancer résolûment, comme il devait le faire, sur la Bohême et ses défilés du nord, les Prussiens échelonnèrent sournoisement leurs corps d'armée sur la circonférence en s'appuyant au chemin de fer de la frontière qui, de Dresde sur l'Elbe, va à Oppeln, ville située au delà de l'embouchure de la Neisse dans le haut Oder, et qui, comme nous l'avons dit, réunit les points intermédiaires de Bautzen, Gorlitz, Bunzlau, Liegnitz, Breslau, Brieg et les points avancés de Zittau, Fribourg, Frankenstein et Neisse, placés tous sur les défilés ou sur les passages obligés entre les monts de la Lusace, le Riesengebirge et les montagnes de Glatz, c'est-à-dire sur toute la frontière.

Pendant que l'armée autrichienne, enfin désabusée, effectuait sa tardive marche de flanc depuis Olmütz par Kœniggrætz et Josephstadt sur la Bohême, les armées prussiennes dépassaient les obstacles placés sur leur front.

Celle de l'Elbe se dirigea, pour pénétrer en Bohême, par Rumburg, Gabel, Huhnerwasser et occupa Münchengrætz sur l'Iser pour servir d'aile droite à l'armée d'invasion combinée.

Le centre formé par la première armée, sous le commandement du prince Frédéric-Charles, partit de Zittau, Gœrlitz et Lobau, gagna Reichenberg et Turnau, aussi sur l'Iser, en passant par les défilés des montagnes de la Lusace.

Enfin, l'armée du prince royal, dont les corps s'étendaient de Landshut à Neisse, forma l'aile gauche et avança sur la Bohême en trois colonnes ; la

première marcha de Landshut à Trautenau par Liebau et par le défilé de Schatzlar; la seconde de
Glatz sur Skalitz par Lewin et le défilé de Nachodt,
et la troisième prit le chemin intermédiaire de
Braunau et Eipel, par Qualish et Kosteletz.

Comme on le voit, l'armée du prince royal ou de
la Silésie, bien que forte de 130,000 hommes et
appuyée aux montagnes de Glatz, agissait en quelque sorte isolément sur l'Aupa et se serait vue in-
dubitablement compromise, si Benedek, de sa base
de Josephstadt à Neustadt, avait attaqué résolûment
ses colonnes à leur débouché des passages ; cela
semble prouvé par le combat de Nachodt, gagné
seulement par suite de l'énergie du général prussien Steinmetz, et à cause de la promptitude qu'il
mit à sortir de la vallée de la Mettau, et par le combat de Trautenau dans lequel le général Bonin, qui
venait de passer le défilé de Schatzlar avec la colonne de droite, se vit refoulé de l'autre côté de
l'Aupa et obligé de repasser la rivière, ne devant
son salut qu'à ce que le général autrichien Gablenz
n'avait pas pu le poursuivre, retenu qu'il était par
la proximité de la colonne centrale composée des
corps de la garde prussienne, qui déjà sortie des
montagnes, et suivant alors le défilé de Braunau,
se trouvait menacer son flanc droit. Il fallut alors
toute la chance et toute la vigueur de Steinmetz
pour parvenir à faire déboucher ces trois colonnes
sur l'Elbe supérieure, où elles arrivèrent cependant
en tournant par Arnau et Kœniginhof, point où
passe le chemin de fer de Turnau à Josephstadt qui

réunit le cours supérieur de l'Iser à celui de l'Elbe.

Pendant ce temps, le général autrichien Clam-Gallas, bien qu'il se soit vu renforcé par les Saxons repoussés de leur pays et par la brigade Kalik venue du Holstein, n'avait pas sous la main des forces suffisantes pour s'opposer aux deux armées prussiennes de l'Elbe et du prince Frédéric-Charles fortes de 120,000 hommes; aussi se trouva-t-il dans l'obligation de combattre avec un désavantage marqué sur la ligne de l'Iser qu'il dut abandonner après le combat de Munchengrætz, pour attendre une seconde fois les Prussiens, malgré leur supériorité, à Gitschin sur la Czidlina, et combattre encore vaillamment avant de se retirer sur le Bistriz ou sur Sadowa.

Ces grands mouvements étant terminés, les montagnes plutoniennes de la Bohême se trouvaient franchies, et les Prussiens étaient définitivement établis sur le bord élevé du terrain crétacé central où ils occupaient de Munchengrætz à Kœniginhof, situés respectivement sur l'Iser et sur l'Elbe supérieurs, un front de 60 kilomètres d'étendue avec un effectif réel un peu supérieur à celui des Autrichiens; le prince Frédéric-Charles assurant d'ailleurs sa réunion avec le prince royal par sa marche en avant sur Gitschin, point primitivement désigné dans le plan stratégique des Prussiens pour servir de centre de réunion, et qui est à égale distance des deux autres que nous avons cités plus haut.

Arrivés à cet endroit, nous ne pouvons passer

sous silence une circonstance capitale et essentielle qui, à elle seule, assurait à l'armée prussienne la libre occupation des positions qu'elle avait prises, à savoir la possession du chemin de fer de Kœniginhof à Turnau, entre l'Elbe et l'Iser; ce chemin, comme nous l'avons dit, passe en arrière de Gitschin et se rejoint à Lobau avec celui de Dresde après avoir traversé Reichenberg et Zittau; le prince Frédéric-Charles à son arrivée à Reichenberg le fit réparer immédiatement dans tous les points où il était détruit. Cette réparation fut faite d'un bout à l'autre avec beaucoup de rapidité par la section des chemins de fer de campagne, composée de troupes du génie dont les officiers avaient sous leurs ordres une partie du personnel civil des lignes nationales que l'on avait eu soin de rassembler en nombre suffisant dans chacune des armées d'opérations. La section susdite était destinée à organiser promptement la circulation sur les tronçons de chemins détruits et à diriger l'exploitation, comme aussi à rendre au besoin les voies impraticables, d'après ce principe militaire établi par rapport aux chemins de fer qui dit que les *attaquer c'est les détruire*, de même que les *défendre*, est synonyme *d'être prompt à les réparer*. Durant toute cette guerre on a reconnu la bonté de cette création récente qui, avec celle de la télégraphie de campagne, constitue un nouveau et puissant élément à ajouter à l'organisation des armées modernes; ces deux sections ont constamment rendu des services réellement importants et parfois même surprenants pendant le cours des opérations de cette campagne mémorable.

En face de l'avantageuse ligne de positions occupée par l'armée prussienne forte de 200,000 hommes victorieux, le général autrichien Benedek concentra la sienne, qui en comprenait 180,000, entre Sadowa et Kœniggrætz, à 30 kilomètres de distance de l'ennemi, dans une position excessivement découverte qui, pour pouvoir être conservée sur sa droite, aurait eu besoin d'être puissamment fortifiée et qui, en outre, avait l'Elbe sur ses derrières.

Le roi Guillaume vint se réunir à l'armée à Gitschin et concentra le commandement dans sa personne; l'armée de l'Elbe attaqua stratégiquement la gauche autrichienne, en la tournant en dessous de Sadowa, pendant que la première armée combattait le centre et donnait au prince royal le temps d'envelopper la droite en déterminant, par sa pointe vigoureuse sur Clun, la déroute générale des autrichiens.

Ceux-ci se retirèrent sous le canon de Kœniggrætz à l'abri de leur nombreuse cavalerie qui n'entra point en action, Benedek l'ayant tout le temps maintenue en réserve; ils marchèrent ensuite sur Olmütz, d'où leur retraite se continua à travers les Karpathes jusqu'à Presbourg sur les rives du Danube, en abandonnant ainsi la vallée de la March, sans laisser pour le moment d'autre appui à Vienne que le camp retranché de Florisdorf avec les troupes qui s'y étaient rassemblées.

L'Autriche était donc sur le point d'endurer de

nouveaux désastres quand l'empereur Napoléon intervint, bien que tardivement et seulement par voie diplomatique, ce qui fut la grande erreur de la France. Il aurait mieux valu pour cette puissance qu'elle ne restât point avec autant de confiance dans la neutralité, car cette guerre, par ses précédents, lui fournissait la meilleure occasion de faire avancer sur le Mein une partie de son armée, attitude qui, peut-être, aurait empêché le désastre de Sadowa avec ses conséquences, et qui, peut-être encore, lui aurait permis, en levant le masque au bon moment, de rétablir la frontière orientale du Rhin qu'elle possédait sous le premier empire; base certaine d'équilibre dans le continent et préliminaire indispensable du désarmement général si ardemment désiré par l'Europe.

Par malheur les choses ne se passèrent point ainsi, et la Prusse, rendue présomptueuse par ses triomphes, n'eut point la sagesse de s'en tenir aux succès positifs qu'elle avait remportés, et pas davantage à ses promesses; plus tard elle envahit inopinément la France dont elle avait blessé l'orgueil par un futile prétexte de guerre, et finit après sa victoire par relever une fois encore l'empire d'Allemagne, mais sur les bases éphémères d'autrefois et par suite en le laissant constitué d'une façon débile.

Mais n'anticipons pas sur les faits et suivons leur ordre chronologique, bien qu'en réalité il puisse nous être permis d'en faire abstraction, puisque l'idée géologique qui nous sert de guide est indépendante des époques et du mobile ou de l'origine politique des événements.

Quoique l'Autriche, par l'intermédiaire de Napoléon III, eût cédé à l'Italie la Vénétie avec le quadrilatère, cette dernière nation qui, cependant, venait d'être vaincue par terre et par mer à Custoza et à Lissa, ne se déclarait point encore satisfaite et demandait, en outre, le Tyrol; de son côté, la Prusse insistait sur les dures conditions qu'elle avait signifiées comme pouvant seules amener la paix, et elle poursuivait sa campagne du Mein, tandis que l'Autriche hésitait à les accepter.

En d'autres circonstances, cette campagne du Mein, bien que réduite à d'aussi étroites proportions, aurait été très-remarquable et aurait fourni une preuve éloquente au point de vue de la guerre des principes physiques que nous avons établis; mais le général Falkenstein avait, à l'époque qui nous occupe, vaincu isolément l'armée hanovrienne par son invasion subite, et celle de Bavière ainsi que le 8e corps confédéré n'arrivaient ni à se réunir, ni à combiner leurs mouvements, tandis que les succès de l'Elbe et du Danube avaient, pour ainsi dire, fait tomber les armes de leurs mains.

Dans tout autre cas, cette lutte bien que partielle, dans les âpres terrains triasiques du Mein traversés par de fréquents défilés, se trouvant concentrée sur la frontière naturelle de l'Eischfeld, du Thuringer-Wald, du Franken-Wald et du Fichtel-Gebirge, qui n'offrait à la Prusse que deux entrées praticables, et derrière laquelle se trouvent le Haut-

Rhône, le Vogelsberg, le Spessart, le Taunus et l'Oden-Wald, tandis qu'elle a sur ses flancs le Keller-Wald, le Wester-Wald et la Forêt Noire ; cette lutte, disons-nous, aurait donné lieu à une de ces grandes guerres de positions qui sont inhérentes à cette classe de terrains, pleines d'accidents et de vicissitudes. Cette assertion n'a rien d'aventuré ; la preuve en est que, malgré tout et quoique le Hartz fût perdu ainsi que toute la partie nord, à la suite des sanglants combats qui avaient précédé la capitulation de l'armée de Hanovre, et bien que les Prussiens fussent déjà concentrés à Eisenach, ils durent encore combattre pour arriver et s'établir à Francfort, sur le Tauber, à Werthem, à Werback et Bischofsheim, et sur le Mein à Gerschshcim, à Helmstadt, à Hettingen et à Rosbrünn, en se contentant de canonner la forteresse de Mariemberg, qui restait au pouvoir de la Bavière avant qu'elle eût signé un armistice avec la Prusse.

De toutes manières la paix était faite ; les résultats suivants, de la guerre de 1866, aussi violente et inopinée que celle de France en 1870, furent immenses pour la Prusse, qui s'y était cauteleusement préparée :

Exclusion de l'Autriche de la Confédération germanique ;

Commandement exclusif par la Prusse des forces de terre et de mer de cette Confédération ;

Représentation diplomatique de l'Allemagne à l'étranger par la Prusse ;

Annexion des duchés de l'Elbe et d'une partie

des territoires envahis par l'armée prussienne;

Possession exclusive de Mayence, et forte indemnité de guerre levée sur les Etats belligérants.

Nous trouvons ainsi la Prusse agrandie et déjà de fait constituée en Empire, occupant dans la Confédération germanique la place de l'Autriche, mais avec tous ses inconvénients; cette puissance a échangé ainsi pour une réunion des plus hétérogènes et par suite débile, son extension naturelle compacte et unie, mais forte par cela même; elle s'est faite responsable de la garde des deux portes de l'Allemagne : celle du Sud et celle du Nord, ou autrement dit du cours supérieur et inférieur du Rhin ; entreprise assez compromettante pour elle, tant qu'une combinaison avec la Russie ne l'aura pas amenée à supplanter complétement l'Autriche, en lui permettant de disposer du territoire et des ressources de cette dernière; idée à laquelle se relie peut-être son alliance persévérante avec l'Italie.

Mais n'allons pas plus loin dans ce qu'on pourrait appeler le champ des hypothèses ; les faits sont là qui nous appellent, faits basés sur des considérations physico-géologiques, suivant ce que nous nous sommes imposé à nous-même.

Pour cela, il est nécessaire de remonter d'abord jusqu'en 1815, car après l'étape du Danemark de 1864, prélude de celle de 1866 en Bohême, arrive nécessairement celle non moins calculée de 1870, dans laquelle la France se voit à son tour soumise à l'influence de la sphère d'action prussienne. Il faut se rappeler que la France, définitivement vaincue à Waterloo, dut subir la loi de l'Europe coalisée et accepter la ligne de frontières qui lui fut imposée.

Le Piémont, partant de Nice, passait au-dessus de Grenoble et arrivait à rejoindre la Suisse par le lac de Genève, ce qui permettait à la Confédération de dominer ainsi toute la vallée du Rhône ; de Genève par Neuchâtel jusqu'à Bâle, la Confédération suisse se trouvait à son tour voisine de la France ; de Bâle jusqu'à la Lauter au-dessous de Strasbourg, la frontière était formée par le Rhin ; mais de Lauterbourg à l'Océan la ligne des confins formait un angle droit vers l'occident, pour se terminer aux environs du port de Dunkerque. (Voir la planche IV).

Si nous examinons géologiquement cette longue ligne anguleuse de frontières depuis la Méditerranée jusqu'à l'Océan, nous voyons que la portion de l'est suit, à partir de Nice et jusqu'à Bâle, la bande jurassique occidentale des Alpes et s'appuie ensuite, sans perdre sa direction du sud au nord, sur le Rhin qui occupe le centre de l'ancien lac dont les contours sont déterminés par les terrains quaternaires de cette vallée comprise entre les soulèvements granitiques des Vosges, la Forêt Noire et leurs dérivations triasiques ; aux deux tiers de sa longueur, la frontière se retourne à peu près perpendiculairement vers l'ouest, et borde, depuis la Lauter jusqu'à l'Océan, les terrains primitifs du Rhin qui, en 1815, sont restés au pouvoir de la Bavière, de la Prusse et de la Hollande.

Par le Piémont, l'Autriche pouvait arriver sur le Rhône sans fouler d'autre terrain que celui des confédérés. Malgré la neutralité de la Suisse, il était encore possible pour cette même puissance d'arriver par le Tyrol au lac de Constance, et réunie avec la Bavière, le Wurtemberg et le duché de Bade, de passer le Rhin au-dessous de Bâle sans fouler non plus d'autres terrains que ceux de la Confédération germanique ; elle arrivait aussi à menacer Belfort par la vallée du Doubs pour se diriger vers le plateau de Langres, qui est par excellence le point stratégique de la France, parce qu'il domine les vallées de la Seine et de la Marne qui, comme on le sait, viennent se réunir à Paris, véritable cœur de l'État.

De Bâle à Lauterbourg, il est vrai qu'on donnait à la France le libre accès du Rhin, mais cela en lui interdisant d'avoir sur la rive droite du fleuve aucune place ou tête de pont, bien qu'elle eût là sur son front le rude boulevard de la Forêt Noire, et une seule communication à travers le fleuve lui était, par exception, laissée à Strasbourg, capitale de l'Alsace.

Les limites assignées de Lauterbourg à l'Océan sont bien connues ; c'étaient d'abord la province bavaroise du Rhin, puis la Prusse rhénane, et bientôt jusqu'à la mer, la Hollande, c'est-à-dire les âpres territoires du Hardt, de l'Hundsrück, de l'Eifel et des Ardennes.

Sur la droite de cette ligne frontière, dirigée de l'est à l'ouest, la France gardait Saint-Avold, Sar-

reguemines et Forbach sur la rive gauche de la
Sarre, mais elle perdait les places de Landau sur le
cours de la Queich, garde avancée de l'Alsace près
du Rhin et Sarrelouis, clef de la vallée de la Sarre
et de son confluent avec la Nied franco-allemande;
ces deux rivières réunies allant déboucher dans la
Moselle, qui est la porte naturelle de la Lorraine,
par Thionville et Metz.

Le centre de cette ligne générale de confins, si
formidable contre la France, était constitué par les
positions non moins fortes du Luxembourg et des
Ardennes.

Mais le point le plus vulnérable de cette frontière
étendue, entièrement ouverte aux armées de la Confédération, était sans aucun doute le triangle formé
par la convergence des rivières de la Sambre et de
la Meuse, sur la base duquel se trouve Rocroi, position complétée d'ailleurs entre la Sambre et l'Escaut par la ligne de Mons à Saint-Quentin, qui a
donné lieu au dicton célèbre : « La Hollande heu-
« reuse à Mons peut aller dormir à Paris ; » cette
dernière ville, par Laon et Soissons sur l'Oise, n'est,
en effet, qu'à 40 lieues espagnoles de la frontière.

Louis-Philippe parvint à émanciper la Belgique
en la séparant de la Hollande, et à interposer entre
la France et la Confédération ce nouvel État neutre, qui protége ainsi dans une certaine limite la
frontière nord de la France presque jusqu'à la Moselle ; mais il ne put parvenir à lui faire donner ni
les bouches à moitié anglaises de l'Escaut, ni le
Luxembourg, qui restèrent à la Hollande.

Cette frontière incidente ne préjudiciait néanmoins en rien à l'excellence du plan de la Confédération, car la portion des premières limites qui continuait d'exister depuis le Luxembourg jusqu'au Rhin et qui renfermait la Moselle, ne pouvait avoir une disposition plus stratégique; en premier lieu, elle suivait la limite naturelle des terrains primitifs dans leur intersection avec les terrains triasiques de la Lorraine : la Sarre coule précisément le long de cette ligne de réunion; l'âpre territoire situé en arrière, divisé en deux parties par la Moselle, était occupé par les deux provinces rhénanes de la Prusse et de la Bavière contournées suivant la forme d'une vaste tête de pont qui aurait eu le Luxembourg pour ouvrage avancé; puis apparaissait le Rhin, fortement encaissé entre l'Eilfel et le Hundsrück; protégé à son confluent avec la Moselle par la place de Coblentz, et présentant en arrière le Wester-Wald et le Taunus, qui flanquent d'une manière puissante le cours opulent de la Lahn; le flanc inférieur du Rhin ou Rhin inférieur est assuré d'ailleurs par les places de Cologne et de Wesel, qui couvrent le passage intermédiaire de Dusseldorf, et le flanc gauche ou Rhin supérieur est renforcé par la place de Mayence au confluent du Mein, qui surveille le cours stratégique de la Nahe.

Plus haut se trouvent les places de Germersheim qui couvre le passage de Manheim au confluent du Neker, et Landau sur la vallée de la Queich, clef de la basse Alsace; la plaine de Bade est fermée par Rastadt, forteresse située sur la Murg qui descend au Rhin en partant de la Forêt Noire.

Pour donner une idée de la nature topographique de ces terrains, nous dirons que sous Trèves et dans ses environs immédiats, on voit confluer dans la vallée resserrée, étroite et tortueuse de la Moselle les cours d'eau de la Sure dont le bassin forme le Luxembourg, du Kill qui descend de l'Eifel, les ruisseaux qui descendent de l'Hundsruck et aussi la rivière frontière de la Sarre, qui tombent là sous toutes les directions possibles et rayonnent dans les quatre quadrants du cercle ; il faut du reste noter qu'à Sarreguemines, au confluent de la Sarre et de l'Erback, tandis que celle-là vient directement des Vosges pour aboutir en ce point en suivant la direction du sud au nord, celui-ci descend du Hardt par Deux-Ponts en coulant du nord au sud, les deux courants se trouvent ainsi être de sens contraire ; il en est de même à Sarrelouis pour la Nied et les eaux qui y tombent des versants opposés.

La Sarre forme d'ailleurs jusqu'à Trèves une frontière en lacet bien digne d'étude, tant au point de vue de la topographie qu'à celui de la géologie, surtout dans la partie de Sarrelouis, Saarbruck et Sarreguemines, où il est impossible de s'établir sans être mis en déroute et rejeté sur la terre lorraine pour y être ensuite attaqué par l'armée qui opère sur le puissant territoire rhénan de sa rive gauche.

Si nous nous attachons à la partie politique militaire de la description de la frontière franco-allemande, nous ne pourrons nous empêcher d'arrêter notre attention sur la vaste zone de petits États qui, de l'autre côté du Rhin et du Rhône, faisaient partie de la Confédération et qui s'étendaient de la Mer du Nord jusqu'à la Méditerranée sans autre interruption que la Confédération suisse, constituée en Etat indépendant; c'est sur cette bande de terrains que devaient s'agiter plus tard des questions brûlantes, sans qu'il fût possible d'arriver à frapper les véritables positions de la Prusse, de la Bavière et de l'Autriche, autrement qu'à travers mille difficultés, parce qu'elles se trouvaient placées en arrière de cette zone de combat, tandis que la puissante Russie apparaissait en outre dans le lointain.

Malgré l'avantage indubitable que la France avait trouvé dans l'émancipation de la Belgique, elle se vit néanmoins dans la nécessité de fortifier Lyon et Paris pour posséder du moins deux places de dépôt centrales, ou, ce qui est la même chose, dans la nécessité de revêtir le casque et la cuirasse afin d'avoir le temps de remuer les bras; en même temps elle comprit qu'il lui fallait rester complétement armée, comme une région mise en état de siége et sur le point de se trouver bloquée.

En cet état de choses on ne peut reprocher à la France d'avoir combattu sans relâche pour se délivrer des énormes dépenses que, depuis 1815, elle se voyait contrainte de faire pour ses armements et ses défenses; car elle ne pouvait arriver à un désarmement sans avoir obtenu de véritables frontières, au risque de se trouver de nouveau, lors de la première affaire, à la merci de ses voisins coalisés.

Napoléon III, après avoir donné l'existence à l'Italie en repoussant l'Autriche jusqu'au quadrilatère, donna à la France, en suivant ainsi sa véritable politique nationale, les territoires de Nice et de la Savoie, et par suite ses limites naturelles, puisqu'il faisait reculer la frontière du Rhône jusqu'aux crêtes des Alpes, cherchant ainsi à être, de ce côté du moins, assuré d'une tranquillité durable.

Maintenant, en présence de l'antique et constante marche absorbante de la Prusse, réalisée sous l'impulsion d'une politique toujours fallacieuse qui s'appuyait sur la force de l'organisation militaire spéciale du pays ; après qu'arrachant effrontément le masque, cette puissance eut brisé la Confédération germanique, et choquant fièrement le Danemark, le Hanovre et l'Autriche, se fut appropriée les petits États et eut obligé les autres à une annexion forcée, peut-on dire que la France a commis un acte injustifiable et qui ne comporte aucuns précédents lorsqu'elle a voulu chercher l'équilibre en arrachant à la Bavière et à la Prusse leurs provinces avancées, et en poussant ses frontières jusqu'au Rhin ? Et surtout, peut-on proclamer que la dernière guerre a été uniquement le fait de l'ambition de l'Empire et non une question nationale en France ?

Les armes prussiennes victorieuses ont été maîtresses de Paris et de tout le territoire réellement français, rien que par l'effet des premiers chocs partiels. Tout le pouvoir de la France humiliée est tombé dès les premiers moments !

C'était là un résultat facile à prévoir, étant donné l'état des frontières du côté par où elles ont été envahies. Cela même démontre l'urgence, comprise par la France, qu'il y avait à se mettre dans une situation moins désavantageuse et moins précaire pour prévenir de continuels désastres, et éviter de consumer ses richesses en armements formidables par suite de la nécessité où l'on était de se maintenir en état perpétuel de guerre ou de défense.

Ce n'a point été l'Empire, mais bien la France qui, pour défendre ses intérêts les plus légitimes et les plus précieux, s'est vue engagée dans une lutte sanglante, déjà contenue en germe dans les traités de paix de 1815 ; pour ce but elle devait, se soulevant comme un seul homme, employer toutes ses forces. L'histoire rendra à l'Empire cette justice, que c'est dans le seul intérêt de la France qu'il a entrepris une guerre qu'il ne pouvait plus éviter, et du succès de laquelle dépendaient la grandeur et l'importance futures de la patrie si sérieusement menacée.

Mais, en nous laissant ainsi aller au courant de la plume, nous arrivons à des considérations qui, bien qu'exactes, nous distraient quelque peu de notre but.

Nous avons rapidement décrit l'état de la frontière française par rapport à la Confédération germanique, c'est-à-dire, ainsi que nous l'avons montré, par rapport à la position de la Prusse; mais avant de chercher la déduction logique des conséquences générales qu'on en peut tirer, il est nécessaire d'exposer d'autres précédents non moins intéressants.

Nous avons défini géologiquement et stratégiquement la formidable tête de pont que la Prusse s'était réservée sur la rive gauche du Rhin depuis 1815, en se donnant dans cette province avancée une excellente base de concentration pour tomber sur la vallée de la Sarre et envahir ensuite la Lorraine française; nous allons maintenant analyser le Rhin ou autrement dit la véritable frontière allemande tout entière.

Celle des frontières de l'Allemagne qui regarde l'occident et qui comprend le Rhin est, sans aucun doute, la plus importante. Elle est formée naturellement de trois parties essentielles qui divisent à peu près par tiers la grande frontière générale, dont l'étendue est approximativement de 700 kilomètres.

La première de ces portions partant de l'embouchure de l'Ems dans la mer du Nord, suit presque parallèlement le cours de cette rivière et se dirige du nord au sud jusqu'à l'endroit où le Rhin se bifurque pour former un delta, ou, pour mieux nous faire comprendre, jusqu'auprès de Wesel, au confluent de ce fleuve avec la Lippe qui court de l'est à l'ouest. Tout ce tronçon de frontières qui touche à la Hollande et à la mer est plat et découvert, et bien que violemment annexé à la Prusse avec le Hanovre après 1866, est réellement la continuation des plaines quaternaires ou récentes de la mer Baltique, et par suite peut-être considéré comme une partie intégrante du territoire homogène de la Prusse elle-même.

Cette antique expansion de la mer Baltique, dont la présence de ces terrains récents donne la preuve, formait deux golfes ou sinuosités principales. L'une d'elles, pénétrant dans l'intérieur avec le Rhin par Dusseldorf et Cologne jusqu'à Bonn, avait pour côtes les âpres terrains primitifs de la rive droite du fleuve qui comprennent le Saverland, l'Elberfeld et la pointe du Haarzstrang, et sur la rive gauche l'Eifel ; la Meuse venait y déboucher à Maëstricht.

Aujourd'hui encore, les restes de ce grand golfe sont représentés par le Zuiderzée et les bouches du Rhin et de l'Escaut. En suivant par Wesel et Munster les cours de la Lippe et de l'Ems, entre le Haarzstrang et le Teutoburger-Wald, on trouvait à l'est un autre grand enfoncement qui comprenait dans son intérieur les îles crétacées de la Westphalie, et qui était constitué par suite comme le sont aujourd'hui les détroits du Sund et du Belt qui donnent entrée dans la mer Baltique.

Ces golfes s'étant naturellement transformés en terre-pleins, il n'y a rien d'étrange à ce que la ligne de Duisbourg entre Wesel et Dusseldorf soit la véritable entrée de l'Allemagne du Nord, ou mieux de la Prusse, à travers le Rhin, car elle conduit sur le Weser par la vallée de la Lippe et par les brisures et les dépressions de la forêt de Teutobourg qui sont appelées les portes de la Westphalie. De là, il n'est point difficile à une armée d'arriver par le Hanovre, en s'appuyant aux dérivations des montagnes du Hartz, jusqu'à Magdebourg sur l'Elbe, dernière étape de la route de Berlin, surtout si l'armée envahissante peut compter sur le puissant auxiliaire d'une grande escadre qui s'emparerait des côtes de la mer du Nord et par suite des embouchures de l'Ems, du Weser et de l'Elbe, mises en communication avec l'intérieur par leurs lignes de chemins de fer, et si elle peut utiliser en outre la disposition favorable des pays violemment annexés à la Pruss e

De Bonn jusqu'à Bingen, à l'embouchure de la Nahe, ou mieux jusqu'à Mayence au confluent du Mein, où finissent les terrains quaternaires de l'Alsace et de Bade qui se sont déposés dans l'ancien lac du Rhin, allongé entre les Vosges et la Forêt Noire et qui devait arriver jusqu'à Bâle, nous avons déjà dit que le Rhin coulait encaissé dans la vaste coupure ouverte dans ces formations primitives, coupure qui se trouve traversée perpendiculairement d'un côté par les cours de la Sieg et de la Lahn; de l'autre, par celui de la Moselle en formant le Wester-Wald, le Taunus, l'Hundsrück et l'Eifel, âpres citadelles naturelles opposées à travers lesquelles on n'a jamais pensé qu'il fût possible de pénétrer jusqu'au cœur de l'Allemagne; il est clair, par suite, que les deux places extrêmes de Cologne et de Mayence, dont la première garde le golfe ancien du Nord et la seconde le lac du Rhin, ont un véritable caractère défensif, de même aussi qu'il est aisé de voir que Coblentz est, par sa situation, construite uniquement dans un but d'envahissement contre la France, car elle surveille surtout le cours de la Moselle qui conduit directement à la position forte et stratégique de Luxembourg en contact avec les Ardennes.

Il est indubitable que l'on peut tenter le passage vers l'intérieur de l'Allemagne à partir de Mayence par Francfort, en suivant le Mein qui se faufile entre l'éruption volcanique qui forme le Wogels-Gebirge et le soulèvement granitique de l'Oder-Wald, et par Manheim et Stuttgart en suivant le Neker qui passe entre ce dernier promontoire et la Forêt Noire; mais cette ligne est très-difficile à forcer directement, en raison de ce que le cours de ces deux rivières se trouve enclavé dans les formations triasiques de la rive droite du Rhin, qui constituent des terrains difficiles où l'on se trouverait amené immanquablement à une guerre de positions interminable. En outre, il serait nécessaire pour passer le Rhin de se rendre maître des places de Germersheim et de Rastadt, l'une offensive et l'autre défensive, situées à la gauche et à la droite du fleuve, et qui avec Landau sont, ainsi que nous l'avons dit, les clefs des plaines de l'Alsace et de Bade, destinées à neutraliser l'action de Strasbourg.

Entre Strasbourg et Bâle se présentent, opposés

l'un à l'autre, les deux soulèvements granitiques des Vosges et de la Forêt Noire ou Schwarz-Wald, et il est superflu de dire qu'au point de vue militaire, il est toujours nécessaire d'éviter ces deux promontoires et qu'il en résulte la nécessité de les tourner.

Nous avons déjà dit ailleurs, et cela peut se vérifier sur la carte, qu'une bande jurassique générale entoure tout le territoire triasique, y compris les deux soulèvements précités, et forme la porte de la France par le Doubs, surveillée par Belfort, et l'entrée naturelle de l'Allemagne du Sud en suivant le changement de direction du Rhin vers l'est par Bâle, Schaffouse et Stockach sur le lac de Constance.

En effet, le Doubs, et pour la même raison les eaux du Rhône, se réunissent de ce côté aux eaux du Rhin par le canal de l'Alsace, et ce dernier fleuve, se tournant brusquement vers le levant à partir de Bâle, se faufile le long de la ligne de jonction nord des terrains jurassiques pour les traverser à son confluent avec l'Aar qui vient de Berne, et pour prendre la ligne de jonction jurassique au sud, et se trouver ainsi en contact avec les terrains miocènes des cantons suisses et avec les terrains quaternaires du lac de Constance et du Danube.

Ce fut au sortir de Besançon que César livra sa première bataille contre les Germains qui, commandés par Arioviste, cherchaient à lui disputer la Gaule, et qui, réunis en nombre immense, s'étaient emparés de cette porte classique de la France; il les mit complétement en déroute à une distance de 50 milles romains du Rhin, et presque tous périrent avant d'atteindre ce fleuve opulent que peu réussirent à passer; ils n'incommodèrent plus ensuite les légions romaines que lorsqu'elles envahirent la Belgique en tournant la Meuse, d'où César partit de nouveau pour traverser le Rhin par Cologne et abattre définitivement la ténacité germaine en donnant un exemple célèbre d'intelligence et d'audace.

Il faut savoir, en outre, que du lac de Constance on peut aller à Ulm sur le Danube, point stratégique principal, qui est la clef du Jura de Souabe, et par la même raison du Wurtemberg et de la Bavière; ensuite on passe au Jura de la Franconie, puis, laissant le Mein sur ses derrières et après s'être facilement rendu maître de la Franken-Wald, on descend sur Erfürth et Iéna, de là à Leipzig et ensuite à l'Elbe. Après une bataille livrée sur la base de Wittemberg, Dessau et Magdebourg, on arrive à Berlin et peut-être à Stettin et Custrin sur l'Oder, chemins de Dantzig et de Thorn sur la Vistule qui conduisent à Kœnigsberg, à moins que la Russie ne finisse par intervenir.

C'est à peine si dans ce mouvement on serait dans la nécessité de fouler à Schaffouse, pour entrer par la porte sud de l'Allemagne, le territoire de la Suisse qui n'a jamais été hostile à la France, celle-ci ayant toujours respecté son indépendance.

En tenant compte de la distance énorme à laquelle la Prusse se trouve de cette entrée facile et de sa proximité de la France, en tenant compte aussi de la récente dissolution de la Confédération germanique et de l'exclusion prononcée contre l'Autriche, il n'est point besoin qu'on insiste pour arriver à se convaincre que la partie méridionale de la frontière allemande était la plus débile et la plus vulnérable. Tout se réunissait donc, en 1870, pour engager les Français à diriger leur principal effort de ce côté, outre que la Bavière et le Wurtemberg constituaient par eux-mêmes un objectif politique pour la France, aussi important que celui que lui présentaient les pays annexés du Nord, en raison de la grande et profonde antipathie de leurs habitants vis-à-vis la Prusse, antipathie toujours latente en raison de ce que leurs intérêts s'opposaient à sa manifestation, mais qui s'était développée d'une manière intense à la suite de la campagne de 1866, et à cause de ses conséquences humiliantes pour les deux parties nord et sud de l'Allemagne.

Ces précédents étant compris, nous allons arriver maintenant aux faits principaux. A la première nouvelle de la guerre franco-prussienne, ainsi que l'a montré l'état de l'opinion publique, la masse générale qui se trompe rarement a crié : *Au Rhin! A Berlin!* Et Napoléon III, pour compléter la phrase, a ajouté : *A Kœnigsberg!* Preuve évidente que personne n'ignorait le point objectif principal, ni les étapes de la campagne qui allait s'ouvrir.

L'histoire politique et militaire de l'Allemagne

dans tous les temps, la terrible décomposition qui venait de se produire dans la Confédération par suite de l'ambition démesurée de la Prusse, la topographie générale et particulière de ces territoires si étendus, tout entière en harmonie avec l'organisation géologique du centre de l'Europe, indiquaient bien clairement le chemin que la France avait à suivre dans la guerre récente, chemin moins aventureux certainement que celui que la Prusse a adopté pour marcher contre la France. La question n'était point non plus celle des moyens; l'ensemble de forces que la nouvelle Confédération allemande a présenté et pouvait présenter dans cette campagne était bien loin de valoir la forte et homogène armée prussienne de Sadowa dans la guerre contre l'Autriche.

La France n'était point désarmée : son armée, forte de 360,000 hommes effectifs sur le champ de bataille, était tout entière permanente et composée d'excellents soldats guidés par des chefs et des officiers entendus; son matériel, bien que non complet, était bon et suffisant, et l'armement de son infanterie surpassait celui de l'infanterie prussienne.

On se rappelle, en outre, ce que Napoléon Ier était amené à dire par suite de sa propre expérience : « La France est inépuisable; il suffit d'en frapper le sol avec le pied pour en faire jaillir des armées et des trésors. »

Cela est évident, du reste. Comment donc, en quelques mois, cette nation de 40 millions d'âmes, bien armée, riche et florissante, a-t-elle pu tomber à la merci de la politique prussienne?

Le caractère inquiet du pays, sa tendance révolutionnaire, propre à toute la race latine, et qui en tous les temps a été particulièrement exagérée en France, n'avaient rien d'inconnu et étaient le premier élément dont on devait tenir compte, parce que l'on devait savoir que de telles dispositions pouvaient s'exalter dans des conditions données. La première des choses indispensables pour entreprendre une guerre stratégique, pour livrer de grandes et fructueuses batailles, est de faire sortir rapidement une armée de son pays natal en l'entraînant dans la région ennemie, parce que ce n'est que de cette façon qu'on peut la maintenir compacte, vigilante et subordonnée, conditions qui sont indispensables pour se battre en ligne. Pour l'armée française et pour la nation elle-même, cela était d'autant plus indispensable que l'histoire nous démontre que cette armée ne s'est jamais battue avec gloire et avec succès à l'intérieur même de la France; mais nous en pourrions dire autant et même bien plus de la Prusse, de l'Autriche et de toute l'Allemagne chaque fois qu'elles ont vu envahir leurs territoires respectifs. L'Espagne seule fait exception à cette règle et a constamment fait voir que ses fils, bien qu'aptes à réaliser des prouesses à l'extérieur sur terre et sur mer, ne cessaient pas d'être assez braves, constants et tenaces pour vaincre l'ennemi lorsque celui-ci arrivait à envahir leur territoire, opposant toujours leur *Peu importe* (*No importa*) même à leurs plus grands désastres.

C'est pour cela que nous avons crié, nous aussi : *Au Rhin !* sur la province avancée prusso-bavaroise.

Il est certain que l'armée française, étant donnée sa constitution, ne pouvait être complétement organisée en quinze jours ; mais, par cela même, il était nécessaire de l'établir tout d'abord dans un pays accidenté, permettant, comme le terrain indiqué ci-dessus, d'attendre qu'on eût fini de s'organiser tout *en attaquant*. Bien des fois, en réfléchissant à cette excellente maxime militaire, nous nous sommes reporté à cet épisode de notre dernière guerre civile, alors que nous vîmes Cabrera, mis en déroute par Gomez dans sa célèbre expédition de l'Andalousie, et quand il semblait défait, mis en fuite et annihilé pour toujours, mettre le siége devant Cantavieja, se refaire de la sorte et se réorganiser à nouveau pour continuer la guerre avec une surprenante énergie et comme s'il ne s'était rien passé à son armée.

C'est ainsi encore que s'organisa dans les provinces du Nord l'armée de Zumalacarregui, qui parvint à mettre en péril le trône constitutionnel de la reine.

Il n'y a certes point parité de circonstances entre ces faits et ceux du commencement de la guerre franco-allemande que nous avons considérés ; mais le principe militaire ainsi posé n'en subsiste pas moins dans toute sa force.

La première chose que devait faire l'armée française était de se placer sur un théâtre d'action convenable, en harmonie avec son véritable état et avec le caractère de son organisation.

Le territoire prusso-bavarois du Rhin que nous avons indiqué, réunissait toutes les conditions nécessaires, avec cette circonstance remarquable que, placé en contact immédiat avec la France, il permettait de soutenir solidement l'armée; et d'ailleurs cette occupation était le véritable objectif de la dissidence et de la guerre; puis l'armée française pouvait l'entreprendre dès le premier jour de la campagne, car elle aurait trouvé le pays complétement dégarni.

Les deux places du Rhin, Coblentz et Mayence, distantes entre elles de 60 kilomètres, pouvaient être attaquées simultanément avec un rapide succès, quoiqu'elles fussent très-importantes par elles-mêmes et bien fortifiées; mais leur force même n'était plus alors en harmonie avec la puissance ni avec la portée de l'artillerie moderne.

Avec le Rhin en travers, il n'était pas facile aux Prussiens de prêter à ces places un secours véritable, auquel se refusait d'ailleurs la sauvage organisation naturelle de la rive gauche. L'Hundsrück prêtait à cette base offensive un formidable appui par le flanc gauche, et une avant-garde dans l'Eifel aurait facilement surveillé Cologne, comme aussi depuis le Hardt elle aurait pu promptement tenir Gemersheim en échec; il n'était point facile, en outre, que les petites places de Landau et de Sarrelouis, laissées en arrière dans cette marche rapide, pussent résister à une action de force, et encore moins Luxembourg, préalablement démantelée.

Le temps ne manquait point et ne pouvait manquer pour ces opérations : la déclaration de guerre de la France ne fut remise à Berlin que le 19 juillet 1870, quand déjà, depuis quelques jours, avaient commencé les mouvements de concentration de l'armée française sur Metz, Thionville et Forbach, et alors qu'on formait un corps à Strasbourg et un autre à Belfort. La mobilisation de l'armée prussienne ne fut ordonnée que le 15 juillet, et cette armée ne fut sur la frontière que quinze jours plus tard. Jusqu'au 2 août le canon ne se fit point entendre, si ce n'est ce jour-là à Saarbrück, d'une manière peu sérieuse. Il reste donc hors de doute que, si l'armée française n'avait point hésité, ou mieux encore que si, dès l'origine, elle avait eu un plan fixé, elle aurait pu s'avancer jusqu'au Rhin et obtenir un succès facile sur les corps prussiens, qui arrivaient successivement, s'ils s'étaient hasardés à passer le fleuve.

Dans une position semblable, l'armée française aurait eu un temps plus que suffisant pour s'organiser solidement et recevoir tout son matériel, opérant offensivement sans que, dans des terrains pareils, elle dût souffrir, du moins pendant un moment, de son manque de cavalerie ni de sa constitution incohérente, qui la rendaient peu apte à livrer des batailles en rase campagne, mais la laissaient suffisamment forte, à cause du caractère

même du soldat, pour sortir brillamment de combats isolés et partiels.

Néanmoins, nous avons vu les Français se disposer sur la Sarre, ligne dont nous avons analysé
les conditions défavorables à tous les points de
vue, et en outre présenter, à Strasbourg et à Belfort, des corps d'armée complétement séparés du
gros des forces, en formant ainsi une base d'opérations angulaire dont le sommet, complétement dégarni, se présentait libre de toute entrave au mouvement concentrique des corps prussiens, qui
arrivaient déjà sur lui en organisation compacte.

C'est ainsi que la Prusse se vit tout d'abord en
mesure de réaliser ce qu'elle avait prémédité depuis longtemps, lorsqu'elle avait donné à la France
le cours de la Sarre comme limite de son territoire,
en serrant au moment critique le lacet qu'elle avait
préparé avec tant de prévoyance, ce qui fut la
source et l'origine de tous les désastres. La chose
était claire pour nous; il est vrai que, dans une de
nos missions à l'étranger, nous avions étudié Cologne, Coblentz, Mayence, Gemersheim, Rastadt,
Strasbourg et Metz, et que nous avions été chargé
d'examiner les conditions de cette frontière franco-
allemande, si intéressante sous tous les aspects, et
dont nous avons ensuite établi une carte militaire
qui existe à notre Dépôt topographique; néanmoins, nous n'aurions pas osé consigner les graves
appréciations qui précèdent, par crainte qu'elles
ne parussent déduites de la marche même des événements, si nous n'avions cru nos assertions suffi-

samment démontrées par la description physico-géologique des lieux telle que nous l'avons consignée plus haut.

Mayence et Cologne sont des places réellement stratégiques de toute antiquité; nous savons tous qu'elles datent de la domination romaine; Coblentz, Gemersheim, Rastadt, sont des places récentes et toutes de circonstance. La première de ces forteresses, Mayence, est un véritable centre stratégique invariable, parce qu'elle est située non-seulement au confluent du Rhin et du Mein, mais encore au foyer de la région géologique la plus remarquable qui se puisse imaginer, puisque, dans un rayon de 50 à 60 kilomètres, on voit s'y présenter tous les terrains que comporte l'échelle géologique, répartis en masses différentes, complétement définies, et qui y déterminent des accidents extraordinaires.

Mayence est, en effet, un des points qui révèlent les profondes connaissances que les Romains avaient dans la stratégie et l'art de la guerre. Non-seulement cette place surveille la gorge inférieure du Rhin, qui commence à Bingen, au confluent de la Nahe, et l'importante ligne de jonction du Mein, située à l'extrémité d'une riche vallée qui jadis a formé le fond du lac allongé du Rhin moyen, lac que retenaient l'Hundsdrück et le Taunus avant de s'être violemment séparés ; mais de plus elle est la porte d'un extravasement de ce lac du côté de Francfort, lequel devait se prolonger, ainsi que l'indique la chaîne de lambeaux quaternaires qui existent au pied oriental de l'énorme éruption volcanique du Vogels-Gebirge et qui n'embrassait pas une longueur de moins de 60 kilomètres avant de venir décharger l'excédant de ses eaux dans le Weser à travers la conque miocène de Cassel; c'est cette direction que le chemin de fer suit à peu près aujourd'hui et qui jadis devait être le véritable chemin des peuples du Nord pour venir déboucher dans la grande vallée du Rhin.

Supposons que les divisions de l'armée française, au lieu de se préparer à recevoir le choc sur la Sarre, aient fait un pas de plus et aient établi leur quartier général à Kaiserslautern, ville célèbre déjà dans les guerres de la République, en groupant toutes leurs forces dans ce qu'on appelle le cercle du Rhin; elles se seraient trouvées maîtresses dès le premier jour de ce classique territoire alors dégarni, par là même des chemins de fer de Mayence et de Manheim, qui par derrière correspondent à celui de Metz et, le long du Rhin, avec celui de Strasbourg par l'Alsace, chemins au moyen desquels on aurait pu faire rapidement arriver jusqu'à elles toutes les ressources de la France.

Dès le premier moment, les places de Landau, Gemersheim, Mayence et même Coblentz, se seraient vues en état d'hostilité pendant que les Prussiens rassemblaient leurs hétérogènes contingents du Sud entre le Neker et le Mein, en ayant le Rhin sur leur front, et se concentraient pour effectuer un passage qu'ils auraient trouvé difficile

dans des circonstances semblables, alors qu'ils auraient analysé les conséquences de ce premier
contre-temps; l'armée française aurait eu ainsi
tout le temps nécessaire pour s'organiser solidement, sans laisser à la Prusse d'autre avantage
que celui du nombre, qui lui-même peut-être fût
devenu un véritable préjudice dans des parages
aussi rétrécis.

Cette base que nous assignons à l'armée française en 1870 n'est point inconnue dans l'histoire
de la guerre : déjà, en 1620, le célèbre marquis de
Spinola choisit ce même terrain du Hundsrück
pour soutenir avec quelques régiments espagnols
ramenés des Flandres une campagne remarquable :
Spinola passa le Rhin et menaça Francfort. Rapidement il repassa le fleuve et revint le traverser
par Mayence, en rejetant sur Oppenheim le margrave de Anspach-Brandebourg ; puis il tomba sur
Kreuznach et Alzey, et feignit d'attaquer Worms,
au secours de laquelle vola le margrave depuis Oppenheim. Spinola alors fondit comme la foudre sur
cette dernière ville, qui se rendit sans grande résistance. Il en occupa d'autres encore, et, quoique
l'ennemi eût reçu des renforts anglais, on le vit
rester sur la rive gauche du Rhin entre l'Hundsrück
et la Moselle, d'où il dominait le Palatinat.

De même, en 1688, l'armée de Louis XIV fit
dans ces parages irruption sur le Rhin pour marcher contre la coalition générale, et du premier
coup occupa le Hardt, Oppenheim, Spire, Worms,
Mayence, Trèves, Heilbronn, mit le siége devant

Heidelberg, Manheim, Frankenthal et, pour la seconde fois, devant Philippsbourg.

On pourrait encore dire de l'immortelle campagne de Napoléon qui se termina à Austerlitz qu'elle partit de la même base. Le 29 août 1805, le camp de Boulogne fut dissous, et quatre corps d'armée, ainsi que la cavalerie de Murat, entrèrent en ligne sur le Rhin. Augereau, qui se trouvait à Bayonne, marcha avec le sien directement sur *Bâle*; Bernadotte, de *Hanovre*, descendit sur Vurtzbourg et se plaça sur le Mein avec son corps d'armée.

La ligne principale d'opérations fut dirigée à partir du Rhin par Spire, aux environs de Manheim; elle rejoignait ensuite Heilbronn sur le Nekar, passait à Hall et Hellvangen sur son affluent le Kocher, et évitait la ligne de partage à Nordlingen pour croiser le Danube à Donauwerth et tomber comme la foudre sur les derrières des positions autrichiennes de l'Iller, en finissant par attaquer Ulm pour faire capituler dans cette place Mak avec les restes de son armée de 70,000 hommes, qui fut détruite sans qu'il eût seulement eu le temps de comprendre de quel côté lui venaient les attaques.

Sans chercher davantage, nous retrouverons ces mêmes noms dans le tracé de la ligne d'opérations qui fut suivie inversement, à partir de l'Elbe, par Gustave-Adolphe, qui, à la tête de l'armée aguerrie des Suédois, attaqua l'Autriche par la Bavière.

En 1631, le célèbre Gustave-Adolphe gagna sur

Tilly la bataille de Leipzig, qui lui ouvrit un champ d'action immense. Il changea alors diamétralement sa base d'opérations et la transporta au sud, alors que jusque-là il l'avait maintenue au nord sur les rives de la mer, et il se dirigea sur Donauwerth pour y passer le Danube et marcher sur Vienne, son objectif principal, par la rive droite, en dépit de la triple barrière du Lech, de l'Isar et de l'Inn. Après le fameux passage du Lech, la valeur de Gustave-Adolphe vint se briser contre les murs d'Ingolstadt, et il retourna dans la Franconie pour se retrancher à Nuremberg, ayant sur son front Waldstein, qui venait d'entrer en campagne. Attiré enfin jusqu'à Leipzig, Gustave-Adolphe trouva la mort en 1632 à la bataille de Lutzen. La guerre continua néanmoins, et, en 1634, les Impériaux assiégèrent Nordlingen, qui se défendit avec ténacité.

Sur ces entrefaites, le cardinal infant, frère de Philippe IV, et prince d'un caractère militaire élevé, partit de Milan avec quelques régiments d'infanterie espagnole. Il se réunit aux restes du corps que le duc de Feria avait amené en Bavière et aux 12,000 hommes du duc de Lorraine, déjà dépouillé de ses États de France, et prit la route des Pays-Bas, à travers le territoire allemand, pour prêter son concours aux Autrichiens.

Après avoir passé le Lech auprès de Rain et le Danube par Donauwerth dans les premiers jours de septembre 1634, le cardinal infant se présenta sous les murs de Nordlingen, auxquels les Impériaux avaient déjà fait brèche, mais avaient vu repousser leurs assauts multipliés, à cause de la confiance qu'avaient les assiégés dans les secours très-prochains que devaient leur envoyer les Suédois. Ce secours arriva en effet le cinquième jour, conduit par Bernard de Weimar, Horn et autres bons officiers de Gustave-Adolphe, qui n'hésitèrent point à présenter la bataille. La clef de la position était une hauteur qui dominait le camp impérial. Les Suédois, ayant été retardés dans le transport de leur artillerie, trouvèrent au milieu de la nuit cette hauteur déjà occupée et retranchée par les Espagnols. Tous leurs efforts pour l'occuper restèrent sans résultat, et ce fut là que vinrent se briser leur fortune et leur valeur.

Si l'on en croit le témoignage de leurs admirateurs eux-mêmes, il y eut un régiment qui revint *sept* fois à la charge et qui à chaque fois fut repoussé par les Espagnols sans pouvoir gagner un pouce de terrain. Le résultat fut un immense désastre pour la cause protestante et l'abaissement à toujours de l'influence et de la renommée des Suédois. Ceux-ci laissèrent sur le champ de bataille 12,000 morts, 300 drapeaux, 80 pièces, 4,000 fourgons; Horn et d'autres généraux furent faits prisonniers, tandis que Bernard de Weimar, leur chef, s'échappait à peu près seul du côté de Francfort.

Nous avons déjà parlé du passage du Rhin par l'armée allemande, parce que nous n'avons jamais supposé que, dans la première période de la guerre, il fût à propos pour l'armée française de l'effectuer elle-même, son seul but devant être alors, en avançant sur le Hundsrück, de s'organiser en prenant de bonnes positions, tandis que l'ennemi resterait déconcerté par suite même de cette manière d'agir, l'armée française limitant d'ailleurs ses efforts au maintien de la frontière ; chose parfaitement faisable, malgré son infériorité du moment, alors qu'elle se trouvait avantageusement placée entre le Rhin et la Moselle.

En prononçant le mot d'organisation, nous n'entendons pas seulement dire que l'armée en action aurait reçu le complet de son personnel et tout son matériel réglementaire ; la France, qui seulement alors aurait vu que son armée permanente était sur le Rhin et dans le territoire ennemi, aurait répondu avec toutes ses immenses ressources, restant ainsi conséquente avec ses traditions, et elle aurait eu le temps nécessaire pour mobiliser ses forces sédentaires et mettre d'autres armées sur le pied de guerre.

Il n'était déjà plus temps de négocier des alliances diplomatiques, on avait pris les armes ; mais, tandis que s'effectuait la concentration indiquée ci-dessus entre le Rhin et la Moselle, la puissante escadre française, en se dirigeant sur la mer du Nord et sur la Baltique, et en débarquant un corps d'armée en un point quelconque de la côte, aurait fait se soulever le Danemark ; de même qu'une forte expédition par la Westphalie aurait été favorisée par le Hanovre, donnant ainsi suffisamment à faire

aux Prussiens dans le nord de leur propre territoire, et par suite les forçant à affaiblir leur centre
du Rhin et leur inspirant les plus grandes craintes
pour la partie sud de la frontière allemande.

C'est de ce côté que la France, à partir de Belfort,
devait diriger ses efforts véritables, et, sans se
préoccuper à l'excès de la Suisse, avancer sur Ulm
pour réveiller la répulsion fondée du Wurtemberg
et de la Bavière contre la Prusse.

L'armée prussienne du centre, pour peu que la
fortune eût favorisé l'armée française du sud, se
serait retirée par le Mein, et les forces ainsi isolées
de la Prusse se seraient concentrées sur l'Elbe pour
protéger Berlin sérieusement menacé, peut-être
sans risquer une autre bataille d'Iéna.

Si l'on observe bien, on verra que dans cette
description il n'y a rien qui nous soit propre ; elle
est la reproduction de l'histoire militaire allemande
dans tous les temps, avec cet avantage pour la
France, en 1870, que des deux centres d'action
allemands de la vallée du Danube et des plaines de
la Baltique, le premier se trouvait hors de cause et
le second se voyait sérieusement menacé par mer et
par terre, cas rare dans l'histoire du centre de l'Europe. C'est ainsi que nous espérions beaucoup en
faveur de la France, lorsque nous vîmes les premiers mouvements de son armée et de son escadre
se produire dans ce sens et s'effectuer, pour la première vers les places du Rhin, pour la seconde
vers la mer Baltique, tandis que le camp de Belfort indiquait la formation de la véritable armée

d'invasion ; nous déduisions naturellement de ces préliminaires cette conséquence que la guerre était *établie* et le plan de campagne bien déterminé.

Néanmoins, nous avons vu dans la présente occasion que c'étaient les généraux qui manquaient à la France. Ce n'était point, en effet, les *grenadiers* qui lui faisaient faute, elle en avait suffisamment et en a toujours eu dans tous les rangs de ses armées. Nous n'avons pas besoin d'insister sur ce point ; mais nous sommes contraint d'avouer qu'elle n'a point su se maintenir à sa hauteur habituelle dans cette guerre, alors que depuis ces derniers temps la stratégie a pris un développement extraordinaire, en se séparant complétement de la tactique, autant que la pensée se sépare de l'action mécanique des bras.

Les corps de l'armée française ont ouvert cette campagne disséminés sur la frontière, en se plaçant, comme nous l'avons dit, sur une base angulaire étendue qui embrassait plus de 400 kilomètres et dont les centres défensifs étaient Belfort, Strasbourg, Metz et Forbach sur les rives de la Sarre, ou Bitche ; celui-ci, le plus avancé, laissant pour ainsi dire dégarni le sommet de Wissembourg. Il est évident que l'on avait oublié, en France, les principes militaires que Napoléon Ier, dans ses *Mémoires*, exaltait en parlant de César, d'Annibal et d'Alexandre :

« Conserver ses forces réunies ; n'être nulle part vulnérable ; se lancer rapidement sur les points importants, tenir en haute estime les moyens ou les ressources morales, la réputation des armes et la crainte qu'elles inspirent, comme aussi les moyens politiques pour se procurer des alliés et maintenir leur fidélité, et enfin obliger à l'obéissance les peuples conquis. »

Il est clair que la situation n'était pas soutenable, même en supposant les corps français parfaitement organisés, du moment qu'on laissait aux Prussiens le champ libre pour passer le Rhin et se présenter par Sarrelouis, Kaiserslautern et Landau, avec toutes leurs forces concentrées, de façon à attaquer simultanément le saillant de la frontière par la Sarre et par la Lauter.

La partie était inégale à tous les yeux ; quelle que fût la valeur du soldat français, il devait succomber sous le nombre à Wissembourg et céder à Wœrth, alors même que précisément s'effectuait la retraite de Spickeren sur les flancs de laquelle l'effectif des forces prussiennes augmentait d'instant en instant.

Il n'y a, par suite, rien d'étonnant à ce que le maréchal Mac-Mahon, décimé, se soit retiré sur Saverne et à ce que le reste de l'armée française se soit concentré autour de Metz sous le commandement du maréchal Bazaine, tandis que l'empereur Napoléon partait rapidement vers l'intérieur pour y lever de nouvelles armées.

Mac-Mahon adopta comme ligne de retraite le chemin de Nancy; il fut suivi de près par l'armée du prince héritier qui venait de le battre, et il ne s'arrêta qu'au camp de Châlons, où il arriva complétement désorganisé, et où il amena de terribles éléments de démoralisation pour le corps de Douay, qui de Belfort accourait sur le même point; là, encore, se trouvait la garde mobile de Paris, qui présentait un état alarmant.

Dans notre esprit, bien que le principe de la concentration n'eût point présidé au début de la guerre, et qu'il ne fût plus possible d'effectuer celle-ci dans de bonnes conditions, Mac-Mahon ne devait point suivre cette longue ligne de retraite, mais bien se réfugier sur les pentes occidentales du soulèvement granitique des Vosges et s'arrêter vers les sources de la Meurthe, par exemple à Raon-l'Étape, tandis que Douay serait accouru de Belfort à Epinal pour le soutenir; tous deux alors auraient entrepris une guerre de postes dans ces terrains mouvementés, et soulevé le pays en conservant cet avantage de ne pas laisser à l'abandon, dès le premier jour, l'Alsace, la place de Strasbourg et le débouché de Belfort; on avait toutes les chances de pouvoir se maintenir ainsi sur la ligne de Langres, et de former sur le flanc gauche des Prussiens un noyau formidable d'action avec les contingents qu'on n'aurait point tardé à recevoir de la vallée du Rhône et de tout le sud de la France; d'autant plus qu'en agissant de cette manière, on n'aurait pas conduit comme par la main le prince royal de Prusse jusqu'à Nancy même, en convertissant en marche concentrique sur la ligne de la Moselle la marche excentrique que depuis Sarreguemines ce prince avait adoptée, remontant la

Sarre pour suivre Mac-Mahon dans sa retraite.

Ces réflexions nous font revenir à l'esprit la célèbre campagne de Turenne, en 1674, dans des circonstances très-analogues. Ce célèbre général fit camper sa petite armée à Deitweiler, et attendit que les Impériaux eussent pris leurs quartiers d'hiver sur l'Ill, entre Strasbourg et Altkirch. Il quitta tranquillement alors son camp de Deitweiler et, ayant l'air d'abandonner l'Alsace, passa la chaîne des Vosges et prit ses cantonnements en Lorraine, semblant être irrésolu et dépité. A peine ses troupes étaient-elles installées et commençaient-elles à jouir d'un repos bien désiré, que le 5 de décembre, par un froid glacial, elles reçurent l'ordre de marcher secrètement le long des montagnes. Ce mouvement, tout d'abord, fut considéré comme une modification ou une dislocation de cantonnements, et c'est ainsi que Turenne désirait qu'on l'interprétât; mais son plan était plus artificieux. Avec sa profonde connaissance du terrain, ce grand tacticien chercha à utiliser le défilé qui sépare les Vosges et la chaîne oblique du Jura, et que les Français nomment d'une manière expressive « la trouée de Belfort », par où passent aujourd'hui le chemin de fer et le canal du Rhône au Rhin.

Au bout de vingt jours de marches et de contre-marches inexplicables, l'armée française se vit avec étonnement au milieu des plaines de l'Alsace que les Impériaux, disséminés et pris au dépourvu, occupaient tranquillement. La surprise du duc de Lorraine, battu à Mulhouse, leur annonça l'apparition non attendue de l'ennemi sur leur gauche. En vain ils tentèrent de se soutenir entre Colmar et Turkheim, dans les retranchements couverts par le Fecht ; Turenne les battit, le 6 janvier 1675, et au nombre de 10,000 fuyards débandés, ils coururent jusqu'à Strasbourg pour se réfugier de l'autre côté du Rhin. L'Alsace dès lors était française.

De quelque manière qu'on eût attiré les Prussiens sur les hautes Vosges, les forces déjà réunies au camp de Châlons auraient pu avancer sur Toul et Nancy et couvrir l'unique porte de la Champagne, gardée dès les temps lointains de Jules César par un camp romain, tandis que l'armée de Metz se serait étendue vers Pont-à-Mousson, ou bien aurait attaqué résolûment l'ennemi sur la Nied, mettant à profit la paralysation que l'éloignement si peu stratégique de l'armée du prince héréditaire aurait produite dans celles de Steinmetz et du prince Frédéric-Charles.

En tous cas, la ligne de la Moselle serait restée suffisamment protégée, et l'on n'aurait abandonné aux Prussiens que la terrasse de la Lorraine, avantage considérable pour eux, mais non décisif, puisque la France gardait intacte cette seconde frontière privilégiée de la Moselle.

Au-dessous de Nancy, en effet, la Meurthe tombe dans la Moselle, et celle-ci forme la limite de la bande jurassique qui, comme nous l'avons dit, entoure le terrain triasique lorrain jusqu'au point où elle se rejoint à la Sarre au-dessous de Thionville.

Si l'on observe avec soin la constitution des terrains qui forment le lit de la Moselle, on verra que cette rivière, entre les points ci-dessus désignés, suit la ligne de réunion du terrain triasique avec le terrain réellement jurassique, celui-ci sur la rive gauche formant une barrière solide ; Metz est le point classique dont le camp retranché se trouve à la fois posé sur les deux bandes du terrain. La Meuse, à partir de sa source et en passant par Commercy et Verdun jusqu'à Mézières, où elle entre dans les terrains primitifs des Ardennes, coule à travers une large coupure ouverte suivant la ligne centrale de la bande jurassique, en suivant une vallée encaissée et abrupte sur la gauche de laquelle se présentent les forêts de l'Argonne et leurs nombreux défilés qui viennent aboutir à l'Aisne ; cette dernière coule à travers les terrains crétacés de la Champagne, sur lesquels se trouvent Reims et Châlons-sur-Marne.

Telle est, au point de vue géologique, la description sommaire de la région que nous avons appelée la seconde frontière de la France et qui tant de fois en a été la première ; l'on peut par suite comprendre quels sont les avantages qu'elle offre, au point de vue des conditions défensives, tant au point de vue tactique qu'au point de vue topographique.

L'espace compris entre la Meuse et la Moselle depuis Toul jusqu'à la frontière belge et luxembourgeoise affecte une forme triangulaire ; à Toul, au-dessus de Commercy, on peut dire, en parlant au point de vue tactique, que les deux rivières se rejoignent, tant elles se rapprochent l'une de l'autre. Enfin, au sommet de ce triangle jurassique se trouve la place de Toul, que nous avons appelée porte de la Champagne; au milieu de ses côtés et respectivement sur la Meuse et sur la Moselle sont les places de Verdun et de Metz, distantes entre elles de 50 kilomètres, tandis que la base est formée par la frontière que renforcent les villes de Mézières, Donchery et Sedan sur la Meuse, Carignan, Montmédy, Longwy, le long de la rivière du Chiers, et enfin Thionville et Sierk sur la Moselle, toutes places qui, bien que d'importances diverses, sont situées sur une voie ferrée de 100 kilomètres de longueur qui réunit Metz à Mézières.

Il faut remarquer que la ligne de partage des eaux entre la Meuse et la Moselle, de Toul à Verdun, s'approche de la Meuse en produisant sur cette rivière d'âpres versants qui dominent la forêt de l'Argonne, comprise entre l'Aire et l'Aisne.

A la hauteur de Verdun, la ligne de partage forme un angle droit en se dirigeant sur Thionville et en séparant les unes des autres les eaux du Chiers et de l'Orne, affluents respectifs des deux rivières principales. Tous les versants du Chiers convergent sur Sedan, tandis que ceux de l'Orne se réunissent entre Metz et Thionville. Entre l'Orne et les hauteurs de la Moselle, dont le centre est à Pont-à-Mousson, se trouve une autre ligne de partage de second ordre qui constitue le plateau élevé de Metz, sur lequel le camp retranché de cette grande place possède les forts de Saint-Quentin et de Plappeville, entre lesquels ou sous lesquels se trouvent le chemin direct de Metz à Verdun et les restes de l'antique voie romaine qui se dirige sur Mars-la-Tour ; ce chemin, appelé route impériale, est situé un peu plus bas vers l'Orne, en laissant un peu au sud la ligne de partage.

Il résulte naturellement de cette description que le triangle équilatéral Metz, Toul, Verdun, devait être le véritable lieu de concentration de l'armée française, quand bien même on eût dû abandonner de prime abord Nancy et faire sauter les ponts de la Moselle ; on obtenait ainsi une ligne défensive qui appuyait sa gauche à Metz et sa droite à Toul, sur le chemin de fer de Paris à Strasbourg par Châlons et Commercy.

C'est pour cela que nous avons dit que Mac-Mahon devait se concentrer vers les sources de la Meurthe en attirant sur soi le prince royal, et en donnant à l'armée concentrée à Metz le temps de se diriger par Pont-à-Mousson sur Toul, et de faire renforcer ce point classique par les troupes du camp de Châlons ; cette ligne alors se serait trouvée soutenue directement de l'intérieur même de la France.

Les choses, néanmoins, ne se passèrent point ainsi, et nous avons vu le prince héritier de Prusse occuper Nancy sans rencontrer d'obstacles, passer en laissant la place de Toul bloquée, et traverser la Meuse par Commercy en étendant sa gauche jusqu'à Troyes, restant ainsi en observation devant le camp de Châlons et se trouvant le maître absolu du chemin de fer de Strasbourg, pendant que l'ar-

mée du prince Frédéric-Charles et celle du roi sous
le commandement du général Steinmetz tombaient
rapidement sur Metz et Pont-à-Mousson, dans le
but de gagner les plateaux et de couper la retraite
sur Verdun à l'armée française, en l'enfermant dans
son camp retranché.

Cette fois, la véritable armée de la France se
trouvait concentrée par la force même des événements; et la bonté de la position que Metz occupe
est telle, que nous ne comprenons pas pourquoi
l'on accepta le combat de Borny, alors que la place
et ses forts de l'est étaient plus que suffisants pour
retenir l'armée ennemie tout en conservant leur
prestige en tant que fortifications; c'est ainsi qu'on
discrédite les forteresses pour ne point savoir s'en
servir. Telle était, en outre, la difficulté de l'attaque par l'ouest, qu'en voyant les Prussiens commencer leur mouvement enveloppant par les ravins
de Gorze, tandis que les Français occupaient déjà
la ligne élevée de Gravelotte, Rezonville et Mars-la-
Tour, nous sommes pour ainsi dire amenés à croire
que le but de Bazaine n'était point de battre en retraite, mais que ce général avait choisi ce champ
de bataille excellent pour donner, avec ses 180,000
hommes, une dure leçon à l'armée prussienne; but
qu'il aurait atteint s'il s'était décidé à attaquer résolûment les colonnes ennemies qui se présentèrent dominées, et dès le commencement à peu près
enveloppées, ne devant attendre leur salut, dans
cette bataille dite de Rezonville, que de l'audace
même de leur mouvement.

Le maréchal Bazaine, néanmoins, au lieu d'accumuler des forces sur Mars-la-Tour, chose facile et en quelque sorte naturelle par elle-même, puisque ce point se trouvait sur sa route, et alors qu'il pouvait envelopper l'ennemi rien qu'en suivant la ligne de partage des eaux de l'Orne, se retira dans les lignes dites d'Amanvillers, c'est-à-dire sur les premières pentes de ce plateau de Metz au bord duquel se trouvent les forts de Plappeville et de Saint-Quentin, et en étendant sa droite jusqu'à Saint-Privat, position extrême qu'il ne secourut point à temps avec ses réserves, pas plus qu'il ne se plaça à la tête de Garde pour rompre opportunément le centre ennemi, comme cela semblait être ce qu'il y avait de mieux à entreprendre ; il se trouva ainsi définitivement enveloppé pour s'être maintenu sur la défensive, laissant aux Prussiens la faculté de couper, par Mars-la-Tour, le plateau général compris entre l'Orne et les versants opposés de Gorze, et les faisant par cela même maîtres de choisir leur point d'attaque et d'accumuler librement contre lui tous les moyens nécessaires à leur succès.

La France ne saurait se plaindre de la valeur de ses soldats dans les deux journées de Rezonville et de Gravelotte, et pour notre compte nous avons pris notre part du profond chagrin qu'a dû sentir l'armée de Bazaine en se voyant bloquée comme un simple détachement, sans avoir cependant commis aucune faute (1).

---

(1) Avant d'aller plus loin, nous croyons devoir rappeler que l'ou-

Cependant la France organisait une nouvelle armée au *camp de manœuvres de Châlons;* elle le faisait avec cette promptitude qu'elle seule peut atteindre, et elle mettait ces nouvelles forces sous les ordres du maréchal de Mac-Mahon.

En même temps Paris, la grande cité, suffisante pour arrêter à elle seule et pendant bien longtemps l'armée prussienne, armait ses forts, et l'empereur appelait la France entière aux armes; il dénonçait, en outre, à tous l'impassibilité de l'Europe, faisant clairement connaître le vérible état des choses et les conséquences fatales de cette guerre pour toute la race latine.

Dans de telles circonstances, il était nécessaire d'agir avec rapidité: un coup d'audace seul pouvait rétablir le moral abattu des soldats de la France, et son exécution ne pouvait être confiée qu'à l'armée de Châlons, jouant le tout pour le tout. Si l'on ne se réunissait point à l'armée de Metz pour opérer dans le puissant territoire compris entre la Meuse et la Moselle, on ne pouvait arriver à aucun résultat même du moment; il n'était point possible de marcher par Toul en passant par-dessus l'armée du prince héritier; mais il l'était de se présenter sur la ligne de partage entre Longwy et Thionville, en utilisant le chemin de fer de la frontière qui, par Mézières, Reims et Châlons, se réunit au reste de la France, et qui alors se trouvait entièrement

---

vrage dont nous donnons aujourd'hui la traduction a été écrit, en 1871, au lendemain même de la guerre franco-allemande. (*Note du traducteur*).

libre, par cela même que les Prussiens avaient beaucoup à faire à Metz, et que le prince royal, plaçant son quartier général à Bar-le-Duc, s'était inconsidérément étendu jusqu'à Troyes.

L'on voit comment il se fait que nous n'ayons trouvé aucune raison pour critiquer l'ordre donné d'exécuter ce mouvement stratégique ; le but en était des plus nobles et l'idée opportune, mais il était nécessaire de le calculer tactiquement, et, pour le mener à bonne fin, d'user des chemins de fer offensivement et sur une vaste échelle, comme déjà en Italie l'avait fait l'armée française pour se transporter sur la rive gauche du Pô et y livrer la bataille de Magenta ; c'est une chose que nous avons vu d'ailleurs faire par les Prussiens en dépit de leur organisation si pondérée. Il restait à la France un matériel suffisant pour embarquer, pour ainsi dire d'un seul coup, à Châlons et à Reims, ses 150,000 hommes ou au moins leur matériel, leurs effets et toutes leurs munitions et équipages de guerre, en laissant ainsi les troupes à la légère, opération qui était bien facile, et en feignant, en outre, une retraite sur Paris pour cacher ses intentions véritables.

Napoléon partit de Reims et traça la route avec l'avant-garde jusqu'à Carignan, sans rencontrer aucun obstacle ; mais le général en chef Mac-Mahon, ou ne comprit pas ou comprit mal l'esprit et l'objet de l'ordre officiel émané de la régence ; c'est pour cela qu'abandonnant Châlons le 21 août, il dirigea posément l'armée par Rethel et Vouziers vers les défilés de l'Argonne, mettant dix jours à gagner la Meuse, qui n'était distante que de 80 à 100 kilomètres du point de départ, tandis qu'il aurait dû et qu'il aurait pu méditer heure par heure ce mouvement capital; par ce retard Mac-Mahon donna aux forces prussiennes un temps suffisant pour que, malgré leur énorme éloignement et bien qu'elles fussent obligées d'effectuer un pénible changement de front, elles pussent accourir de tous côtés et se jeter sur lui en l'attaquant de front, par la gauche et par la droite de la Meuse. Au début de la bataille, Napoléon quitta Carignan pour venir se placer au milieu de son armée; mais pendant les trois jours que durèrent les combats successifs, il fut impossible de voir quel était le plan du général en chef qui n'avait coupé les passages de la Meuse ni à Mouzon, ni à Donchery, qui ne défendit ni cette rivière, ni le Chiers, et qui ne ferma point la place; toutes ces circonstances eurent ce résultat que quand les Prussiens, mettant tout leur soin à couper la retraite de l'armée française sur la Belgique, eurent laissé presque dégarni le front sud de Sedan, si vaillamment défendu à Bazeilles, il fut impossible au général Wimpffen, qui avait remplacé le maréchal, d'exécuter son plan de débandade en forçant ce côté, pour soustraire ainsi l'armée à la capitulation la plus malheureuse qu'ait peut-être enregistrée l'histoire.

Avant tout, il faut cependant dire que le maréchal Mac-Mahon se comporta comme un vaillant soldat, et qu'il fut grièvement blessé dès le début du dernier jour de la bataille, qui en fut aussi le jour décisif.

Pour comble de disgrâce, le général Vinoy, envoyé de Paris avec un corps d'armée, par le chemin de fer du Nord, pour renforcer Mac-Mahon, et qui apportait des munitions et un matériel considérables, s'en retourna à partir de Mézières à l'annonce de la bataille de Sedan, sans considérer que c'était peut-être le moment de tout réparer. Le valeureux Desaix aurait, lui, répété les célèbres paroles qu'il adressa à Napoléon sur le champ de bataille de Marengo : « On a encore le temps de gagner une autre bataille. » Vinoy devait marcher en avant avec la conscience de l'immense puissance que possèdent 20,000 hommes de renfort tout frais, lorsqu'ils font violemment irruption au milieu des divisions ennemies à moitié désorganisées et vaincues par une longue et pénible marche suivie de trois jours de bataille dans lesquels elles ont épuisé leurs forces et leurs munitions. La seule menace de ces troupes dans de telles circonstances aurait ouvert aux Français la route de Mézières, leur véritable ligne de retraite.

A Sedan, la campagne franco-prussienne se trouvait terminée de fait; c'est ainsi que le comprit Napoléon lorsqu'il assuma la responsabilité de la capitulation et qu'il eut une entrevue avec le roi Guillaume de Prusse pour traiter d'une paix définitive par le moyen de la régence.

Cette solution aurait évité à la France les désastres qui suivirent, sans qu'il y eût de déshonneur pour ses armes à céder devant le nombre : l'armée prussienne était, en effet, deux ou trois fois plus forte que l'armée française ; elle avait une artillerie bien supérieure à la sienne, et elle occupait déjà des positions décisives qui lui ouvraient le chemin de Paris, seul objectif de la guerre.

N'avait été l'aveugle esprit de parti, aidé par la presse étrangère, la régence aurait pu négocier cette paix opportune ; mais le caractère inconstant du pays, ainsi que le disait César, détruisit toute espèce de combinaisons en entraînant Paris dans une révolte démagogique, qui d'un seul coup jeta à terre les pouvoirs constitués et le principe d'autorité, véritable nerf de la guerre.

Dans cette lamentable confusion, il restait toutefois à la France une espérance légitime dans l'armée de Metz, bien que celle-ci fût enfermée dans les lignes de circonvallation prussiennes. Ces lignes se réduisaient à un cordon de postes gardés par l'armée du prince Frédéric-Charles, armée dont l'effectif n'était point supérieur à celui de l'armée française, et qui n'était point composée de meilleurs soldats, sans compter que son artillerie disséminée pouvait d'autant moins acquérir la supériorité que les Français disposaient à Metz de plusieurs centaines de pièces de gros calibre ou pièces de position, avec des munitions suffisantes. On ne conçoit pas bien comment une armée de troupes de ligne, dont les soldats s'étaient battus vaillamment à Borny, à Rezonville et à Gravelotte, en infligeant aux Prussiens des pertes énormes, qui était appuyée sur la place de Metz et qui possédait les ressources nécessaires pour se soutenir pendant soixante jours, a pu finir par capituler en livrant comme prisonniers 3 maréchaux, 50 généraux, 6,000 officiers, 173,000 soldats, dont 20,000 seulement blessés ou malades, ainsi que 53 aigles, 66 mitrailleuses et 541 pièces d'artillerie de campagne, sans compter les 800 pièces de position qui entouraient Metz et ses forts avancés, et en outre un énorme matériel de guerre.

La capitulation de Sedan se comprend mieux, étant données la lenteur et la manière de marcher et de combattre de Mac-Mahon, l'hétérogénéité de la masse de son armée et le nombre double des forces ennemies, ainsi que la position si désavantageuse dans laquelle les Français furent attaqués par l'armée prussienne ; dans ces conditions, on peut dire qu'il n'y a rien d'extraordinaire à ce qu'on se soit rendu après trois jours de combats sanglants. Mais ce qui est arrivé à Metz se prête peu à ce qu'on fasse l'éloge des talents militaires du général qui y commandait, c'est-à-dire du maréchal Bazaine, puisque, disposant d'une armée véritablement puissante, il ne tenta rien, sinon quelques feintes de sortie, et encore peu sérieuses, durant la longue période de temps qu'il se considéra comme enfermé, et cela à la surprise évidente des Prussiens eux-mêmes.

Ce n'est point nous, c'est l'histoire qui condamne cet épisode d'une campagne aussi malheureuse.

Nous n'avons pas même nécessairement besoin, pour porter ce jugement, de nous remémorer les ruses employées à d'autres époques pour sortir des situations critiques et qui sont si bien du ressort des grands capitaines; cependant n'avons-nous pas, dans les temps anciens, l'exemple d'Annibal, qui, entouré par les Romains, sut les épouvanter nuitamment en enflammant des fascines goudronnées attachées aux cornes de bestiaux qu'il lançait sur eux, si bien que, surpris ainsi au milieu même de leurs campements, ils laissèrent libres les passages des défilés. A Essling, le 22 mai 1809, l'armée française dépourvue de munitions fut attaquée par les Autrichiens; elle y perdit le maréchal Lannes, trouva ses ponts sur le Danube rompus par une crue du fleuve et se vit forcée à la retraite, non dans son pays, mais à plus de 800 kilomètres de la France. Napoléon se réfugia dans l'île de Lobau, sur le Danube, dont il fit une immense citadelle, et, le 5 juillet, à minuit, il jeta des ponts à l'est de l'île et les fit passer à son armée pour apparaître le lendemain matin sur la gauche de l'archiduc Charles, dont il avait tourné les formidables ouvrages de défense. Les Autrichiens se concentrèrent sur Wagram, où, le 6, l'armée française les attaqua et remporta la victoire, l'ennemi laissant 25,000 hommes sur le champ de bataille. Le 12, on signa l'armistice de Znaïm, et, le 14 octobre, la paix était définitivement conclue. Cette page militaire est, à notre avis, la plus belle qu'ait enregistrée l'histoire de Napoléon.

César, renforcé par Marc-Antoine, qui était parvenu à traverser l'Adriatique, marcha sur Dyrrachium (Durazo), place de dépôt de Pompée, et la bloqua. Pompée campait à quelques milles de cette ville, au bord de la mer. César, non content d'avoir bloqué Dyrrachium, en fit autant du camp ennemi; il s'empara des sommets des collines crétacées qui l'entouraient en demi-cercle, les occupa par un grand nombre de redoutes qu'il y fit construire, et parvint ainsi à établir une circonvallation de plusieurs lieues. Pompée se fortifia de son côté, en suivant l'exemple de son ennemi, et, mettant à profit sa position centrale et ses ressources, il attaqua à la fin et battit César, qui perdit là 32 aigles et plusieurs milliers de soldats, la fleur de ses vétérans. C'est là l'unique aventure malheureuse qu'enregistre l'histoire de ce grand capitaine; mais il n'en fut point déconcerté, puisque nous le voyons lever son camp et attirer l'armée de Pompée en Thessalie, à 50 lieues dans l'intérieur des terres, pour l'y tailler en pièces dans la célèbre bataille de Pharsale.

Il est curieux de suivre la relation que fait César, dans le livre III de ses *Commentaires* sur la guerre civile, de cette période mémorable, dans laquelle nous voyons toutes les ressources militaires de l'époque maniées par ces deux célèbres adversaires, qui sont classés parmi les plus grands généraux.

« Pompée, séparé de Dyrrachium, écrit César, « installa ses camps fortifiés sur un monticule.

« nommé la Roche, près duquel il y a un bassin
« ayant assez de fond pour qu'on y puisse mouiller
« les navires à l'abri de certains vents.

« Dans ces circonstances, César prit des mesures
« conformes à la nature du terrain. Les camps de
« Pompée étaient entourés de collines hautes et
« coupées de précipices. Ce fut sur leurs sommets
« que César établit ses premiers postes et éleva
« des redoutes. Ensuite, et selon que le permettait
« le terrain, traçant des lignes d'un ouvrage à
« l'autre, il entreprit d'entourer Pompée et de
« rendre ainsi inutile sa puissante cavalerie.

« Il restait à Pompée une ressource, celle d'ac-
« cepter cette manière de faire la guerre : c'est
« ainsi qu'il se mit à occuper de la même façon le
« plus de collines qu'il put, embrassant avec ses
« avant-gardes une grande étendue de terrain pour
« diviser les forces de César quand il lui serait loi-
« sible de le faire, ce qui arriva quand il eut con-
« struit vingt-quatre redoutes comprenant un cir-
« cuit semi-circulaire de 15 milles (1), ou de
« 22 kilomètres ; au dedans de cet espace se trou-
« vaient des pâturages, et même dans le milieu
« il y avait de nombreux champs ensemencés
« où les troupeaux pouvaient trouver leur nour-
« riture.

« Et encore, de même que les nôtres s'étaient

---

(1) Le mille romain vaut 100 pas de 5 pieds, c'est-à-dire un quart de
la lieue de 20,000 pieds espagnols qui est le vingtième d'un degré de
l'équateur.   (*Note de l'auteur*).

« retranchés avec des lignes tracées d'une redoute
« à l'autre, craignant que les soldats de Pompée ne
« vinssent à s'échapper par quelque endroit, de
« même ceux-ci se fortifièrent par des parapets
« continus, afin de n'être point pris à revers, avan-
« çant beaucoup plus vite dans leurs travaux par
« suite même de leur position centrale.

« Les deux adversaires montraient une grande
« opiniâtreté à occuper les postes, César tâchant de
« rétrécir le plus qu'il pouvait le terrain laissé à
« Pompée, qui de son côté cherchait à occuper le
« plus grand nombre possible de collines, ce qui
« était la cause de combats continuels. »

Nous nous sommes demandé bien des fois pourquoi le maréchal Bazaine, étant donnée sa position, ne s'avançait pas par des *lignes de contre-
attaque*. Il était à Metz, c'est-à-dire dans une place
de dépôt où se trouvaient des parcs nombreux et
bien fournis, centre et berceau des corps de l'artillerie et du génie, entourée de forts permanents qui
embrassaient un circuit de 25 kilomètres de tour,
la zone défensive se trouvant en outre accrue de
toute la portée de l'artillerie moderne.

La position de Metz présentait d'immenses ressources; il est vrai que la place, située au confluent
de la Seille avec la Moselle, et renfermant diverses
îles de cette rivière, apparaissait comme dominée ;
mais ce défaut était habilement compensé par le
cordon des forts extérieurs. La position basse et
aquatique de la place elle-même et du terrain qui
l'avoisinait immédiatement se prêtait à la forma-

tion de grandes inondations maintenues par des écluses; en ouvrant les portes de celles-ci à des moments opportuns, on aurait donné rapidement passage à d'énormes masses d'eau qui n'auraient laissé subsister aucun pont sur la partie basse du cours de la rivière, et l'on aurait de ce côté maintenu séparées les communications de l'assiégeant sur les deux rives. Par contre, l'armée française aurait conservé les ponts de l'intérieur de la place, et elle aurait toujours été dans la possibilité de se transporter promptement d'un bord à l'autre avec toutes ses forces, selon qu'elle l'aurait trouvé convenable.

Nous avons dit que, sur la gauche de la Moselle, le terrain jurassique se soulevait avec beaucoup de puissance et, à partir de là, allait en s'étendant bien au delà de la Meuse, presque jusqu'à l'Aire, en produisant ainsi un espace triangulaire intermédiaire, coupé de ravins, couvert de bois épais et renfermant, entre les hauteurs dont il est parsemé vers le nord, des vallées ouvertes et bien peuplées. Parmi les différentes positions militaires que présente ce terrain, se fait remarquer celle que nous avons nommée le plateau de Metz, à l'extrémité de laquelle, du côté de la place, se trouvent les deux forts de Plappeville et de Saint-Quentin, qui dominent le plateau lui-même et la campagne.

En partant de cette excellente base et en mettant en position la grosse artillerie de Metz pour renforcer les points de contre-attaque, il ne semble point impossible qu'on parvînt à se rendre maître

de la plus grande partie de l'ensemble du plateau,
par exemple de celle qui descend sur l'Orne ; de
même aussi, en partant des forts de Queuleu et de
Saint-Julien, situés sur des collines qui dominent
des pays bien cultivés, on pouvait s'avancer au
moyen de lignes analogues et arriver par Mercy-le-
Haut et Sainte-Barbe sur la ligne de faîte de la
Nied, en se donnant ainsi un champ très-étendu
et débarrassé de tout obstacle.

Cette combinaison, dont l'exécution était du domaine exclusif des corps du génie et de l'artillerie,
aidés par quelques milliers d'auxiliaires, aurait mis
l'ennemi dans de continuelles alarmes, tandis
qu'elle aurait laissé en repos les portions de l'armée française non employées aux travaux ; elle aurait forcé les Prussiens à agrandir énormément le
contour de leur circonvallation, tandis que leurs
communications sur la circonférence du côté de
Thionville seraient restées interrompues sur un
secteur considérable par suite des crues artificielles
de la Moselle ; il serait donc résulté de là pour
l'armée prussienne une division et une faiblesse de
plus en plus grandes, dues à l'extension même et à
la mauvaise liaison de ses lignes.

Le champ ainsi préparé, les Prussiens n'auraient
pu empêcher la sortie de l'armée française dans la
direction de Saarbruck ; c'est ce que prouvent les
journées du 31 août et du 1er septembre, dans lesquelles l'infanterie française, sans autre appui que
celui de ses baïonnettes, attaquant par Servigny,
Noisseville et Flanville, parvint à s'emparer de

Retonfay, sur la ligne de partage des eaux de la Nied, à 10 kilomètres de la place. Nous pourrions en dire autant en ce qui concerne les deux sorties faites postérieurement sur Mercy-le-Haut et Saint-Remy, villages qui sont situés respectivement au sud et au nord du grand camp retranché.

Dans notre opinion, si le maréchal Bazaine avait mis à profit, pour construire des ouvrages de contre-attaque bien armés d'artillerie, les douze jours qui séparèrent la bataille de Gravelotte de celle de Sedan, il aurait pu se trouver installé de nouveau, et cette fois solidement, à Saint-Privat, sur la grande route de Montmédy, dominant la vallée de l'Orne par le feu de sa grosse artillerie et en position de faire un effort suprême pour s'emparer, du côté de Briey, de la ligne de faîte entre Longwy et Thionville, au lieu de conduire son armée sur Retonfay dans la direction opposée, tandis qu'on se battait à Sedan; il aurait pu tomber comme un torrent sur la Meuse par les versants du Chiers et donner un secours opportun à ses frères d'armes, qui s'étaient exposés à tant de sacrifices pour ne point le laisser abandonné.

Mais il nous faut tourner ces pages, car aussi bien avons-nous à en ouvrir d'autres non moins tristes.

Le 4 septembre, la République était proclamée à Paris; on disait que, « comme en 1792, la République avait pour but l'expulsion de l'étranger. » Quelques grandes agglomérations de population secondèrent le mouvement de la capitale; mais la généralité, et surtout la partie saine du pays, la population rurale, resta impassible.

L'avocat Gambetta s'érigea en ministre de la guerre et prit le commandement suprême des armées.

La France, comme si elle n'avait pas déjà trouvé suffisant de voir tomber son armée sous l'orgueilleux exclusivisme de ses maréchaux, abandonnait le reste de son pouvoir aux ambitions d'un parti aux manières d'être dissolvantes, au lieu d'en appeler à la dictature dans le cas où elle aurait tenu à continuer la guerre; et tout cela quand les Prussiens, victorieux à Sedan, comptaient 600,000 soldats sur son territoire, bloquaient Metz et marchaient sur Paris avec la moitié de leurs forces, libres des engagements qu'ils avaient pris relativement à la paix avec Napoléon, par suite même de la nature du mouvement révolutionnaire.

La France, en dépit de tout, répondait à l'appel antérieur de Napoléon et se groupait pour la défense du pays : au nord, à l'ouest, au sud et à l'est se formaient de grandes masses d'hommes décidés; mais l'administration républicaine les laissait sans organisation, presque sans artillerie, alors que celle de l'ennemi était au contraire si nombreuse et si puissante, et en un mot sans éléments, non certes pour livrer des batailles rangées, mais même pour soutenir des combats en rase campagne, quelle que fût la valeur personnelle déployée par un ardent patriotisme.

En ce qui concerne l'action combinée de ces

masses, il n'existait encore aucun plan, comme il eût été naturel de le faire tout d'abord.

C'est ainsi que nous avons vu l'armée du Nord opérer et se battre isolément dans les plaines de la Picardie, cherchant à couvrir Amiens, sans pouvoir compter sur la nature du terrain pour résister à l'ennemi.

Il est clair que, dans de telles conditions, il aurait mieux valu transporter ce noyau de forces dans la Normandie, dont les collines accentuées lui auraient servi d'abri, et seconder ainsi l'enthousiasme avec lequel ce coin de la France était accouru en masse pour conjurer le péril commun de la patrie.

Les forces du Nord, de la Normandie et de la Bretagne une fois groupées derrière l'Eure, affluent de la Seine, et la ligne d'Évreux, Dreux et Chartres, étant prise pour leur base, on aurait peut-être vu changer la fortune de la nombreuse armée de la Loire, qui cherchait à déloger les Prussiens d'Orléans, et dont une partie aurait pu fermer la ligne d'Orléans à Châteaudun et s'avancer sur Étampes, pendant que son autre portion, appuyée sur l'Yonne, aurait menacé Fontainebleau et Melun, et bouché le passage aux Prussiens qui arrivaient de Metz avec un corps d'armée après la reddition de cette place ; et il aurait fallu surtout qu'une partie des 500,000 hommes que Paris avait armés conservât en sûreté, comme l'exigeait impérieusement la défense de cette place, les fortes positions qui l'avoisinent immédiatement et qui sont représentées par les collines de Satory, de Meudon et de Châtillon, protectrices de tout le sud de Paris, et celles plus avancées de Rocquencourt et de Saint-Germain, en empêchant à tout prix les Prussiens d'établir leur quartier général à Versailles.

De même, nous pouvons dire que l'armée que nous appellerons de Lyon, après qu'elle se serait tout d'abord avancée sur la ligne de Langres pour s'appuyer à ce puissant camp retranché, entre les hautes Vosges et le Morvan et en facile communication avec la Loire, se serait trouvée en situation de menacer énergiquement par le flanc les lignes d'opérations prussiennes et d'envahir la vallée du Rhin par Belfort, alors que l'armée ennemic avait assez à faire d'attendre devant Metz et devant un grand nombre d'autres places isolées, dont les garnisons montraient de la fermeté, et qu'il ne lui était pas permis de dédaigner, parce qu'elles pouvaient, par leur attitude, provoquer un soulèvement général, si un incident quelconque avait fait changer le sort des armes.

Si l'on jette un coup d'œil sur la carte géologique de l'Europe, on verra clairement que les positions, que nous avons indiquées comme bases de résistance pour les armées que la France venait de lever, coïncident exactement avec le cordon de terrains éruptifs, primitifs et secondaires qui entourent à l'ouest et au sud l'île tertiaire sur laquelle sont assis Paris et Orléans.

L'on voit aussi que nous avons fait abstraction dans nos hypothèses de la zone crétacée qu'arrose la Somme entre le Havre et Calais, qui se présente en correspondance de structure remarquable avec le territoire anglais composant la région de la Tamise, territoire dont elle n'est séparée qu'en apparence par le détroit maritime peu profond appelé Pas-de-Calais; cette exception est évidemment motivée par l'uniformité même de cette formation sédimentaire, qui, située loin des centres éruptifs ou de soulèvement des Ardennes, de la Lorraine et de Cornouailles ou de Galles, de l'autre côté du détroit, n'a point été bouleversée et offre seulement des inégalités provenant de l'action de dénudation des eaux à laquelle ces terrains ont été soumis pendant toute la durée des temps (1).

Pour nous, il est probable que, malgré les pertes subies à Sedan et à Metz, la France aurait pu, en donnant aux forces qui lui restaient une bonne direction, basée sur l'organisation physique du pays, obtenir des résultats notables avant l'arrivée de l'hiver; et, en dernier lieu, elle aurait pu réserver pour le printemps des forces imposantes avec lesquelles il aurait fallu compter, puisque les sacrifices héroïques de Paris durant son long et pénible siége donnaient du temps pour organiser les armées avant de les faire entrer en campagne, et per-

---

(1) C'est sur ces conditions géologiques qu'est fondé le projet qui consiste à réunir le Continent avec les îles Britanniques au moyen d'un grand tunnel percé au-dessous des eaux de la mer, entre Calais et Douvres, entreprise hardie, mais qui présente de grandes possibilités de succès. *(Note de l'auteur)*.

mettaient de les munir de la cavalerie et de l'artillerie qui leur étaient indispensables.

Il est certain que les Prussiens n'auraient rien
entrepris de sérieux dans cet intervalle, ne pouvant
accepter de poursuivre une guerre active au milieu
de l'hiver dans les contrées difficiles que nous
avons indiquées, dans lesquelles ni leur nombreuse cavalerie, ni leur puissante artillerie n'auraient eu leur véritable action, tandis que tous les
avantages auraient été pour le fusil français, si
supérieur au fusil prussien, et que dans ces terrains
on aurait pu voir se manifester dans toute sa plénitude la valeur personnelle dont les soldats français ont donné tant de preuves dans tous les combats de cette malheureuse campagne.

Nous ne sommes pas absolument seul de cette
opinion. O.-F. Leconte, auteur qui n'est point
suspect, dans son livre sur la *Guerre franco-allemande de* 1870-71, s'exprime textuellement dans
ces termes, en émettant diverses considérations
sur la marche des Prussiens de Vendôme au Mans :
« Le combat livré dans les environs de Vendôme
« ne fut que le commencement d'une série *d'engage-*
« *ments* qui, depuis le 6 février, durèrent jusqu'au
« 12 et se terminèrent avec la chute du Mans.
« Toute cette contrée est très-montueuse, coupée
« de grandes files d'arbres, avec tous ses champs
« entourés de haies vives très-épaisses ; elle
« offre d'énormes difficultés pour le passage,
« accrues encore par les nombreuses maisons et
« les divers hameaux entourés de petits bois qui

« constituent autant de points d'appui. En outre, il
« faisait un temps horrible; la neige couvrait le
« sol sur plusieurs pieds d'épaisseur; une varia-
« tion subite de la température avait tout changé
« en un véritable lac qui, après une nuit de forte
« gelée, finit par être presque impossible à tra-
« verser. Néanmoins, l'artillerie et la cavalerie
« étaient dans la nécessité de se mouvoir sur ces
« terrains sans se séparer, et le lecteur compren-
« dra facilement la série de difficultés qu'on ren-
« contra.

« Si le général Chanzy avait bien compris sa
« position, il aurait pu causer aux Allemands des
« pertes énormes, et peut-être les forcer à la re-
« traite, au moins pour le présent. En aucune
« façon, il ne devait présenter ses troupes en masses
« compactes, mais les espacer et faire la *petite*
« *guerre;* alors il aurait pu intercepter les convois
« de munitions et de provisions avec une grande
« facilité, mais il ne le fit point.

« Durant ces six jours, les Allemands furent
« dans la nécessité de se battre constamment
« contre un ennemi à couvert qui se défendait
« avec beaucoup de courage; après le combat ils
« n'avaient d'autres ressources que de bivouaquer
« sur la neige à l'air libre, pouvant à peine se
« procurer les aliments nécessaires. Certaine-
« ment l'armée française avait aussi à souffrir
« de l'intempérie de la saison; mais du moins
« elle trouvait nécessairement, après l'action, un
« abri dans les maisons et dans les villages, en

« un mot, elle était sur son propre domaine. »

A l'appui de ce que nous avons déjà exposé, en ce qui concerne l'importance stratégique des contrées désignées par nous, à cause de leur constitution géologique même, nous indiquerons seulement le mouvement effectué vers l'est par le général Bourbaki. Il faut savoir que dans les premiers jours de février, ce vaillant général, avec une partie de l'armée de la Loire et les forces concentrées à Bourges et à Nevers, partit vers le sud-est pour se réunir à l'armée de Lyon et aux corps francs, dans le but de faire lever aux Prussiens le siége de Belfort. Ni l'époque, ni la saison, ni l'état de cette armée française si hétérogène, unis à l'abandon dans lequel elle se trouvait par rapport au matériel et aux moyens d'action, n'étaient favorables au succès de l'entreprise; et néanmoins, nous avons vu tout le quartier général prussien s'émouvoir profondément au milieu de ses triomphes à l'annonce de la concentration ordonnée sur Montbeliard pour agir vigoureusement dans le département du Haut-Rhin, et pousser cette émotion au point d'exclure violemment cette contrée de l'armistice général conclu à Versailles le 26 février.

Si nous analysons géologiquement le résultat définitif de la guerre franco-prussienne, résumé dans les conditions stipulées pour *la paix!* nous arriverons sans doute à poser le sceau à nos recherches géologico-stratégiques, en finissant ainsi logiquement cet écrit qui, peut-être, commence déjà à fatiguer nos bienveillants lecteurs.

La province de l'Alsace et une grande partie de la Lorraine avec Metz restaient au pouvoir de l'Allemagne, qui laissait Belfort à la France. En outre, cette dernière puissance payait aux Prussiens une somme de 5 milliards de francs.

La nouvelle frontière part du Luxembourg sur la ligne de partage de l'Orne et du Chiers, ou autrement dit de la Moselle et de la Meuse, entre Longwy et Thionville, et se continue par les environs de Briey pour passer entre Gravelotte et Rezonville en descendant par Gorze et ses versants à la Moselle; elle traverse cette rivière, suit la ligne de partage de la Seille et, laissant Pont-à-Mousson sur son front, enveloppe le camp retranché de Marsal en se dirigeant par les environs de Blamont vers les sources de la Sarre sur la pente occidentale des hautes Vosges; elle contourne alors dans la direction du sud les origines de la Meurthe et de la Moselle et descend à Belfort, qu'elle laisse un peu à l'ouest, pour se terminer à la rencontre du canton suisse de Porentruy, en contact avec Neufchatel dans le Jura, qui est sous le protectorat antique de la Prusse.

Si nous étudions les conditions géologiques de cette nouvelle frontière, nous verrons qu'à partir du Luxembourg elle suit la bande *jurassique* de la Moselle; qu'à partir de cette rivière elle adopte la formation *liasique* de la Seille pour traverser l'étroite zone *triasique* et envelopper le soulèvement *granitique* des Vosges en coupant enfin la porte d'entre le Rhin et le Rhône, pour s'appuyer au Jura franco-suisse.

Les Prussiens, outre qu'ils ont ainsi l'accès direct par le Doubs à la vallée de la Saône et à celle du Rhône, ont encore acquis un passage qui des Vosges conduit sur le plateau de Langres, et qui permet par suite de dominer les vallées de la Meuse, de la Marne et de la Seine. Dans la partie nord, pour peu qu'ils s'avancent par le Chiers, ils se trouvent à Dun et à Stenay sur la Meuse, passages naturels de cette rivière pour gagner les défilés de l'Argonne et se présenter à Vouziers et Rethel, vrai chemin de Paris qui y conduit librement par Reims entre l'Aisne et la Marne. En ayant égard à ces conditions des flancs, le centre de la frontière représenté par Toul perd son importance stratégique pour la France.

C'est seulement ainsi qu'on s'explique comment les Prussiens n'ont pas revendiqué l'antique frontière de la Meuse, gagnée par Henri II sur l'Allemagne, ainsi que l'occupation des places de Verdun, Metz et Toul; position que ne put récupérer le duc d'Albe qui commandait l'armée de Charles-Quint, à cause de la résistance obstinée de Metz.

Si, avant cette guerre, la France était, ainsi que nous l'avons fait voir, à la merci de la Confédération germanique par sa frontière de la Sarre, on peut juger dans quelle position elle se trouve maintenant avec les nouvelles limites de territoire qui lui ont été imposées.

Actuellement la France est impuissante, les périodes républicaine et démagogique l'ont fait tomber dans un abîme; mais qu'elle se recueille, qu'elle se réorganise, et elle peut encore espérer en silence.

De nouveaux contre-temps relatifs l'attendent sans doute encore ; la Belgique a commis l'erreur de construire à Anvers une place pour ainsi dire anglaise et élevée contre la France, alors que le péril vient d'un autre côté ; l'Italie, qui tire sa force du Piémont, est bien proche de Nice et de la Savoie, et nous l'avons vue déjà auparavant demander le Tyrol à l'Autriche, sans doute à l'instigation de la Prusse.

Mais la nouvelle position de la Prusse elle-même, la nouvelle et importante tête de pont qu'elle a acquise sur le Rhin et qui couvre tout le cours du fleuve, base actuelle de l'empire allemand, a besoin au sud et au nord de soutiens assez puissants pour l'empêcher, ainsi qu'une énorme voûte, de tomber sous son propre poids, et pour peu que le terrain remue, elle n'aurait aucune solidité.

La Prusse, par ses conquêtes et ses annexions, a perdu son homogénéité : c'est en vain qu'elle cherche en ce moment à fondre l'armée de Bade dans la sienne, c'est en vain qu'elle poursuit son projet d'amalgamer de la même manière les forces des autres Etats du Sud, l'alliage qui en résultera, au lieu d'être malléable, sera aigre et cassant, si l'on tient compte des conditions de caractère, d'habitudes et de la différence d'intérêts des divers éléments combinés ainsi par force. Nous l'avons dit déjà : étant admis le principe des grandes nationalités, il n'existe dans le nord-ouest de l'Europe que trois centres de pouvoir qui soient stables; les plaines de la Baltique, la vallée du Danube et l'Ile-de-France. Le premier, celui de la Prusse, pourra s'étendre jusqu'au Rhin et au Mein; mais l'influence du second ne peut moins faire que de l'arrêter à cette dernière limite; de même aussi il n'y a point à attendre un équilibre complet entre ces trois puissances, si l'on ne laisse la France s'étendre jusqu'au Rhin. Ainsi le veulent la nature et l'organisme physique de ces grandes régions.

Il nous faut conclure, et nous ne savons comment le faire, tellement est considérable la foule des considérations de tous genres qui, par suite de leur liaison avec le point de vue géologique auquel nous nous sommes placé, viennent se grouper sous notre plume; néanmoins il est nécessaire que nous nous arrêtions, car il nous serait impossible d'atteindre la limite des déductions qu'on peut tirer d'une matière indéfinie par son caractère même.

Nous comprenons, en outre, que par cet écrit nous n'avons ajouté, sinon rien, du moins que bien peu de choses, à la science militaire de nos studieux compagnons d'armes; mais, dans notre souci de faire quelque œuvre utile, nous n'avons pu résister au désir de déposer du moins notre pierre, et d'ouvrir notre créneau dans ce grand ouvrage d'observation élevé dans la première moitié du siècle par le savant brigadier don Juan Sanchez Cisneros, pour observer l'horizon militaire du haut des sciences physiques ou naturelles.

Pour terminer, qu'on nous permette de faire

une dernière observation : malgré la nature spéciale des connaissances que nous avons mises en
jeu, nous avons tenu, dans nos citations et dans
nos transcriptions, à ne recourir en général qu'aux
auteurs espagnols; et l'on peut considérer comme
comptant parmi eux le grand Humboldt, puisque
dans ce qui touche à cette branche étendue du
savoir humain, c'est à la protection du gouvernement espagnol et aux missions qu'il en a reçues en
Amérique, que l'Europe doit le développement de
son génie; enfin, si nous ne devions nous faire taxer
de partialité, nous aurions à noter encore que les
matériaux remarquables dont nous nous sommes
servi sont dus à des officiers contemporains des
différentes armes et de tous les grades; en présence
d'une étude et d'une application si soutenues, et
pour peu que l'on continue à marcher dans la
même voie, est-ce donc trop s'avancer que d'espérer voir un jour se relever l'antique réputation de
notre armée?

TABLE DES MATIÈRES

CHAPITRE III.

DESCRIPTION GÉOLOGIQUE DE LA PÉNINSULE IBÉRIQUE.

CHAPITRE IV.

ÉTUDE GÉOLOGIQUE MILITAIRE DE LA PÉNINSULE IBÉRIQUE.

CHAPITRE V.

CONCLUSION.

FIN DE LA TABLE.

Paris. — Imprimerie de J. DUMAINE, rue Christine, 2.

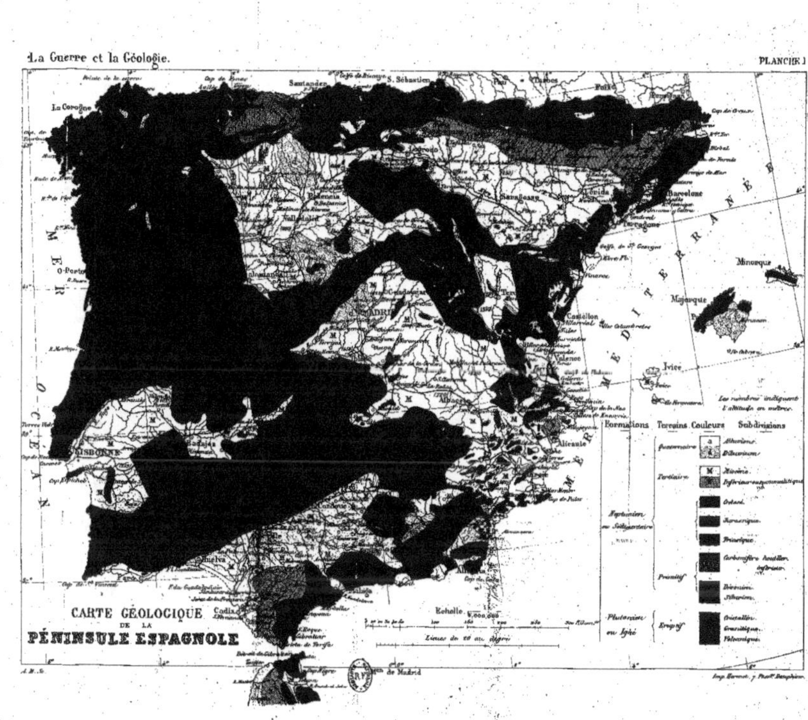
CARTE GÉOLOGIQUE
DE LA
PÉNINSULE ESPAGNOLE

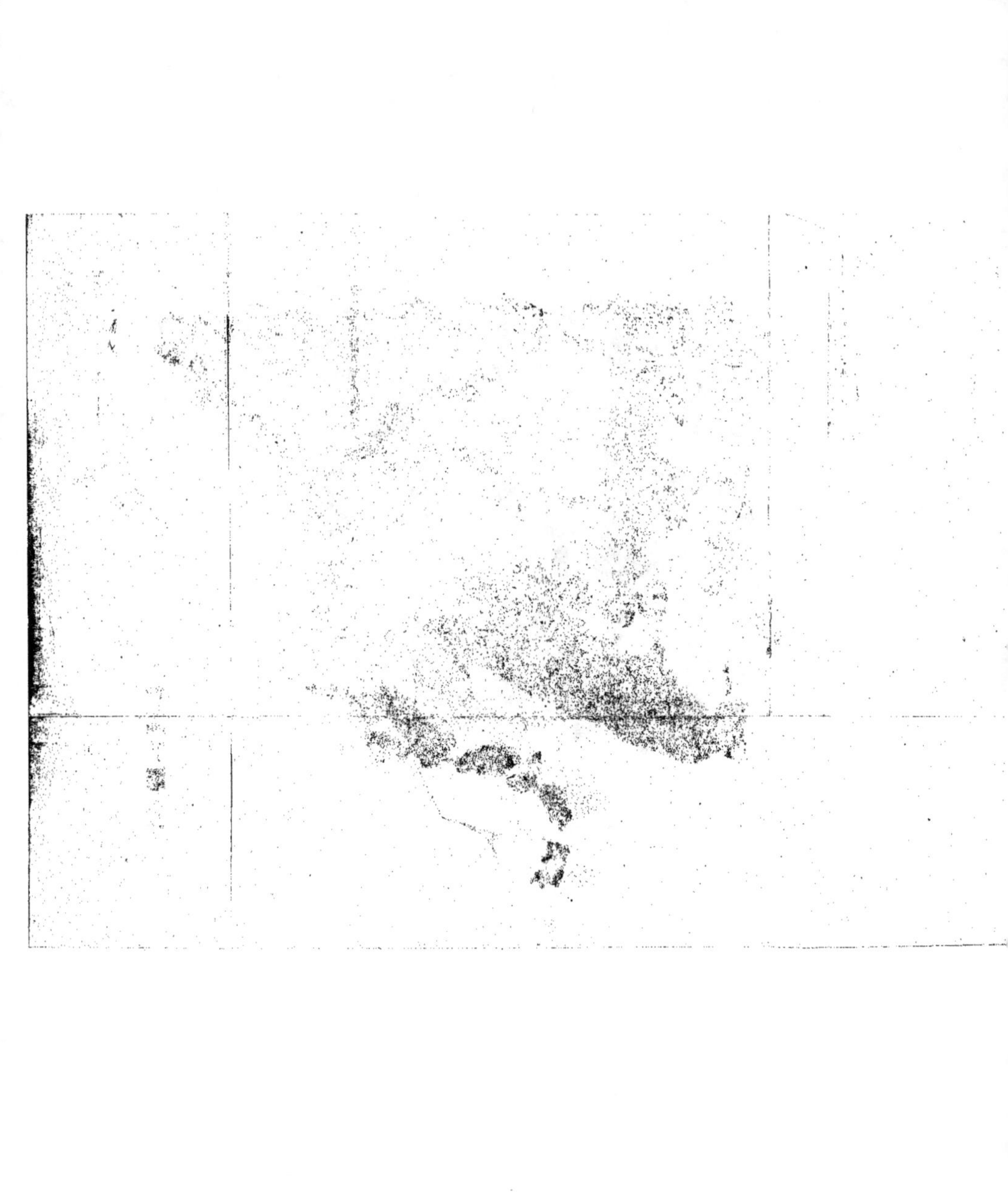

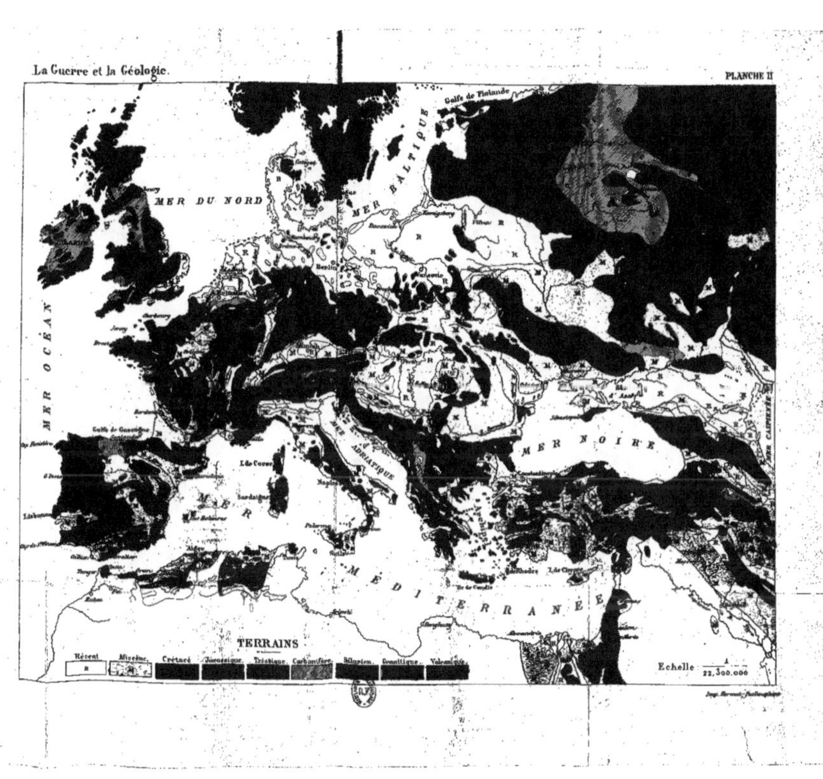

MER DU NORD
MER BALTIQUE
Golfe de Finlande
MER OCÉAN
Berlin
Varsovie
MER ADRIATIQUE
MER NOIRE
MER CASPIENNE
MER
MÉDITERRANÉE
Sardaigne
Naples
Rhodes
I. de Chypre
Lisbonne
Golfe de Gascogne
I. de Corse
TERRAINS
Récent
R
Miocène
Crétacé
Jurassique
Triasique
Carbonifère
Silurien
Granitique
Volcanique
Echelle
22,500,000

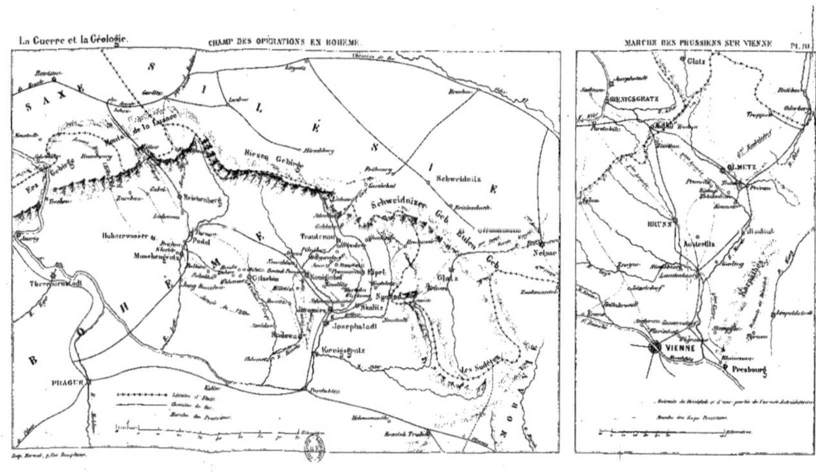
CHAMP DES OPÉRATIONS EN BOHÈME.
MARCHE DES PRUSSIENS SUR VIENNE
Pl. III
Chemin de Fer
SAXE
SILÉSIE
Monts de la Faïence
Riesen Gebirge
Hirschberg
Görlitz
Liegnitz
Breslau
Schweidnitz
Schweidnizer Geb.
Eulen Geb.
Neisse
Erz Gebirge
Neustadt
Reichenberg
Hohnerwasser
Podol
Münchengrätz
Gitschin
Theresienstadt
Burg Bousslaw
Königinhof
Trautenau
Eipel
Glatz
Königshof
Skalitz
Nachod
Josephstadt
Königgrätz
PRAGUE
MORAVIE
Les Sudètes
Heinrich Prachen
Limites d'États.
Chemins de Fer.
Marches des Prussiens.
Kilomètres
Imp. Bernot, p. Bonaparte.
Glatz
KOENIGSGRATZ
OLMETZ
BRUNN
Austerlitz
VIENNE
Presbourg
Marche des Corps Prussiens.
Kilomètres

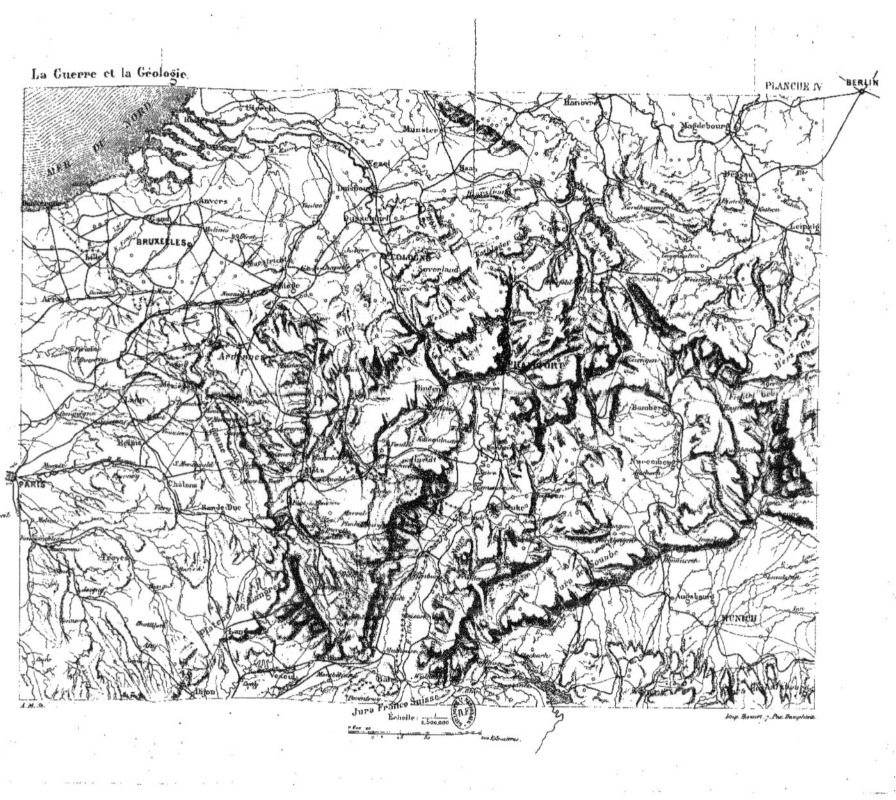
PLANCHE IV
BERLIN
MER DU NORD
Hanovre
Magdebourg
Munster
Utrecht
Wesel
Duisbourg
Anvers
BRUXELLES
COLOGNE
Maestricht
Liège
Ardennes
PARIS
Châlons
Bar-le-Duc
Troyes
Dijon
Leipzig
Bamberg
Nuremberg
Augsbourg
MUNICH
Jura Franco Suisse
Montbéliard
Échelle : 1 / 2.500.000
Imp. Monrot, Par. Dauphine.

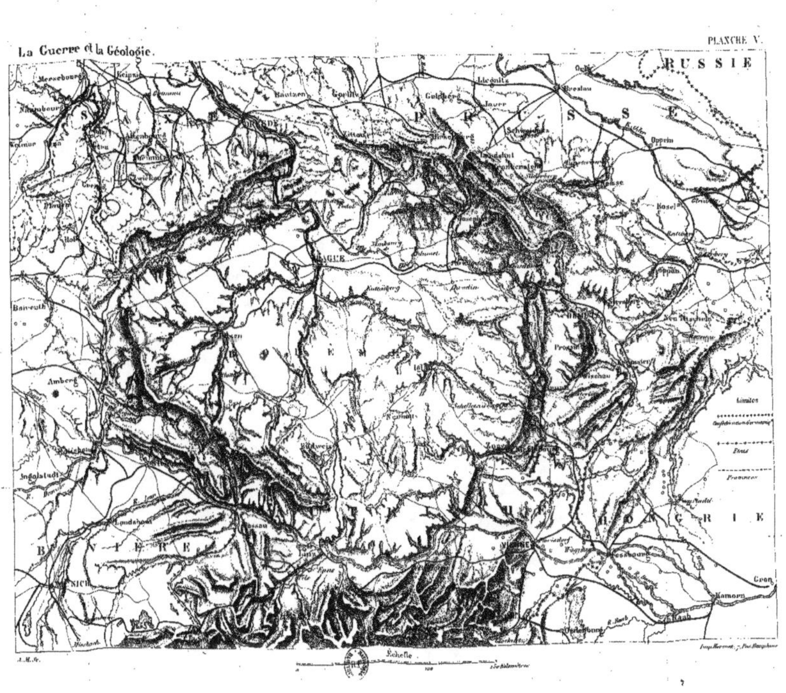

La Guerre et la Géologie.
PLANCHE V.
RUSSIE

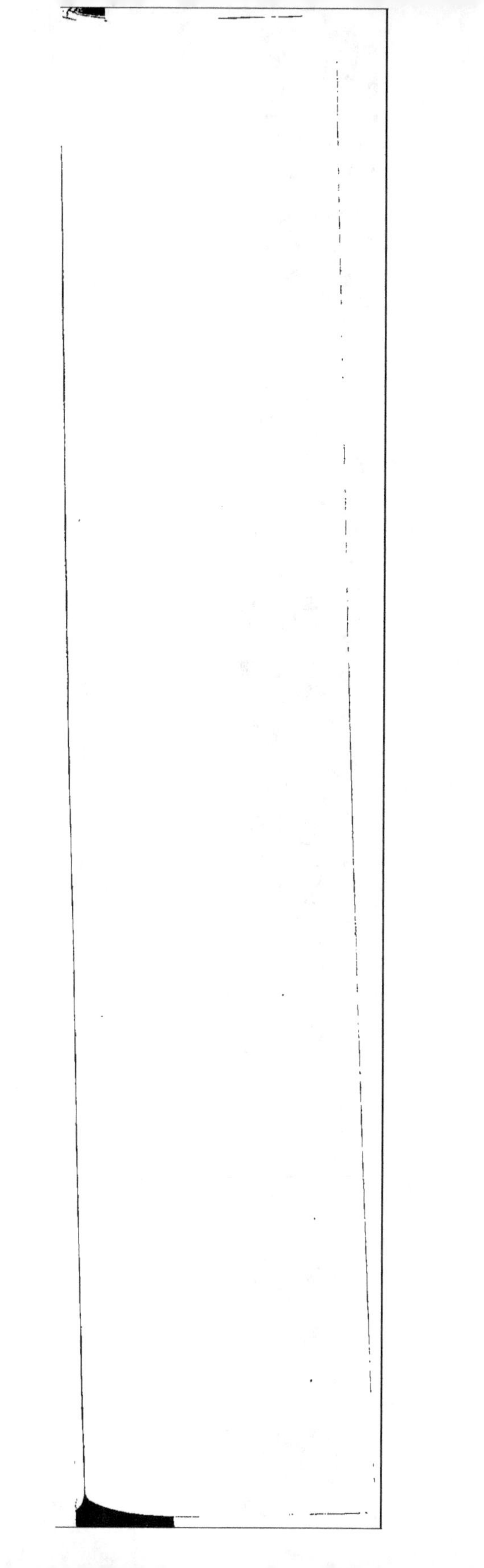

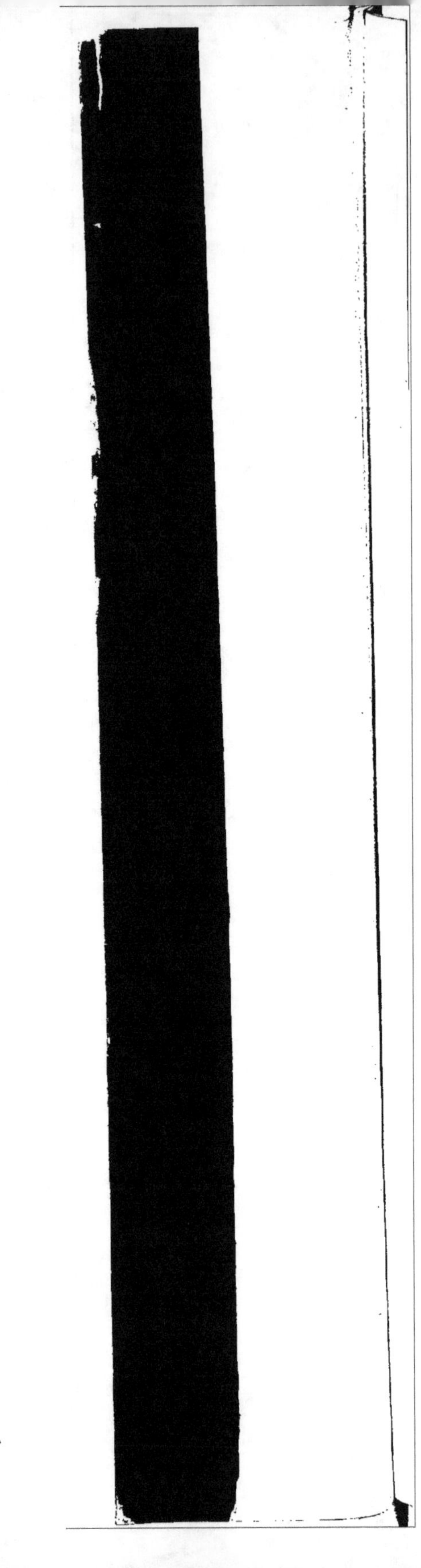

www.ingramcontent.com/pod-product-compliance
Lightning Source LLC
LaVergne TN
LVHW021932030726
842523LV00001B/133